Markus Seemann

Julius Graf Zech:
Ein deutscher Kolonialbeamter in Togo

Diplomica® Verlag GmbH

Seemann, Markus: Julius Graf Zech: Ein deutscher Kolonialbeamter in Togo, Hamburg, Diplomica Verlag GmbH 2012

ISBN: 978-3-8428-8816-6
Druck: Diplomica® Verlag GmbH, Hamburg, 2012
Covermotiv: © vepar5 - fotolia.com

Bibliografische Information der Deutschen Nationalbibliothek:
Die Deutsche Nationalbibliothek verzeichnet diese Publikation in der Deutschen Nationalbibliografie; detaillierte bibliografische Daten sind im Internet über http://dnb.d-nb.de abrufbar.

Die digitale Ausgabe (eBook-Ausgabe) dieses Titels trägt die ISBN 978-3-8428-3816-1 und kann über den Handel oder den Verlag bezogen werden.

Dieses Werk ist urheberrechtlich geschützt. Die dadurch begründeten Rechte, insbesondere die der Übersetzung, des Nachdrucks, des Vortrags, der Entnahme von Abbildungen und Tabellen, der Funksendung, der Mikroverfilmung oder der Vervielfältigung auf anderen Wegen und der Speicherung in Datenverarbeitungsanlagen, bleiben, auch bei nur auszugsweiser Verwertung, vorbehalten. Eine Vervielfältigung dieses Werkes oder von Teilen dieses Werkes ist auch im Einzelfall nur in den Grenzen der gesetzlichen Bestimmungen des Urheberrechtsgesetzes der Bundesrepublik Deutschland in der jeweils geltenden Fassung zulässig. Sie ist grundsätzlich vergütungspflichtig. Zuwiderhandlungen unterliegen den Strafbestimmungen des Urheberrechtes.

Die Wiedergabe von Gebrauchsnamen, Handelsnamen, Warenbezeichnungen usw. in diesem Werk berechtigt auch ohne besondere Kennzeichnung nicht zu der Annahme, dass solche Namen im Sinne der Warenzeichen- und Markenschutz-Gesetzgebung als frei zu betrachten wären und daher von jedermann benutzt werden dürften.

Die Informationen in diesem Werk wurden mit Sorgfalt erarbeitet. Dennoch können Fehler nicht vollständig ausgeschlossen werden, und der Diplomica Verlag, die Autoren oder Übersetzer übernehmen keine juristische Verantwortung oder irgendeine Haftung für evtl. verbliebene fehlerhafte Angaben und deren Folgen.

© Diplomica Verlag GmbH
http://www.diplomica-verlag.de, Hamburg 2012
Printed in Germany

Inhaltsverzeichnis

1 Einleitung 7
   1.1 Einführung und Fragestellung 7
   1.2 Quellenlage und Forschungsstand 10

2 Deutschland als Kolonialmacht – ein zeitlicher Überblick 15
   2.1 Die Anfänge der deutschen Kolonialpolitik unter Bismarck 15
   2.2 Ausbau der Herrschaft – Unterwerfung und Widerstand 17
   2.3 Deutsche Kolonialpolitik ab 1907 – eine Reformära? 21

3 Abriss der Geschichte Togos unter besonderer Berücksichtigung der Beziehungen zu Deutschland 25
   3.1 Entwicklung der Region bis zum Abschluss des ersten Schutzvertrages (1482-1884) 25
   3.2 Unterwerfung des Landes und Ausbau der deutschen „Schutzherrschaft" (1884-1914) 29
   3.3 Vom Völkerbundmandat bis zum Ende der Militärdiktatur Eyademas (1914-2005) 33

4 Julius Graf Zech auf Neuhofen (1868-1914) – ein biographischer Überblick 39
   4.1 Herkunft der Familie Zech 39
   4.2 Militärische Karriere im Königreich Bayern 43
   4.3 Im Dienst der Kolonialmacht in Afrika 44
   4.4 Rückkehr und „Heldentod" 49

5 Die Politik Zechs als Gouverneur von Togo 1903/05 -1910 53
   5.1 Grundüberlegungen zur „Eingeborenenpolitik" 53
   5.2 Wirtschafts- und finanzpolitische Maßnahmen 56
      5.2.1 Förderung der „Volkskulturen" 57
      5.2.2 Maßnahmen zur Verbesserung der Finanzlage 61
      5.2.3 Ausbau der Infrastruktur 65
      5.2.4 Forstwirtschaft 67
   5.3 Gesundheitspolitische Maßnahmen 70
   5.4 Das Konfliktfeld um Mission, Schule und Sprache 76
   5.5 Rechtspolitik 83
      5.5.1 Grundzüge des Rechtswesens in Togo 83
      5.5.2 Strafrechtliche Praxis 87
      5.5.3 Der gescheiterte Versuch einer Kodifikation des Eingeborenenrechts 94

6 Zech als „Mustergouverneur"? – Versuch einer Bewertung 101
  6.1 Zech im Spiegel seiner Zeitgenossen 101
  6.2 Julius Zech – Adliger, Soldat, Beamter und Ethnologe 107
  6.3 Zech als Repräsentant der deutschen Kolonialpolitik in der „Ära Dernburg" 111
  6.4 „Mustergouverneur" einer „Musterkolonie"? 116

7 Der Mythos „Musterkolonie" 121
  7.1 Togo als Renommierobjekt des wilhelminischen Reiches 121
  7.2 Finanzplanung und „Imagepolitik" unter Zech 126
  7.3 Tradierung der „Musterkolonie" nach 1914 – ein Ausblick 128

8 Resümee 139

Quellen- und Literaturverzeichnis 143

Ein Wort des Dankes 155

1 Einleitung

1.1 Einführung und Fragestellung

Der reichste Fürst

Preisend mit viel schönen Reden
Ihrer Länder Wert und Zahl
Saßen einige Gouverneure
In Berlin - Kontinental.

„Herrlich", sprach der Herr von Schuckmann[1]
„Ist mein Land und seine Macht!
Kupfer hegen meine Berge
Wohl im manchem tiefen Schacht.

Große Städte, gute Häfen
Und so gutes deutsches Bier
Schaffen, daß mein Land das erste
Unter allen von uns vier."

„Seht mein Land in üpp'ger Fülle!"
Sprach der Legationsrat Seitz;
Die Mangrowen an den Flüssen
Und die Berge wie die Schweiz!

Und der Gummi in den Wäldern
Und das viele Elfenbein,
Ebenholz und Palmölkerne,
Wirklich alles extrafein!"

„Wenig ist's", sprach der aus Osten,
„Gegen mein viel reicheres Land,
Wo die Baumwoll' wächst in Mengen
Und das Maisfeld in der Hand!"

---

[1] Bei Oloukpona-Yinnon fälschlicherweise „Schuckemann".

Schweigend saß der Graf von Togo;
Endlich nahm auch er das Wort:
„Leider hab ich nicht Mangrowen,
Agu birgt kein'n Kupferhort.

Doch ein Kleinod hat mein Ländchen,
Und es macht's den euren gleich:
Deutsch spricht wirklich jeder Schwarze,
keinen Zuschuß zahlt das Reich!"

Und es rief der Herr aus Osten,
Kamerun und aus Südwest:
„Exzellenz, das Togoländchen
Ist von uns das allerbest!" [2]

Dieses Gedicht schrieb ein Oberleutnant zur See namens Matthias im Jahre 1907 in Anlehnung an die Hymne „Preisend mit viel schönen Reden", die an den ersten württembergischen Herzog Eberhard im Bart (1445-1496) erinnert. Das Umdichten von allgemein bekanntem Liedgut war in den Kolonien des deutschen Kaiserreichs durchaus beliebt, um Verbundenheit mit dem Vaterland und der eigenen Nation auf die neue und fremde „koloniale Situation"[3] zu übertragen. Man scheute sich auch nicht, die ehrwürdige Kaiserhymne „Heil dir im Siegerkranz" auf „Heil dir, mein Vaterland an blauen Meeres Strand, Heil, Togo, Dir!" umzudichten.[4] Der Adressat des obigen Gedichtes, dem es Matthias auch persönlich vortrug, ist der in der letzten Strophe genannte „Graf von Togo", der aus bayerischem Adel stammende Johann Nepomuk Julius Felix Graf von Zech auf Neuhofen, geboren 1868 in Straubing und von 1903/05 bis 1910 kaiserlicher Gouverneur des „Schutzgebiets Togo".[5] Graf Julius Zech, wie er im Allgemeinen kurz genannt wird, stellt eine in mehrerlei Hinsicht auffallende Persönlichkeit unter den Statthaltern des Kaisers in den deutschen Überseekolonien dar. Etwas ungewöhnlich ist weniger sein Adelsprädikat als seine Herkunft aus dem katholischen Altbayern, wo sich die Begeisterung für die „koloniale Sache" doch eher in Grenzen hielt. Auch seine militärische Laufbahn in der königlich bayerischen Armee war nicht unbedingt das übliche Sprungbrett für den Dienst als Gouverneur, da in den meisten Fällen doch eher Juristen für diese Verwaltungstätigkeit herangezogen wurden. Ins Auge fällt Zech auch dadurch, dass er von vielen Zeitgenossen, die mit ihm persönlich zu tun oder die Ergeb-

---

[2] „Der reichste Fürst", abgedruckt im Illustrierten Deutschen Kolonialkalender 1910, S. 123, zit. nach: Oloukpona-Yinnon, Unter deutschen Palmen, S. 244 f.
[3] Zum Begriff der „kolonialen Situation" vgl. Trotha, Stationen, S. 215-217.
[4] Afrika-Post 7/1984, S. 16. Zur Koloniallyrik, besonders über Togo vgl. Oloukpona-Yinnon, Unter deutschen Palmen, S. 251-266.
[5] 1903-05 war Zech interimistischer Gouverneur, die offizielle Ernennung erfolgte 1905.

nisse seiner Politik vor Augen hatten, als durchwegs positives Beispiel für einen deutschen Kolonialbeamten gesehen wurde, ja als „das Vorbild eines deutschen Gouverneurs"[6] schlechthin galt. Die Charakterisierung Zechs als „Mustergouverneur" lässt einen erweiterten Blick auf das Land Togo werfen, das immer wieder – zum Teil bis heute – als die „Musterkolonie" des deutschen Reiches bezeichnet worden ist. Somit stellt sich die Frage, wie der „Mustergouverneur" Zech und die „Musterkolonie" Togo zusammenhängen und welchen Einfluss die Politik Zechs auf den Begriff der „Musterkolonie" hatte. Darüber hinaus muss man sich fragen, unter welchen Umständen und in welcher Hinsicht es angesichts der auf physischer Gewalt basierenden Herrschaft der Deutschen wie auch der anderen europäischen Mächte in Afrika überhaupt gerechtfertigt ist, von einer „mustergültigen" Kolonialherrschaft zu sprechen.

Einer „entideologisierten" Sichtweise der deutschen Kolonialgeschichte bedarf es heutzutage mehr denn je, nachdem die Unabhängigkeit der afrikanischen Staaten seit bald einem halben Jahrhundert zur unumstößlichen Tatsache geworden ist und seit dem Ende des Ost-West-Konflikts gerade in Deutschland eine objektivere Haltung zu Afrika und seiner kolonialen Vergangenheit angemessen erscheint. Mag gerade ein Staat wie Togo auch eine äußerst geringe politische Bedeutung innehaben, mag man auch die Herrschaft der „Djamas"[7] in Togo im Hinblick auf die deutsche Geschichte für eine kaum der Erwähnung werte Randerscheinung halten, gerade im 21. Jahrhundert erscheint es nicht nur in der Geschichtswissenschaft durchaus sinnvoll, einen Blick auf den „dunklen Kontinent" zu werfen, dessen Rolle in einer globalisierten Welt nicht zu unterschätzen ist.

Die Studie versucht zunächst, dem Leser einen knappen Überblick über die Phasen deutscher Kolonialgeschichte zu verschaffen, um ihn im Folgenden in knappen Zügen mit dem Land Togo vertraut zu machen. Da die Untersuchung nicht in der Kolonialzeit stehen bleiben möchte, sondern langfristige Wirkungen im Sinne einer „longue durée" aufzeigen will, soll auch hier bereits die weitere Entwicklung des Landes bis in die Jetztzeit skizziert werden. Sodann steht der Gouverneur Zech im Mittelpunkt. Dargestellt wird zunächst die Herkunft seiner Familie, sein Werdegang als Offizier, seine koloniale Tätigkeit in Togo bis zu seinem Rückzug aus der aktiven Kolonialpolitik und seinem Tod im Ersten Weltkrieg. Wie schon aus dem Titel hervorgeht, soll dabei der „Höhepunkt" seiner Karriere, also die Zeit als Gouverneur, einer näheren Betrachtung unterzogen werden. Hierbei rücken seine politischen Grundlinien und die wichtigsten Maßnahmen in den verschiedensten Ressorts seiner Regierungstätigkeit in den Vordergrund. Anhand dieser Beispiele soll der Versuch unternommen werden, Zech als Persönlichkeit und als Herrschaftsträger einzuschätzen und in den Kontext seiner Zeit einzuordnen. Daran

---

[6] So Rudolf Asmis ca. 1941 im Entwurf zu einer Lebensbeschreibung Zechs (BArch N 2340/3, Bl. 109 f.).
[7] In Togo übliche Bezeichnung für die Deutsche (vgl. Simtaro, Le Togo Musterkolonie, S. 722).

schließt die Überlegung an, inwiefern man von Zech als „Mustergouverneur" sprechen kann. Der letzte Abschnitt führt davon ausgehend den Gedankengang auf das Land Togo zurück und versucht zu erklären, wie es den Beinamen „Musterkolonie" erhielt, wie dieser „Mythos" während, aber auch besonders nach der deutschen Kolonialzeit gepflegt und mit neuen Inhalten ergänzt aber auch energisch zurückgewiesen wurde. Diese Gedanken werden ebenfalls weit über die Amtszeit Zechs hinausgehen, um festzustellen, inwieweit Zech als Person und als Politiker dazu beigetragen hat, dass der Begriff „Musterkolonie" bis heute tradiert wurde. Es stellt sich die Frage, wie sich seine Politik auch im Hinblick auf das moderne Togo auswirkte, und wie sich letztlich die dreißig deutschen Jahre in Togo und die sieben Amtsjahre Zechs aus heutiger Sicht bewerten lassen.

Die Studie wählt somit einen biographischen Zugang zur deutschen Kolonialgeschichte. Auch wenn sie in ihrem Aufbau vom klassischen Schema der Biographie deutlich abweicht, kann sie durchaus als eine Lebensbeschreibung Zechs aufgefasst werden. Das soll freilich nicht heißen, dass ihr in irgendeiner Weise das Bestreben zugrunde läge, alles verfügbare Material und jede überlieferte Einzelheit über die Person zusammenzutragen. Dies würde nicht nur den zur Verfügung stehenden Raum sprengen, sondern auch vom eigentlichen Ziel ablenken. Zech war einer von vielen Beamten, die das kaiserliche Kolonialreich prägten, aber keiner der „großen Männer" in der Geschichte. Sein Leben muss vielmehr exemplarisch begriffen werden für eine koloniale Karriere im wilhelminischen Zeitalter und für eine Kolonialpolitik, die in den letzten eineinhalb Jahrzehnten vor dem Untergang des Kaiserreichs als typisch und in diesem Sinne „mustergültig" einzuschätzen ist. Der Soldat Zech, der „Forscher" Zech, der Stationsleiter Zech – diese Aspekte seines Lebens müssen daher im Folgenden auch deutlich zurückstehen gegenüber dem Gouverneur Zech, da man davon ausgehen kann, dass in dieser Zeit und in dieser Funktion die größte Entscheidungsbefugnis in seinen Händen lag.

1.2 Quellenlage und Forschungsstand

Amtliche Quellen zur deutschen Kolonialherrschaft in Togo finden sich in erster Linie im Bundesarchiv am Standort Berlin-Lichterfelde. Von besonderer Bedeutung sind dabei die Akten des Reichskolonialamts, die vor der Wiedervereinigung im Zentralen Staatsarchiv Potsdam lagen, was auch zur Folge hatte, dass sich in besonderem Maße Historiker aus der DDR mit der deutschen kolonialen Vergangenheit auseinander setzten. Die Akten der Gouvernementsverwaltung befinden sich im mit deutscher Unterstützung eingerichteten Nationalarchiv in Lome und liegen (allerdings in zum Teil äußerst schwer lesbarer Qualität!) als Mikrofiche-Kopien in Berlin vor. Für die vorliegende Untersuchung konnten Akten des Reichskolonialamts mit Ausnahme des Zech'schen „Zehnjahresplans" von 1907[8] aus Zeitgründen nicht näher einbezogen werden, die relevanten Stücke sind jedoch der Forschung seit längerem bekannt und wurden bezogen auf Togo von Peter Sebald für seine 1988 veröffentlichte Habilitationsschrift[9] vollständig ausgewertet. Ein guter Teil der Akten des Gouvernements in Lome fand Eingang in die Dissertation von Ralph Erbar.[10] Der Verfasser konzentrierte sich daher in erster Linie auf Quellen aus dem unmittelbaren Umfeld von Julius Zech. Bedauerlich ist in diesem Zusammenhang, dass Julius Zech nach dem Tod seiner Mutter am 30. November 1912 seine eigenen, an sie gesendeten Briefe verbrannt hat und auch sonst kaum etwas Persönliches hinterlassen hat.[11] Auch verhinderte sein frühes Ableben das Zustandekommen schriftlicher Reflexionen, wie sie sonst von nicht wenigen deutschen Kolonialbeamten und -offizieren vorliegen. Im Bundesarchiv liegen immerhin drei Aktenmappen vor, die als „Nachlass Julius Zech" verzeichnet sind und eine Materialsammlung (Briefe, Photos, Textmanuskripte, Aufzeichnungen Zechs und einiger seiner Kollegen aus Togo) enthalten, die Rudolf Asmis, Abteilungsleiter im Kolonialpolitischen Amt der NSDAP, während des Zweiten Weltkriegs anlegte, in der Absicht eine Biographie über Zech zu verfassen.[12] Im Bayerischen Kriegsarchiv befindet sich außerdem ein Personalakt zu Zech, anhand dessen sich sein militärischer Werdegang gut nachvollziehen lässt.[13] Aufmerksamkeit verdient auch die völkerkundliche „Sammlung Zech" im Staatlichen Museum für Völkerkunde in München, die aus über 1000 Objekten besteht, sowie aus einer umfangreichen Photosammlung[14] und mehreren Notizheften, die Zech auf seinen Expeditionen führte und in denen er neben Angaben über Marschrouten und naturkundliche Entdeckungen auch Sprachen verschiedener Völker und Stämme aufzeichnete.[15] Die Hefte befinden sich nebst einer kurzen, von seinem Freund Anton Staubwasser verfassten, Lebensbeschreibung[16] in der Bibliothek des Museums. Zech selbst hat einige Aufsätze über Togo und seine Bewohner geschrieben, die in kolonialwissenschaftlichen Zeitschriften veröffentlicht wurden.[17]

Informationen zu Zech finden sich des Weiteren in den Tagebüchern des Kolonialoffiziers Valentin von Massow, deren Text dem Verfasser dankenswerterweise von Herrn Peter Sebald, der die Herausgabe dieser Aufzeichnungen in Angriff genommen hat, zur

---

[8] BArch R 1001/4235, Bl. 16-75.
[9] Sebald, Togo.
[10] Erbar, Platz an der Sonne.
[11] Vgl. BArch N 2340/1, Bl. 38.
[12] BArch N 2340/1-3. – Von der Biographie liegen dort Teilmanuskripte vor, zu einer Veröffentlichung ist es nicht gekommen.
[13] BayHStArch München – Abt. IV Kriegsarchiv OP 18737.
[14] Siehe dazu: Kleinert, Ein deutscher Blick.
[15] Bibliothek des Völkerkundemuseums Münchens Sign. Afr. 29a, Afr. 1715-1724, Allg. 1618. Die Notizhefte wurden ein Jahr nach seinem Tod von Zechs Schwägerin dem Museum vermacht. Die Beschriftung wurde wohl nachträglich und nicht immer korrekt vorgenommen. Da einige Hefte eine andere Handschrift aufweisen und auf englisch verfasst sind, kann man auch davon ausgehen, dass sie nicht alle von Zech selbst sind, sondern sich lediglich bei seinem Tod in seinem Besitz fanden.
[16] Staubwasser, Zech.
[17] Zech, Vermischte Notizen; ders., Entwicklung Togos, u.a.

Verfügung gestellt wurde.[18] Darüber hinaus hatte der Verfasser die Möglichkeit, auf Zeitungsartikel aus dem „Gold Coast Leader" und der „African Times and Orient Review" aus den Jahren 1911-14 zurückzugreifen, die sich mit der Situation in der deutschen Kolonie Togo auseinandersetzen und auch einen Blick auf die Zeit Zechs werfen.[19] Als Quellen für diese Arbeit wurden zudem die von Zech erlassenen Verordnungen und Dienstanweisungen sowie die amtlichen Verlautbarungen und Mitteilungen durchgesehen, die im Amtsblatt für Togo[20] sowie in einer Gesetzessammlung aus dem Jahr 1910[21] abgedruckt sind. Hinzu kamen in geringerem Umfang amtliche Jahresberichte[22] und Artikel über Togo in der Deutschen Kolonialzeitung (DKZ). Trotz einer auf den ersten Blick recht dürftigen Quellenlage lässt sich somit aus verschiedenen Mosaiksteinen ein zwar lückenhaftes, aber dennoch nicht uninteressantes Bild eines deutschen adeligen Offiziers und Kolonialbeamten zusammenfügen.

Darstellungen, die sich speziell mit Julius Zech und seiner Politik in Togo beschäftigen, sind bisher so gut wie nicht erschienen. Nach einer beabsichtigten, aber gescheiterten Veröffentlichung des Zech-Nachlasses im Münchner Völkerkundemuseum durch Max Feichtner Anfang der dreißiger Jahre[23] war Rudolf Asmis, der Zech noch persönlich aus seiner Zeit in Togo kannte, wohl der Einzige, der ernsthaft beabsichtigte, eine Biographie über Zech zu verfassen. Die von Asmis angelegte Nachlass-Sammlung[24] wurde während seiner Unterbringung in Potsdam und später in Berlin-Lichterfelde gemäß der Benutzerliste lediglich von vier Personen eingesehen.[25] Speziell zu Zech erschien ein einziger Aufsatz in den USA, der jedoch auf etwas dürftigem und unzuverlässigem Quellenmaterial basiert und vielfach ältere einseitig positive Wertungen ungefiltert wiedergibt.[26] Eine jüngst an der Universität Göttingen als Magisterarbeit entstandene ethnologische Studie, die sich speziell mit den rund 700 Kolonial-Photographien Zechs auseinandersetzt,[27] konnte im Museum für Völkerkunde in München eingesehen werden.

Während Togo von der Geschichtswissenschaft in der Bundesrepublik lange Zeit weitgehend unberücksichtigt blieb, sind in den letzten beiden Jahrzehnten einige umfassende Publikationen erschienen, in denen auch die Zeit Zechs ausgiebige Beachtung findet. Hervorzuheben sind hierbei unter anderem die Monographien von Ralf Erbar[28]

---

[18] Massow, Tagebücher.
[19] Artikelsammlung von Peter Sebald. Die Zeitungen werden im Original in der Library des British Museum in London aufbewahrt.
[20] Amtsblatt für das Schutzgebiet Togo, Jahrgänge 1 (1906) – 5 (1910).
[21] Landesgesetzgebung.
[22] Jahresbericht 1909/10.
[23] Siehe hierzu Museum für Völkerkunde München Afr. 1721 sowie BArch N 2340/2.
[24] BArch N 2340.
[25] Die bei meiner Sichtung der Akten einzige entzifferbare Unterschrift war die von Peter Sebald.
[26] Smith, Zech.
[27] Kleinert, Ein deutscher Blick. Eine Publikation in Form eines Aufsatzes ist laut Auskunft der Autorin in Vorbereitung.
[28] Erbar, Platz an der Sonne.

und Edward Graham Norris[29] sowie mehrere Arbeiten von Trutz von Trotha, der sich insbesondere aus rechtssoziologischer Sicht mit der Kolonie Togo beschäftigt.[30] Für die Studie wurden des weiteren eine Reihe von Aufsätzen herangezogen, die sich mit Einzelaspekten der deutschen Kolonialgeschichte wie etwa der rechtlichen Situation in den Schutzgebieten auseinandersetzen.[31]

Die Geschichtswissenschaft der DDR ging von Anfang an von einer untrennbaren Einheit von Kolonialismus und Kapitalismus aus[32] und richtete daher schon früh ein besonderes Augenmerk auf die deutsche Kolonialgeschichte, das stets auch auf „Kontinuitäten bis zum Neokolonialismus der BRD"[33] abzielte. Für die Geschichte Togos stellt ungeachtet der deutlichen marxistischen Terminologie und Interpretation die Arbeit von Sebald, nicht zuletzt aufgrund der Fülle an erstmals ausgewertetem Quellenmaterial, einen Meilenstein in der Forschung dar.[34]

Ohne einen Anspruch auf Repräsentativität oder gar Vollständigkeit zu erheben, sollen in dieser Arbeit auch togoische Wissenschaftler zu Wort kommen, die sich mit der kolonialen Vergangenheit ihres Landes beschäftigen. Hervorzuheben sei hierbei die Studie des Germanisten Simtaro, dem es Anfang der achtziger Jahre gelang, mehrere Togoer zu interviewen, die sich noch an die deutsche Herrschaft erinnern konnten.[35]

Zum Teil wenig gehaltvoll, aber auch nicht völlig zu vernachlässigen ist die Literatur über Togo, die zur Zeit der Kolonialherrschaft oder im Zuge des Kolonialrevisionismus der Weimarer Zeit und des Dritten Reiches erschienen ist und sich, ebenso wie die koloniale Belletristik,[36] bis zum Ende des Zweiten Weltkriegs einer außerordentlichen Beliebtheit in der breiten Bevölkerung erfreute. Vieles davon sind subjektive Erinnerungen aus Afrika, teilweise durch statistische Daten und allgemeine Fakten ergänzt. Wenngleich dabei stets ein geschöntes Bild von der Situation in Togo geschildert wird, findet sich hier, insbesondere bei Trierenberg[37], doch eine umfangreiche Darstellung der Ereignisgeschichte aus Sicht der Kolonialdeutschen. Der Abschnitt über Togo im Deutschen Koloniallexikon, das nach langen Vorarbeiten in den zwanziger Jahren von

---

[29] Norris, Umerziehung des Afrikaners.
[30] Neben mehreren Aufsätzen verdient insbesondere die Monographie Trotha, Koloniale Herrschaft Beachtung, in der der Prozess der Staatsbildung am Beispiel der Kolonie Togo dargestellt und dabei das Verhältnis von Macht, Herrschaft, Unterwerfung und Kollaboration einer soziologischen Analyse unterzogen wird.
[31] Zur rechtlichen Entwicklung der deutschen Kolonien siehe im Besonderen die Aufsatzsammlung von Voigt/Sack, Kolonialisierung des Rechts.
[32] Gründer, Kolonialismus und Marxismus, S. 672.
[33] Ebd., S. 709.
[34] Sebald, Togo. Die Arbeit basiert auf Forschungen, die bereits in den fünfziger Jahren begonnen wurden; darin finden sich auch zahlreiche Hinweise zu Zech. Auch heute noch beschäftigt sich Sebald, der häufig zu Forschungszwecken in Togo weilt, intensiv mit der deutschen Kolonialzeit in Togo.
[35] Simtaro, Le Togo Musterkolonie.
[36] Siehe hierzu Oloukpona-Yinnon, Unter deutschen Palmen.
[37] Trierenberg, Togo.

Heinrich Schnee, dem früheren Gouverneur Deutsch-Ostafrikas herausgegeben wurde,[38] stammt übrigens noch von Julius Zech selbst; auf ihn berufen sich auch zahlreiche spätere Darstellungen.

Hinsichtlich der Tradierung des „Musterkolonie"-Topos waren ferner noch einige Zeitschriftenartikel und populärwissenschaftliche Veröffentlichungen aus der Zeit des „Schutzvertragsjubiläums" in der Bundesrepublik 1984,[39] besonders aus dem Umfeld der „Bayerisch-Togoischen Gesellschaft", aufschlussreich.[40] Ebenso soll hier auch die konträre Sichtweise in der DDR nicht unbeachtet bleiben.

Ein Desiderat bleibt eine intensive wissenschaftliche Beschäftigung mit den postkolonialen deutsch-togoischen Beziehungen und der Instrumentalisierung der kolonialen Vergangenheit in Ost und West. Hierzu wäre unter anderem Einsicht in neuere Akten des Auswärtigen Amtes, eventuell auch des Ministeriums für Auswärtige Angelegenheiten der DDR sowie der Hanns-Seidel-Stiftung und der Bayerisch-Togoischen Gesellschaft aufschlussreich. Aufgrund von Sperrfristen in den Archiven dürfte es momentan jedoch noch kaum effektiv sein, sich diesem Thema zu widmen, um einen weiteren Aspekt einer spannenden Wechselbeziehung zwischen den ungleichen Ländern Togo und Deutschland zu beleuchten. Ebenso gelten die langfristigen sozialstrukturellen Veränderungen, die sich in der afrikanischen Bevölkerung als Folge der deutschen Kolonialpolitik ergaben, als noch weitgehend unerforscht.[41] Besonders die Gruppen der Häuptlinge, der Söldner und der afrikanischen Intelligenz, die in der deutschen Verwaltung tätig waren, und ihre Rolle nach 1914 könnten einen interessanten Forschungsgegenstand darstellen.

---

[38] Koloniallexikon (3 Bände).
[39] Z.B. in der „Afrika-Post", Jahrgang 1984.
[40] Bayerisch-Togoische Gesellschaft, Deutschland und Togo; Radke, 100 Jahre Deutschland – Togo; Togo-Journal 2/1981.
[41] Laut freundlichem Hinweis von Peter Sebald.

2 Deutschland als Kolonialmacht – ein zeitlicher Überblick[42]

2.1 Die Anfänge der deutschen Kolonialpolitik unter Bismarck

Im Gegensatz zu den alten Seefahrermächten Portugal, Spanien und den Niederlanden, deren Kolonialbesitz im 19. Jahrhundert sich schon teilweise vom Mutterland gelöst hatte, oder den Weltmächten Frankreich und Großbritannien konnte das 1871 neugegründete Deutsche Reich keinerlei überseeischen Besitz aufweisen. Zwar gab es schon früher in einzelnen Fürstentümern koloniale Bestrebungen, wie etwa das brandenburgische „Groß-Friedrichsburg" in Westafrika, auch waren seit dem 17. Jahrhundert Einzelpersonen und Vereine für den Erwerb von Kolonien eingetreten – keines jener Projekte konnte sich jedoch, sofern es überhaupt in die Tat umgesetzt wurde, langfristig behaupten. Eine deutsche Kolonialbewegung begann sich im 19. Jahrhundert nur sehr zögerlich zu formieren, zu bedeutenden Vereinsgründungen kam es erst gegen Ende der 1870er Jahre. Die wichtigsten waren dabei der „Deutsche Kolonialverein" (seit 1882) und die „Gesellschaft für deutsche Kolonisation" (1884 von Carl Peters gegründet), die beide 1887 zur „Deutschen Kolonialgesellschaft" fusionierten.

„Solange ich Reichskanzler bin, treiben wir keine Kolonialpolitik",[43] verkündete Otto von Bismarck noch im Jahr 1881. Was letztlich den Ausschlag gab, dass der an und für sich „kolonialmüde" Kanzler doch Schutzgebiete für das Reich erwarb, wird bis heute kontrovers diskutiert. Berühmt wie umstritten ist die „Sozialimperialismus-These" von Hans-Ulrich Wehler,[44] der erstmals Bismarck weniger als Akteur denn als Getriebenen gesellschaftlicher Umstände darstellt. Laut Wehler lassen sich die sozialimperialistische Expansionspolitik und die sozialdefensive Innenpolitik als „Facetten ein und derselben konservativen Gesellschaftspolitik"[45] begreifen. Der Erwerb von Kolonien diente demnach als Überdruckventil, indem von sozialen Missständen abgelenkt wurde und gesteigertes Prestige nach außen dem Reich zur Einheit nach innen verhelfen sollte. Ganz konkret galt es auch die Konservativen und Nationalliberalen im Parlament zu stärken, die tendenziell Kolonialpolitik eher befürworteten als Zentrum, Linksliberale und Sozialdemokratie. Unverhohlen äußerte Bismarck 1884 gegenüber einem Mitarbeiter im Auswärtigen Amt: „Die ganze Kolonialgeschichte ist ja ein Schwindel, aber wir brauchen sie für die Wahlen."[46]

---

[42] Die in diesem Kapitel wiedergegebenen allgemeinen Fakten zur deutschen Kolonialgeschichte basieren soweit nicht eigens angegeben auf Gründer, Geschichte der deutschen Kolonien. Diese mehrfach überarbeitete Übersichtsdarstellung gilt immer noch als das Standardwerk zur deutschen Kolonialgeschichte, wenngleich etwa im Falle Togos nicht in allen Details dem aktuellen Stand der Forschung die nötige Beachtung geschenkt wird.
[43] Zit. nach: Gründer, Geschichte der deutschen Kolonien, S. 51.
[44] Vgl. hierzu Wehler, Deutsche Gesellschaftsgeschichte, S. 985-990.
[45] Ebd., S. 987.
[46] Zit. nach: Gründer, Geschichte der deutschen Kolonien, S. 58.

Viele Historiker sehen im Gegensatz zu Wehler die Gründe für Bismarcks koloniale Initiative verstärkt in der Außenpolitik. Während Axel Riehl[47] die bereits in den vierziger Jahren aufgestellte These vertritt, dass Bismarck mit einer antibritischen Kolonialpolitik den britischen Einfluss auf den Kronprinzen Friedrich eindämmen und damit eine Liberalisierung und Parlamentarisierung in Deutschland verhindern wollte, sieht der Bismarck-Biograph Lothar Gall[48] den Hauptgrund in einer vorübergehenden außenpolitischen Annäherung an Frankreich mit dem Ziel, eine „Art kontinentaler Blockbildung" gegenüber Großbritannien und Russland und damit eine Alternative zur Politik des Zweibunds und Dreikaiserbündnisses zu schaffen. Für letztgenannte Argumentation spräche auch die Tatsache, dass Bismarck nach 1884/85 sein Interesse an Kolonien schnell wieder verlor, als sich die außenpolitische Liaison mit Frankreich durch den Wahlsieg des national-revisionistisch gesinnten Generals Boulanger in Paris als wenig erfolgversprechend erwies.

Der afrikanische Kontinent war bis weit ins 19. Jahrhundert hinein lediglich punktuell von Europäern beeinflusst worden; größere Kolonisationsgebiete bestanden lediglich in Südafrika und Algerien. Deutschland verharrte im „struggle for Africa" zunächst als ungeduldiger Zuschauer. Mit der Besetzung von Tunis durch die Franzosen 1881 und Ägyptens durch die Briten 1882 trat die Aufteilung des Kontinents in ihre letzte, „heiße" Phase ein. Auf der Berliner Kongo-Konferenz 1884/85 wurden unter Vermittlung Bismarcks die verschiedenen Einflusssphären in Zentralafrika abgesteckt und auf dem Papier die politischen Grenzen gezogen, die die Landkarte Afrikas bis heute bestimmen sollten.[49] Ungeachtet der persönlichen Abneigung Bismarcks gegen koloniale Erwerbungen konnte das deutsche Kaiserreich nach der Kongo-Konferenz nicht unbedeutende Teile des Kontinents sein Eigen nennen. Dies waren im einzelnen die 1883 vom Bremer Tabakwarenhändler Adolf Lüderitz erworbene Bucht von Angra Pequena, die sich bald zum Schutzgebiet Deutsch-Südwestafrika ausweitete, die westafrikanischen Kolonien Kamerun und Togo, wo Gustav Nachtigal auf Drängen der dort ansässigen deutschen Handelsfirmen 1884 Schutzverträge im Namen des Kaisers abgeschlossen hatte und ab 1885 das vormals unter der Oberhoheit des Sultans von Sansibar stehende Deutsch-Ostafrika, dessen Begründung wiederum der Initiative eines Einzelnen, und zwar des fanatischen Afrikaforschers und Abenteurers Carl Peters, entsprang. Zu den vier afrikanischen Kolonien kamen 1885 Erwerbungen in der Südsee hinzu, und zwar der nordöstliche Teil Neu-Guineas („Kaiser-Wilhelmsland") einschließlich des Bismarck-Archipels und der Salomon-Inseln sowie die pazifischen Marshall-Inseln.

Die Gebiete, die ganz bewusst offiziell als „Schutzgebiete" und nicht als „Kolonien" tituliert wurden, sollten zunächst keineswegs „kolonisiert" werden im Sinne einer

---

[47] Riehl, Tanz um den Äquator.
[48] Vgl. Gründer, Geschichte der deutschen Kolonien, S. 56.
[49] Vgl. Osterhammel, Kolonialismus, S. 40 f.

flächendeckenden Unterwerfung oder gar Besiedelung. Im Mittelpunkt des Interesses stand zunächst der Schutz der an den dortigen Küsten bereits ansässigen deutschen Handelsniederlassungen. Gemäß der Intention Bismarcks folgte die Flagge dem Handel, ohne aber allzu großen Einfluss auf die Verhältnisse vor Ort zu nehmen. Die Initiative ging dabei eindeutig von Kaufleuten und „Kolonialabenteurern" aus; die Reichsregierung reagierte lediglich auf ihre Bitte nach staatlicher Absicherung. Weitere Kolonialerwerbungen lehnte Bismarck nach 1885 daher kategorisch ab; je nach außenpolitischer Lage wäre er von sich aus auch durchaus bereit gewesen, auf das ein oder andere Gebiet wieder zu verzichten. Die erste Phase deutscher Kolonialpolitik war also „eher durch mehr oder weniger planloses Konquistadoren- und Abenteurertum und eine unruhig experimentierende [...] Wirtschaft gekennzeichnet,"[50] als durch ein imperiales Konzept der Reichsregierung.

2.2 Ausbau der Herrschaft – Unterwerfung und Widerstand

Mit dem „Neuen Kurs", den Kaiser Wilhelm II. nach der Abdankung Bismarcks einschlug, änderte sich die Kolonialpolitik des Reiches zunächst nicht grundlegend. Zwar drängten nationalistische und handelspolitische Kreise verstärkt auf eine Ausweitung des verstreuten Besitzes. Ihnen gelang es schließlich 1897, mit einem Pachtvertrag über Kiautschou einschließlich der Hafenstadt Tsingtao die Errichtung eines deutschen Stützpunktes und handelspolitischen Einfallstors in China durchzusetzen. Wenig später kam es zu Zuerwerbungen im Pazifik: 1899 kaufte das Reich von Spanien die Karolinen, Marianen und Palauinseln; im Jahr 1900 wurde durch einen Teilungsvertrag mit den USA der westliche Teil Samoas offiziell deutsches Schutzgebiet, nachdem die Inselgruppe zehn Jahre lang von Deutschland, Großbritannien und den USA gemeinsam verwaltet worden war. Die „Deutsche Südsee" hatte zwar weder wirtschaftlich noch strategisch große Bedeutung, aber „man konnte nunmehr ein großes Seegebiet mit den deutschen Reichsfarben auf dem Globus einkästeln und damit der Bevölkerung neue Weltgeltung demonstrieren."[51] Nicht verwirklichen ließ sich allerdings die Vision eines zusammenhängenden deutschen Kolonialreichs in Zentralafrika, eine Vorstellung, die bis ins Dritte Reich hinein innerhalb der Kolonialbewegung propagiert wurde. Ebenso wenig ließ sich in Marokko eine deutsche Vorherrschaft begründen; auch die „Annexionspläne alldeutscher Heißsporne"[52] hinsichtlich Südbrasiliens oder anderer südamerikanischer Regionen stießen auf Seiten der Regierung auf kein allzu großes Echo.

---

[50] Gründer, Geschichte der deutschen Kolonien, S. 241.
[51] Dülffer, Deutschland als Kaiserreich, S. 578.
[52] Gründer, Geschichte der deutschen Kolonien, S. 106.

Das Helgoland-Sansibar-Abkommen von 1890, das von Bismarck vorbereitet und von seinem Nachfolger Caprivi unterzeichnet wurde, macht die Kontinuität in der deutschen Kolonialpolitik trotz aller anderen Kursänderungen deutlich. Das Deutsche Reich verzichtete darin auf umfassende Gebietsansprüche in Ostafrika (nicht allein auf die Insel Sansibar!), um einen Ausgleich mit konkurrierenden britischen Interessen zu erlangen. Obgleich nationalistische Kreise im Reich dagegen opponierten und sich infolgedessen im „Alldeutschen Verband" formierten, so wurden durch diese „koloniale Frontbegradigung"[53] doch bisher unklare Zugehörigkeiten definiert. Der Vertrag garantierte Deutschland nicht nur eine territoriale Erweiterung in Südwestafrika (der sogenannte „Caprivi-Zipfel" sollte als Ausgangsbasis für eine mögliche Verbindung mit dem ostafrikanischen Besitz dienen), er bildete auch die Grundlage dafür, dass das Reich sich nun doch dauerhaft in seinen Schutzgebieten festsetzen konnte. Wo bisher die Kolonialgesellschaften auf sehr wackligen Füßen gestanden waren, wurden jetzt deutsche Gouverneure, Beamte und Militärs in großer Zahl nach Afrika geschickt, um den Status quo gegenüber den anderen Kolonialmächten zu sichern und den Herrschaftsanspruch gegenüber lokalen Machthabern und Völkerschaften durchzusetzen.[54]

Genauso wie man jetzt in Übersee an den Ausbau der Herrschaft heran ging, so weitete sich der Kolonialismus als Strömung des imperialistischen Zeitgeistes im Mutterland selbst aus. Nicht nur, dass Kaiser Wilhelm II. den europäischen Rahmen in der Außenpolitik sprengte und weltpolitische Allüren bekam, auch die Bevölkerung begann sich zunehmend für die deutschen Kolonien zu interessieren. Selbst wenn in Kleinbürger- und Arbeiterschichten meist nur wenig Wissen darüber vorhanden war, so machte sich doch selbst dort die Auffassung breit, dass es gut und wichtig für Deutschland sei, Kolonien zu haben.[55] Die Deutsche Kolonialgesellschaft war zwar trotz ihrer Verbreitung bis in Kleinstädte hinein im Wesentlichen eine Vereinigung von Honoratioren und konnte nie die Massen mobilisieren wie etwa der Flottenverein,[56] dennoch ist die Breitenwirkung der Kolonialagitation im Reich nicht ganz zu unterschätzen. Auf ein breites Publikum ausgerichtete Veranstaltungen wie Kolonialausstellungen, Völkerschauen, „Kolonialtage" in Zoologischen Gärten, aber auch die Benennung von Straßen und Kleingartenanlagen oder der Aufgriff des Kolonialthemas bei Karnevalsveranstaltungen[57] und nicht zuletzt der alltägliche „Kolonialwarenladen" halfen der Kolonialbewegung indirekt die Schutzgebiete im nationalen Bewusstsein der Deutschen zu verankern. Trotzdem existierte

---

[53] Dülffer, Deutschland als Kaiserreich, S. 569.
[54] Vgl. ebd., S. 560.
[55] Kundrus, Moderne Imperialisten, S. 35 f.
[56] Vgl. Soénius, Koloniale Begeisterung, S. 114-117.
[57] Vgl. ebd., S. 98 f.

ebenso weit verbreitetes Desinteresse im Volk und ablehnende Haltungen zum Kolonialismus, was die im Reichstag kontrovers geführten Kolonialdebatten deutlich machen.[58] An eine Revision der Schutzverträge, wie sie vielleicht Bismarck anfangs noch für möglich hielt, war freilich in der Zeit um die Jahrhundertwende nicht mehr zu denken. Wenngleich der erhoffte wirtschaftliche Nutzen ausblieb und ebenso wenig die Auswanderung nach Amerika in deutsche Kolonien gelenkt werden konnte,[59] so blieben die Schutzgebiete doch fester Bestandteil des wilhelminischen Reiches.

In den Kolonien selbst wurde das Vordringen der Fremdherrschaft ins Hinterland von der dort ansässigen Bevölkerung keineswegs widerstandslos hingenommen. Zwar bildeten sich überall neue Schichten heraus, die von den fremden Machthabern profitierten; auch versuchten lokale Herrschaftsträger mit Hilfe der Deutschen ihren Einfluss zu sichern und auszuweiten. Die Zeit zwischen 1895 und 1906 war dennoch, zumindest was die afrikanischen Schutzgebiete anbelangt, ein Jahrzehnt blutiger Eroberungsfeldzüge und erbitterten Widerstands. In Ostafrika wurde 1888/89 der sogenannte „Araberaufstand" niedergeworfen; es folgten zahlreiche größere „Strafexpeditionen" und ein jahrelanger Kleinkrieg mit den Wahehe unter ihrem Stammesfürsten, dem „Sultan" Mkwawa. Überhaupt waren berüchtigte Krieger wie Mkwawa oder Anführer von Aufständen wie Hendrik Witbooi und Samuel Maherero in Südwestafrika die ersten Afrikaner, die im Gegensatz zu der ansonsten anonym bleibenden Masse der „Wilden" in der deutschen Öffentlichkeit als Individuen bekannt wurden. Südwest- und Ostafrika stellten um 1905 die größten Unruheherde des Kolonialreichs dar, was nicht heißen soll, dass die Entwicklung andernorts damit automatisch als friedlich einzustufen wäre. In Deutsch-Ostafrika, in das noch vor der Jahrhundertwende die Königreiche Ruanda und Burundi einverleibt wurden, brach im Zusammenhang mit der Einführung einer Hüttensteuer im Jahr 1905 der „Maji-Maji-Aufstand" aus, der sich gegen die deutsche Herrschaft, insbesondere gegen Plantagenbesitzer, aber auch gegen indische und arabische Händler richtete. Namensgebend war eine an dem Aufstand beteiligte religiöse Bewegung, die eine endzeitliche Heilslehre vertrat, Wasser („maji") als unverwundbar machende Medizin ansah und sich gegen den Einfluss der christlichen Mission wehrte. Die mit großer Grausamkeit und unter Missachtung kriegsrechtlicher Grundsätze geführte Niederschlagung des Aufstands forderte mindestens 75000, nach anderen Schätzungen bis zu 300 000 Menschenleben; ganze Völker wurden „durch Aushungerung und eine Politik der verbrannten Erde"[60] auch noch nach der offiziellen Einstellung der Kampfhandlungen im Jahr 1907 konsequent dezi-

---

[58] Eine massenhafte Begeisterung für die Kolonien blieb laut Soénius aus (Soénius, Koloniale Begeisterung, S. 111); laut Schiefel lässt sich eine solche erst in der Amtszeit Dernburgs (1906-10) dingfest machen und nicht zuletzt auf die große Popularität Dernburgs zurückführen (Schiefel, Bernhard Dernburg, S. 135 f.).

[59] In der letzten großen Auswanderungswelle 1880-93 wanderten 1,8 Millionen Deutsche in die USA aus; demgegenüber gingen bis 1914 nur 24 000 in die deutschen Kolonien (Gründer, Geschichte der deutschen Kolonien, S. 236).

[60] Gründer, Geschichte der deutschen Kolonien, S. 163.

miert. Geradezu legendären Ruf erwarb sich später die Söldnerarmee der „Askari", die sich an Grausamkeiten gegenüber der eigenen Bevölkerung nicht zurückhielt, und deren Angehörige aufgrund ihrer privilegierten Stellung noch Jahrzehnte nach dem Untergang des Kolonialreichs ihre sprichwörtliche „Treue" zu den Deutschen unter Beweis stellten. Der Maji-Maji-Aufstand lässt sich zwar insofern als bedeutendes historisches Ereignis bewerten, da sich hier erstmals viele verschiedene, zum Teil vorher verfeindete Stämme gegen fremde Einflüsse und koloniale Unterdrückung verbündeten – dementsprechend wurde er auch von der tansanischen Geschichtsschreibung zur nationalen Erhebung stilisiert. In der deutschen Öffentlichkeit stieß er jedoch auf wenig Beachtung, da kaum deutsche Soldaten daran beteiligt waren.

Anders verhielt es sich bei den fast gleichzeitigen Rebellionen der Herero und Nama in Südwestafrika, die von den deutschen Zeitgenossen unter dem Begriff „Hottentottenaufstand" subsumiert wurden. Das klimatisch günstig gelegene und zum Teil bereits von niederländischen und auch niederdeutschen Buren besiedelte Deutsch-Südwestafrika begann sich ab den 1890er Jahren immer mehr zur deutschen Siedlungskolonie, zu einem „jungen Deutschland" zu entwickeln.[61] Die deutschen Farmer beanspruchten große Flächen Weideland, die zuvor den einheimischen Völkern geraubt werden mussten. Ganze Volksgruppen wie das Nomadenvolk der Herero wurden in weniger fruchtbare „Reservate" zurückgedrängt. Eine große Rinderpest tat ihr Übriges dazu, so dass die traditionell auf Viehwirtschaft angewiesenen Herero ihre Existenzgrundlage verloren. Immer mehr gerieten in Abhängigkeit von Weißen und verarmten. Der Aufstand der Herero brach im Januar 1904 aus; unter der Führung des Oberhäuptlings Maherero wurden 123 deutsche Farmer und Soldaten ermordet sowie Eisenbahnlinien und Telegraphenleitungen zerstört. Die deutsche Schutztruppe unter dem als besonders unbarmherzig geltenden General Lothar von Trotha schlug mit aller Gewalt zurück. Nach dem deutschen Sieg in der Schlacht am Waterberg trieben die deutschen Schutztruppen die Herero, die Frauen und Kinder mit sich führten, in die Wüste Omaheke, wo Zehntausende den Hungertod erlitten. Das Hererovolk wurde so stark dezimiert, dass dieses Ereignis von mehreren Historikern als erster Genozid der deutschen Geschichte bezeichnet wird.[62]

Der Maji-Maji- und der Herero-Nama-Aufstand sind Beispiele für eine Phase der Eskalation, die aufgrund der deutschen Herrschaftsmethoden zu Beginn des 20. Jahrhunderts eintrat. Es waren die größten unter zahlreichen Widerstandsaktionen gegen die koloniale Herrschaft. Dennoch lassen sich daraus nur bedingt Rückschlüsse auf „die" deutsche Kolonialherrschaft an sich schließen. Die vorhandenen und von den Deutschen

---

[61] Ansätze zu einer dauerhaften Ansiedlung deutscher Farmer finden sich ansonsten nur, wenn auch in eingeschränktem Maße, in Deutsch-Ostafrika; in allen anderen Schutzgebieten blieb die Zahl der anwesenden Deutschen stets auf einige Hundert beschränkt.
[62] Vgl. Krüger, Kriegsbewältigung, S. 62-67.

errichteten Strukturen der Siedlerkolonie „Südwest" sind mit denen im Bismarck-Archipel kaum zu vergleichen. Selbst innerhalb einzelner Kolonien konnte man auf die unterschiedlichsten Systeme direkter und indirekter Herrschaft in unmittelbarer Nachbarschaft treffen. So war beispielsweise das deutsche Kamerun ein Konglomerat aus Bezirksämtern, Militärdistrikten und quasi autonomen Königreichen mit einer ganz unterschiedlichen Intensität der kolonialen Durchdringung.[63]

2.3 Deutsche Kolonialpolitik ab 1907 – eine Reformära?

Die Verwaltung der Schutzgebiete lag in oberster Instanz beim Reichskanzler. Mit der Ausweitung der Herrschaft in den Territorien wurde jedoch auch die zentrale Verwaltung ausgebaut. Die 1890 eingerichtete Kolonialabteilung im Auswärtigen Amt erhielt 1907 ihre Eigenständigkeit als „Reichskolonialamt" mit eigenem Staatssekretär.[64] Ein Jahr zuvor war an der Spitze der Kolonialverwaltung bereits ein personeller Wechsel vollzogen worden, der als wegweisend einzuschätzen ist. Für den Erbprinzen Ernst zu Hohenlohe-Langenburg, der aufgrund persönlicher Versäumnisse bei der Aufdeckung von kolonialen Missständen vom Reichstag zum Rücktritt gedrängt wurde,[65] erhielt Bernhard Dernburg den Posten als Direktor der Kolonialabteilung und späterer Staatssekretär. Obgleich er nur bis 1910 dieses Amt innehatte, sprachen bereits Zeitgenossen von einer „Ära Dernburg",[66] was in diesem Fall weniger auf eine besonders lange Amtszeit als auf eine qualitative Veränderung in der Kolonialpolitik des Deutschen Reiches hinweist. Zu dieser Ära zählt man daher in der Regel auch die Amtszeiten der Staatssekretäre Friedrich von Lindequist (1910-11) und Wilhelm Solf (1911-18), die sich beide dem von Dernburg eingeführten neuen Kurs in der „Eingeborenenpolitik" verpflichtet fühlten.[67]

Die Ausgangsbasis für Dernburgs Politik war denkbar ungünstig. Die Niederschlagung des Hereroaufstands hatte die Kolonialkritiker im Reichstag in ihrer Auffassung bestärkt, dass die deutsche Kolonialpolitik ineffizient und inhuman sei. Das Augenmerk lag dabei weniger auf der Vernichtung der Hereros in der Wüste als vielmehr auf der Tatsache, dass es überhaupt zu einer gewaltsamen Erhebung gekommen war, weil die Menschen jahrzehntelang von den deutschen Herren schlecht behandelt worden waren. Da es gleichzeitig in Ostafrika und Kamerun Unruhen gab und selbst aus Togo immer wieder skandalträchtige Meldungen eintrafen, bestärkte dies die Reichstagsmehrheit, die Bewilligung der Haushaltspläne für die Schutzgebiete (Hauptstreitpunkt war dabei die Entschädigung deutscher Farmer in Südwest) zu verweigern. Die Regierungsvorlage wurde

---

[63] Vgl. Smith, German Colonial Empire, S. 75-90.
[64] Voigt, Kolonialisierung des Rechts, S. 23.
[65] Vgl. Schubert, Der schwarze Fremde, S. 262.
[66] Schiefel, Bernhard Dernburg, S. 132.
[67] Ebd., S. 133; vgl. Wolter, Deutsches Kolonialrecht, S. 211.

im Dezember 1906 in der zweiten Lesung mit der Stimmenmehrheit von Zentrum, SPD, Polen und Elsässern abgelehnt. Dernburg, der sich im Reichstag auch persönlichen Anfeindungen aussetzen musste, suchte Rückhalt beim Reichskanzler, der das Parlament kurzerhand auflösen ließ.[68] Der im Folgenden geführte Wahlkampf stand ganz unter dem Eindruck der Kolonialdebatten. Es gelang der regierungsfreundlichen rechten Wahlpropaganda, die Kolonialkritiker als „Reichsfeinde" zu diffamieren. Die Neuwahlen 1907, die als „Hottentottenwahlen" in die Geschichte eingingen, schufen neue, „kolonialfreundliche" Mehrheitsverhältnisse und daher aus Sicht des Reichskolonialamts eine bessere Basis für künftige Politik. Mit dem „Bülow-Block", der die bürgerlichen Parteien von den Konservativen bis zu den Linksliberalen zusammenschloss, das Zentrum aber außen vor ließ, hatte der Kanzler somit erstmals so etwas wie eine „parlamentarische Mehrheit" geschaffen.

Dernburg, der durch seine Vortragsreisen durch Deutschland so massiv wie noch kein Regierungsbeamter zuvor in einen Wahlkampf eingegriffen hatte, funktionierte hierbei gleichsam als Katalysator für eine neue, nationalideologisch begründete Sammlungspolitik.[69] Es gelang ihm, die Kolonien zum „nationalen Thema" zu machen; darüber hinaus hatte man im Reichskolonialamt aus Fehlern gelernt und war sich bewusst geworden, dass eine Politik, die auf reinen wirtschaftlichen Gewinn und Unterdrückung der Bevölkerung abzielte, im Hinblick auf die öffentliche Meinung nicht mehr akzeptabel war. Der linksliberal gesinnte, jüdischstämmige Bankier Dernburg verfolgte daher das Konzept einer systematischen, rationalen, wissenschaftlichen und „humanen" Kolonialpolitik und Kolonialwirtschaft. Die Behandlung der „Eingeborenen" war deshalb von großer Bedeutung, da diese laut Dernburg das „wertvollste Kapital" der Kolonialwirtschaft darstellten.[70] Seine Politik, die er selbst als „negererhaltend" bezeichnete, suchte mit Arbeiterschutzverordnungen, Beschränkungen der Prügel- und Todesstrafe, Beseitigung von Steuerprivilegien für europäische Pflanzer und durch eine gezielte Schulung der Kolonialbeamten im neugegründeten Hamburger Kolonialinstitut inhumane Auswüchse zu beseitigen und langfristig zu vermeiden.[71] Damit gab Dernburg auch unverhohlen zu, dass er die frühere Kolonialpolitik für verfehlt hielt.[72] Sein Konzept förderte im Einklang mit den Zielen der Händler und der Missionare die Schaffung einer freien, marktfähigen Bauernschaft. Eine indigene „cash-crop"-Produktion sollte anstelle der Plantagenwirtschaft vorrangig werden, um eine Entwurzelung und Proletarisierung der Bevölkerung und damit die Gefahr weiterer Aufstände zu verhindern. Gleichwohl war das Vorgehen Dernburgs eine Politik der nur teilweise realisierten Reformansätze, aber nicht die eines

---

[68] Möglicherweise war der „Eklat" von Bülow und Dernburg mit Absicht provoziert worden (vgl. Wolter, Deutsches Kolonialrecht, S. 207 f.).
[69] Vgl. Schubert, Der schwarze Fremde, S. 261-270; Kundrus, Moderne Imperialisten, S. 39 f.
[70] Solf, Kolonialpolitik, S. 41.
[71] Vgl. Cornevin, Geschichte der deutschen Kolonisation, S. 66-70; Gründer, Geschichte der deutschen Kolonien, S. 242 f.
[72] Schubert, Der schwarze Fremde, S. 271.

radikalen Umdenkens.[73] Ihre Rhetorik war zwar philanthropisch angehaucht, im Vordergrund stand jedoch nach wie vor der wirtschaftliche Nutzwert der Kolonien und ihrer Bewohner.

Der parlamentarischen Kolonialkritik wurde durch die geschickte Agitation des neuen Staatssekretärs der Wind aus den Segeln genommen. Zentrum und SPD hatten gleichsam Vorarbeit für Dernburg geleistet und sahen sich jetzt in ihren kulturmissionarischen Anschauungen zu einer „richtigen" Kolonialpolitik weitestgehend bestätigt.[74] Ebenso war man selbst in den Missionen dazu geneigt, ein „Eintreten für die Menschenrechte der Eingeborenen" für nicht vorrangig zu halten, da ja selbst der Staatssekretär des Reichskolonialamtes „ein Herz auch für die Eingeborenen" hätte.[75]

In den Kolonien selbst trat im Allgemeinen ab 1906/07 eine Phase der Konsolidierung ein. Größere Unruhen blieben tatsächlich aus, die Deutschen konnten ihren Herrschaftsanspruch nun ohne direkten Widerstand durchsetzen, nachdem sie nur allzu deutlich gemacht hatten, wozu sie im Ernstfall fähig waren. Bereits vorher begonnene Großprojekte wie der Bau von Eisenbahnen und Straßen oder der Ausbau von Städten und Regierungseinrichtungen konnten ungehindert fortgeführt werden. In Anlehnung an die Vorstellungen Dernburgs fand eine systematische „Entwicklung zur Ausbeutung" statt. „Ausgebeutet" werden sollte das Land im Sinne einer wirtschaftlich optimalen Nutzung für die Interessen des Mutterlandes und an zweiter Stelle zum Wohl der Kolonie selbst. Damit verbunden sollte sich auch die Situation der Bevölkerung, deren eigenständiger Wert erst jetzt immer mehr von den Kolonialverwaltungen erkannt wurde, verbessern, was jedoch in der Praxis generell kaum eintrat.[76] Zum Teil hegte sich Protest gegen eine allzu „negerfreundliche" Politik Dernburgs, etwa von weißen Siedlern in Südwest- und Ostafrika, die um ihren Status als „Herrenmenschen" bangten und in ihrer restriktiven Haltung Unterstützung aus den Reihen von Nationalliberalen und Freikonservativen im Mutterland bekamen.[77] Obgleich die Kolonialverwaltung zunehmend zur Zielscheibe von – vor allem nationalistisch-völkischer – Kritik wurde, ist anzunehmen, dass die Kolonien ganz allgemein in der deutschen Bevölkerung unter Dernburg an Popularität gewannen.[78] Die Zuschüsse des Reiches in die Schutzgebiete sanken zudem, was allerdings nicht verhindern konnte, dass die deutsche Kolonialpolitik bis zum Ersten Weltkrieg ein Verlustgeschäft blieb.[79]

---

[73] Vgl. Gründer, Neger Kanaken und Chinesen, S. 258 f.
[74] Vgl. Schubert, Der schwarze Fremde, S. 282-289; Schiefel, Bernhard Dernburg, S. 136-138.
[75] So in einer „Zeitschrift für die sittliche und soziale Entwicklung der deutschen Schutzgebiete" des „Evangelischen Afrika-Vereins" (Jahrgang 1908, S. 81), zit. nach: Schubert, Der schwarze Fremde, S. 295.
[76] Vgl. Erbar, Platz an der Sonne, S. 211; Wolter, Deutsches Kolonialrecht, S. 244.
[77] Vgl. Schubert, Der schwarze Fremde, S. 299-306.
[78] Kundrus, Moderne Imperialisten, S. 41.
[79] Ebd., S. 42.

Zur Zuspitzung der Mächtekonstellationen im Vorfeld des Ersten Weltkriegs trug die deutsche Kolonialpolitik kaum bei. Diese „hat weder primär die Verflechtung Deutschlands in die Weltpolitik bewirkt, noch war sie nach der Jahrhundertwende ein vorrangiger Aspekt der Weltpolitik."[80] Eine gewisse Rolle spielte die Frage kolonialer Erwerbungen allein in der zweiten Marokkokrise 1911. Ergebnis des Versuchs, in Marokko oder im Französischen Kongo Fuß zu fassen, war für das Deutsche Reich jedoch allein eine Grenzregulierung in Kamerun, durch die es Teile von Französisch-Äquatorialafrika erhielt und im Gegenzug ein kleines Gebiet im Nordosten Kameruns an Frankreich abtrat.

Die deutschen Schutzgebiete in Afrika und im Pazifik konnten im Ersten Weltkrieg meist nur in den ersten Monaten gehalten werden. Das Reich war hier tatsächlich auf sich allein gestellt und von Feinden umzingelt. Auch gab es kaum nennenswerten Rückhalt in der Bevölkerung, der die gegnerischen Truppen aufgehalten hätte. Einzig in Ostafrika setzten die Askaritruppen unter ihrem Kommandeur Paul von Lettow-Vorbeck den Engländern noch bis zum 25. November 1918 langanhaltenden und erbitterten Widerstand entgegen. Das deutsche Kolonialreich fand mit dem Versailler Vertrag, der die deutschen Territorien zu Völkerbundsmandaten erklärte, sein frühzeitiges und endgültiges Ende. Daher bleibt auch die Frage mehr oder minder hypothetisch, ob von den Reformen Dernburgs ausgehend Ansätze für eine weitere Entwicklung zu einer tatsächlich „liberalen" oder „humanen" Kolonialpolitik möglich gewesen wären. In den Jahren 1907-14 wurde vieles festgelegt, was zum einen den deutschen Machtanspruch und den Ausschluss der Afrikaner von höheren Positionen zementierte, andererseits aber die Möglichkeiten einer rein willkürlichen Herrschaft stark beschnitt. Mochten Arbeitsregelungen oder Strafvorschriften noch so streng ausfallen, Afrikaner konnten sich jetzt vielfach auf ein fixiertes geltendes Recht berufen. Man sollte daher die Auswirkungen der Reformpolitik in der Praxis nicht im Sinne eines Wegbereiters späterer Entwicklungshilfepolitik überschätzen, sie aber auch nicht in der Art marxistisch-leninistischer Historiker auf den Aspekt der kolonialen Ausbeutung zugunsten der deutschen Hochfinanz beschränken.[81]

---

[80] Gründer, Geschichte der deutschen Kolonien, S. 240.
[81] Schiefel, Bernhard Dernburg, S. 141; vgl. auch Sebald, Togo, S. 544: „Seine [Dernburgs, Anm. d. Verf.] tatsächliche Antwort hieß jedoch nicht Reform, sondern Repressalien gegenüber der politischen Meinung der Afrikaner."

3 Abriss der Geschichte Togos unter besonderer Berücksichtigung der Beziehungen zu Deutschland

3.1 Entwicklung der Region bis zum Abschluss des ersten Schutzvertrages (1482-1884)

Für die Zeit vor 1884 von einem Land „Togo" zu sprechen, ist an und für sich falsch. Zwar existierte wohl seit dem frühen 19. Jahrhundert ein aus ursprünglich fünf Dörfern bestehender Ort dieses Namens an einem See unweit der Küste – heute Togoville genannt. Dieses „Togo"[82] hatte jedoch kaum überregionale Bedeutung.[83] Trotzdem soll hier ein kurzer Blick auf die historische Entwicklung der Region in Westafrika geworfen werden, die später zu „Togo" wurde.

Der Ausgangspunkt für die deutsche Kolonie Togo bestand in einem nur gut 50 km langen Teil der sogenannten „Sklavenküste", eines Küstenabschnitts des afrikanischen Kontinents am Golf von Guinea (auch Golf von Benin).[84] Die Sklavenküste erhielt analog zu den westlich gelegenen Regionen Elfenbeinküste und Goldküste ihren Namen dadurch, dass von hier aus Sklaven aus dem Hinterland nach Europa und Amerika verschifft wurden. Der Norden Togos bildete einen Teil der kulturell vom Islam geprägten Sahelzone und war von den traditionellen Handelsrouten der Hausa und anderer muslimischer Händler geprägt. Geographisch gesehen erstreckt sich nördlich des Küstenstreifens mit der Lagunenniederung eine hügelige, meist mit Savannenvegetation bewachsene Landschaft; einzelne Berge des Togogebirges erreichen Höhen von bis zu 1000 Metern. Regenwald befand sich ursprünglich im Süden, durch Rodung und die Ausweitung der Sahara waren davon jedoch bereits in der Kolonialzeit kaum noch nennenswerte Bestände vorhanden.[85] Die größten Flüsse sind der Volta im Westen, der später zum Teil die Grenze zur Goldküstenkolonie bildete und der Monu im Osten; allerdings gibt es keinen Fluss, der eine Verkehrsverbindung von der Küste in den Norden des Landes darstellen könnte.[86]

Über die Geschichte der Region vor Ankunft der ersten Europäer lassen sich nur wenige sichere Aussagen treffen; man kann hier allenfalls von verschiedenen ethnischen Gruppen, deren Wanderungen und kriegerischen Auseinandersetzungen, keinesfalls jedoch von einem irgendwie zusammenhängenden politischen Gebilde sprechen. Das Jahr 1482

---

[82] Geographische Bezeichnungen sowie Namen von Volksgruppen und Orten werden in der damals üblichen und den amtlichen Quellen entnommenen Schreibweise wiedergegeben. Dabei gilt es aber zu berücksichtigen, dass diese auch während der deutschen Kolonialzeit variieren konnte (z.B. Nuatjä = Nuatja = Notschä = Notsé). Beim Zitieren aus Quellen wurde ebenfalls die originale Orthographie und Interpunktion beibehalten, ausgenommen Quellen, die dem Verfasser nicht im Original, sondern in überarbeiteter Abschrift vorlagen (z.B. Massow-Tagebücher).
[83] Zur Entstehung des Namens Togo („Dorf jenseits der Lagune") vgl. Sebald, Togo, S. 21 f.
[84] Vgl. Koloniallexikon Bd. 3, S. 498.
[85] Vgl. ebd., S. 504-506.
[86] Vgl. Sebald, Togo, S. 1-4.

markiert den Beginn von kolonialer Herrschaft in Westafrika; diese manifestierte sich anfangs lediglich in dem portugiesischen Küstenfort Elmina und zwei später ebenfalls von Portugiesen errichteten Forts, allesamt im heutigen Ghana gelegen. Afrikanische Zwischenhändler errichteten um die Mitte des 16. Jahrhunderts auf der Sandbank zwischen dem Ozean und einer Lagune die Siedlung „Popo-vi" (= Klein Popo, auch Little Popo, seit 1905 offiziell Anecho genannt) im Gegensatz zur älteren, östlich gelegenen Siedlung „Poupou" oder Groß Popo.[87] Der im 16. Jahrhundert aufkommende Sklavenhandel und die Vertreibung der Portugiesen aus den Küstenforts hatte einen starken Konkurrenzkampf und eine gesteigerte Kriegs- und Gewaltbereitschaft unter den an der Küste lebenden Stämmen zur Folge.

Auch andere europäische Mächte versuchten nun Einfluss in Westafrika zu gewinnen. Nur von kurzer Dauer war dabei das Kolonialprojekt des brandenburgischen Kurfürsten Friedrich Wilhelm (1620-1688). Dieser ließ ab 1680 die Festung Groß-Friedrichsburg errichten, doch schon 1717 verkaufte Preußen sie an die Holländer.[88] Wenngleich das älteste erhaltene Bauwerk deutscher Kolonialmachtsbestrebungen im heutigen Ghana liegt, so wurde es doch von der Kolonialliteratur gern als Pionierleistung auf dem Weg zur „Musterkolonie" mit Togo in Verbindung gebracht; die Errichtung des Schutzgebiets 1884 wurde so als Erfüllung der „Kolonialpolitik" des Großen Kurfürsten hochstilisiert.[89]

Der Küstenort Klein Popo erhielt im Zuge der Ausweitung des europäischen und nordamerikanischen Überseehandels neue Bedeutung als „Sklavenexportplatz";[90] oftmals dienten ganze Völkerschaften aus dem Hinterland als menschliches Exportgut. Das „Königreich" von Klein Popo konnte sich sowohl gegenüber den europäischen Sklavenhändlern als auch gegenüber den im frühen 18. Jahrhundert entstehenden Reichen Aschanti und Dahome in seiner Unabhängigkeit behaupten.[91] Es erhielt Zuwanderung einerseits von der Goldküste her, andererseits durch Ewe-Bevölkerung, die – ursprünglich im südlichen Nigeria beheimatet – sich in Nuatjä (zwischen Lome und Atakpame) niedergelassen hatte und von dort um 1700 unter anderem in die Küstenregion gezogen war, ohne aber ein eigenes Königreich zu bilden.[92] Im 18. Jahrhundert befand sich Klein Popo jahrzehntelang im Krieg mit dem expandierenden Nachbarreich Dahome, ein offizieller Friede wurde 1772 geschlossen.[93] Trotz des mächtigen Gegners im Osten konnte der „Stadtstaat" Klein Popo seine Herrschaft nach Westen ausdehnen und hatte bald den gesamten Küstenstreifen unter seiner Kontrolle, der heute noch zu Togo

---

[87] Zur Entstehungsgeschichte von Klein Popo vgl. Sebald, Togo, S. 6-9. – Wohl als falsch ist die Angabe bei Decalo, Historical Dictionary (S. 44) einzuschätzen, nach der die Stadt erst zwischen 1663 und 1690 gegründet wurde.
[88] Vgl. van der Heyden, Das brandenburgische Kolonialabenteuer.
[89] Vgl. Oloukpona-Yinnon, Unter deutschen Palmen, S. 69 f. und S. 266 f.
[90] Sebald, Togo, S. 11.
[91] Ebd., S. 13.
[92] Ebd., S. 14-16; vgl. Decalo, Historical Dictionary, S. 125 f.
[93] Sebald, Togo, S. 17.

gehört.⁹⁴ Westlicher Eckpunkt war das in gut 50 km Entfernung gelegene Dorf Lome. Dieses wurde nach einer mündlichen Überlieferung von Jägern aus dem Ewevolk als „Alo-me" (Dorf in den Alo-Büschen) gegründet; die Bevölkerung kämpfte zusammen mit den Einwohnern von Klein Popo gegen die Dahomekrieger, musste die Ansiedlung jedoch wohl noch im ersten Viertel des 18. Jahrhunderts wieder aufgeben. Eine – anfangs sehr bescheidene – Wiederbesiedlung fand erst 1877 statt, ehe sich unter deutscher Herrschaft Lome zum wirtschaftlichen und politischen Zentrum entwickelte.⁹⁵

Die Jahrhunderte des Sklavenhandels hatten die politischen und gesellschaftlichen Verhältnisse an der Küste deutlich verändert. Es hatte sich durch den langen Kontakt mit Europa in den Küstenorten eine bürgerliche Gesellschaft mit verschiedenen Schichten herausgebildet. Dessen Angehörige waren zum Teil keine indigenen Einwohner, sondern ab dem 19. Jahrhundert zahlreiche freigelassene Sklaven aus Brasilien, Portugal und den USA oder sogenannte Mulatten, Mischlinge von Afrikanern und Europäern. Einige, zum Teil bis heute einflussreiche togoische Familienclans wie die d'Almeida, de Souza, Olympio, Santos, Freitas und Lawson bezogen nicht nur ihre Namen aus dem europäischen Kulturkreis, sondern auch einen Teil ihrer kulturellen Identität – nicht wenige der in Togo als „Brasilianer" bezeichneten Familien bekannten sich zum Katholizismus.⁹⁶ Im Hinterland gab es freilich nach wie vor archaische Gesellschaften von Kriegern und Bauern; viele von ihnen mussten sich über Generationen hinweg gegen Sklavenhändler aus dem Süden verteidigen, und wurden zum Teil erheblich dezimiert.

Im Jahr 1848 schickte die in Bremen ansässige Norddeutsche Missionsgesellschaft erste Missionare an die Goldküste, um das unter anderem im Togogebirge ansässige Volk der Ewe zu christianisieren. Ihrer finanziellen Unterstützung diente die 1856 in Keta ansässige deutsche Handelsfirma Friedrich M. Vietor.⁹⁷ Die Norddeutsche Missionsgesellschaft errichtete zahlreiche Stationen und Schulen. Missionare verfassten die ersten Wörter- und Grammatikbücher für die Ewesprache und brachten die Bevölkerung nicht nur in Kontakt mit dem Christentum – in diesem Fall protestantischer Prägung – sondern auch mit der deutschen Sprache und Kultur.

Der Handel im 19. Jahrhundert ging verstärkt von Großbritannien aus; im Zusammenhang mit der allgemeinen Ächtung der Sklaverei wurden nun vor allem pflanzliche Rohstoffe wie Ölpalmprodukte gehandelt, im Gegenzug kamen englische Industrieerzeugnisse nach Afrika.⁹⁸ Doch gerade Klein Popo spielte noch eine wichtige Rolle im „illegalen" transatlantischen Sklavenhandel, der bis weit ins 19. Jahrhundert in den

---

[94] Sebald, Togo, S. 18.
[95] Vgl. Sebald, Auf deutschen Spuren, S. 9-12. Hier finden sich auch interessante Hinweise zur planmäßigen Anlage der Stadt zwischen 1897 und 1914.
[96] Vgl. Decalo, Historical Dictionary, S. 77 f.
[97] Sebald, Togo, S. 32.
[98] Vgl. ebd., S. 20.

Händen einflussreicher einheimischer Familienclans lag.⁹⁹ Die Briten setzten sich im Bereich des heutigen Ghana und Nigeria fest, die Region dazwischen stand jedoch vorerst unter keiner europäischen Vorherrschaft. Ab 1842 setzten sich die Franzosen an der Dahome-Küste fest und bildeten so den Grundstock für ihre Kolonie Dahomey, die heutige Republik Benin.¹⁰⁰ Im Küstenabschnitt zwischen dem wiederbegründeten Lome (oder Bey Beach) und Klein Popo (oder Anecho) bestanden vor 1884 vier deutsche, zwei französische und eine britische Firma.¹⁰¹ Die deutschen waren in Händen Bremer und Hamburger Kaufleute, die sich durch einen Vertrag mit dem Häuptling von Klein Popo das Recht gesichert hatten, Handel zu treiben und mit eigenen Schiffen den Warenverkehr zwischen Deutschland und afrikanischen Faktoreien zu betreiben. Ab 1882 gab es zudem eine regelmäßige Schiffsverbindung nach Hamburg durch die Woermann-Linie.¹⁰²

Spannungen kamen während dieser Zeit in Klein Popo nicht nur zwischen den verschiedenen europäischen Nationalitäten auf, sondern auch zwischen rivalisierenden afrikanischen Interessensgruppierungen. Allgemein rechnete man am ehesten damit, dass der Küstenstreifen zwischen Briten und Franzosen aufgeteilt würde.¹⁰³ Klein Popo schien zunächst französisch zu werden: Während eines über zweijährigen Interregnums nach dem Tod des Königs G. A. Lawson II. errichtete Frankreich per Dekret ein Protektorat über die Stadt, ohne jedoch von ihr öffentlich Besitz zu ergreifen. Da unter dem ab 1883 regierenden König G. A. Lawson III. die ansässigen deutschen Kaufleute einen stärkeren britischen Einfluss befürchteten, riefen sie das deutsche Kriegsschiff „SMS Sophie" zur Hilfe. Die Stadt wurde von einem deutschen Landungskorps erstürmt und führende Männer aus der Umgebung des Königs als Geiseln genommen und für einige Zeit nach Deutschland verschleppt, damit sich diese eine Vorstellung von der Macht und Größe des Deutschen Reiches machen sollten. Die deutschen Kaufleute versuchten damit, einen Schutzvertrag zu erzwingen, allerdings lehnte Bismarck dies ab, um eine Kollision mit französischen Interessen zu vermeiden. Als am 2. Juli 1884 der deutsche Afrikaforscher und Generalkonsul von Tunis, Dr. Gustav Nachtigal (1834-1885) in Klein Popo eintraf, nahm er zur Enttäuschung der deutschen Handelsagenten keine Annexion vor, folgte aber dem Hinweis, dass eine solche im weiter westlich gelegenen Bagida Beach mit einem an der Lagune ansässigen Häuptling möglich sei. So schloss Nachtigal drei Tage später im Namen des Deutschen Kaisers einen auf Englisch abgefassten Schutzvertrag mit „Mlapa, King of Togo" (also der als Togo bezeichneten Ansiedlung an der Lagune).¹⁰⁴ Darin gewährte Mlapa den deutschen Kaufleuten Schutz und bat gleichzeitig selbst um Schutz

---

⁹⁹ Sebald, Togo, S. 21.
¹⁰⁰ Vgl. ebd., S. 31.
¹⁰¹ Ebd., S. 35.
¹⁰² Kolonialexikon Bd. 3, S. 522. Drei dieser Firmen handelten hauptsächlich mit Schnaps, der nach Afrika exportiert wurde (vgl. Sebald, Togo, S. 37).
¹⁰³ Vgl. Sebald, Togo, S. 37 f.
¹⁰⁴ Zu den einzelnen, etwas verworrenen Ereignissen im Vorfeld des ersten Schutzvertrages ausführlich: Sebald, Togo, S. 37-43.

durch den Deutschen Kaiser. Die Souveränitätsrechte Mlapas sollten unangetastet bleiben, die deutschen Händler gegenüber anderen Nationen bevorzugt werden. Der Kaiser durfte weder in die bestehenden Handelsverträge Mlapas noch in die bisherige Zollerhebung eingreifen.[105] Mit diesem Vertrag bekam der König von Togo ein Territorium de iure zugestanden, das sich weit über seinen tatsächlichen Herrschaftsbereich erstreckte („from the eastern frontier of Porto Seguro to the western frontier of Lome or Bey Beach"),[106] das heißt andere Herrschaftsträger wurden damit einfach auf dem Papier ausgelöscht. Somit lassen sich durchaus eigene Interessen der togoischen Seite für den Vertragsabschluss ausmachen. Der Schutzvertrag wurde ausnahmsweise nicht infolge von Druck oder Zwang geschlossen, man kann auch davon ausgehen, dass der Inhalt der afrikanischen Partei verständlich war. Etwas ominös bleibt jedoch die Figur des Königs Mlapa. Die Unterzeichung nahm, wie im Vertragstext vermerkt, sein Stabträger Plakko vor. Möglicherweise war Mlapa bereits gestorben, und man hatte versucht seinen Tod geheim zu halten,[107] andere Versionen der Geschichte sprechen davon, dass Mlapa und Plakko ein und dieselbe Person seien, dass Mlapa erst zum Zweck des Vertragsabschlusses zum König gemacht worden sei oder dass Mlapa der Name eines Fetischs des Königs Plakko sei.[108] Die Krux an dem Schutzvertrag lag jedoch darin, dass das Deutsche Reich damit seinen territorialen Anspruch geltend machen konnte, sich andererseits in den Folgejahren nicht genötigt sah, den Inhalt des Vertrages – man denke an die Souveränitätsrechte des Königs von Togo – auch zu befolgen. Davon, dass die Einwohner des Landes zu Untertanen des Deutschen Kaisers werden sollten, war im Vertragstext nichts zu lesen.[109]

3.2 Unterwerfung des Landes und Ausbau der deutschen „Schutzherrschaft" (1884-1914)

Die dreißigjährige Herrschaft der Deutschen über Togo lässt sich in drei Phasen[110] einteilen. Sie begann mit einem Jahrzehnt „kolonialen Scheinfriedens", in dem man tatsächlich von „Schutzherrschaft" in seiner eigentlichen Bedeutung ausgehen kann. Die deutsche Herrschaft versuchte die Handelsinteressen deutscher Kaufleute zu sichern; eine Einmischung in die politischen Verhältnisse unter den einheimischen Stämmen fand kaum statt. Die Verwaltung war vom Mangel eines Konzepts und allgemeiner „Planlo-

---
[105] Wortlaut des Schutzvertrages in: Sebald, Togo, S. 692, dt. Übersetzung ebd., S. 37 f.
[106] Ebd.
[107] Sebald, Togo, S. 46.
[108] Afrika-Post 7/1984, S. 18.
[109] Klein-Popo war zunächst kein Bestandteil des deutschen Schutzgebiets. Aufgrund eines früheren Schutzvertrages wurde die Stadt zeitweilig von den Franzosen besetzt; im Dezember 1885 erkannte Frankreich das deutsche Protektorat über Klein Popo an (Koloniallexikon Bd. 3, S. 522; Erbar, Platz an der Sonne, S. 11 f.).
[110] Diese Dreiteilung findet sich auch in der Gliederung von Sebald, Togo.

sigkeit"[111] gekennzeichnet. Der erste Schritt zum Aufbau einer Bürokratie erfolgte im Juni 1885 mit der Ankunft des ersten regulären Kaiserlichen Kommissars Ernst Falkenthal, der die Amtsgeschäfte der Kolonie vom Lagunenort Bagida aus, dem Ort der ersten deutschen Flaggenhissung, leitete. Bereits ein Jahr später wurde der Sitz der Verwaltung nach Sebe (auch Sebbe), einem Vorort von Klein Popo verlegt. Der Kaiserliche Kommissar von Togo unterstand dem Gouverneur von Kamerun, da dieser in Personalunion auch Oberkommissar für Togo war. Das bedeutete, dass der Kommissar von Togo den Gouverneur von Kamerun über den Inhalt all dessen, was er nach Berlin schrieb, in Kenntnis zu setzen hatte. 1891 wurde das Oberkommissariat aufgehoben, 1893 die Amtsbezeichnung des Kommissars in Landeshauptmann umgewandelt.[112] Dennoch blieb Togo noch länger das „Odium der kleinen Schwesterkolonie Kameruns" erhalten – auch die späteren Gouverneure Togos waren in ihrem Rang denen der anderen afrikanischen Kolonien Deutschlands untergeordnet und bekamen auch ein niedrigeres Gehalt.[113] Von den ersten Herrschaftsträgern Togos fällt vor allem Jesco von Puttkamer (Interimskommissar 1887-88, Kommissar 1891-93 und Landeshauptmann 1893-95) ins Auge, der besonders als langjähriger Gouverneur von Kamerun (1895-1907) gleichsam zu einer Symbolfigur des kolonialen Unterdrückers wurde. In Togo ließ sich allerdings damals eine durchgreifende Kolonialherrschaft mangels personeller und militärischer Mittel noch gar nicht verwirklichen. Die deutsche Administration passte sich den Verhältnissen an der Küste an. Die Handelsstrukturen veränderten sich zunächst nur kaum, lediglich waren an der Gold- und Sklavenküste nun Grenzen zwischen französischer, deutscher und britischer Einflusssphäre abgesteckt. So ist diese Phase der deutschen Kolonialherrschaft in Togo in der Tat als friedlich und ökonomisch effektiv einzuschätzen.[114]

Ab 1894 begannen die deutschen Kolonialherren das Hinterland zu unterwerfen, um sich den Besitz gegenüber anderen Kolonialmächten zu sichern. Dies geschah wiederum durch Schutzverträge mit verschiedenen Häuptlingen und oft in Konkurrenz zu französischen und britischen Ansprüchen. Wurde die deutsche Herrschaft von der Bevölkerung und ihren lokalen Machthabern nicht anerkannt, setzten die Machthaber mit Hilfe einer „Polizeitruppe"[115], bestehend aus zu diesem Zweck ins Land geschickten deutschen Offizieren und afrikanischen Söldnern, militärische Gewalt ein. In dieser Zeit war insbesondere der Norden der Kolonie geprägt von zahlreichen blutigen Feldzügen und Kleinkriegen, wobei die Widerstand leistenden Stämme chancenlos waren. Offiziell

---

[111] Erbar, Platz an der Sonne, S. 11.
[112] Ebd., S. 13 f.
[113] Ebd., S. 15-17.
[114] Vgl. Sebald, Togo, S. 150-152.
[115] Die „Polizeitruppe" war Teil der Verwaltung und hatte keinen eigenen Militäretat. Jedoch hatte sie die gleichen Aufgaben wie die „Schutztruppen" anderer Kolonien und ist nicht mit dem regulären Polizeidienst, den es in Togo unabhängig davon auch gab, zu verwechseln. Sie wurde ständig aufgestockt und bestand 1913 aus acht Deutschen und 560 afrikanischen Söldner und Unteroffizieren (vgl. Trierenberg, Togo, S. 62-65; Sebald, Togo, S. 278-284).

wurden 19 Feldzüge bekannt gegeben, in Wirklichkeit waren es jedoch weit über 50.[116] Kolonialoffiziere und Verwaltung versuchten hier oft gezielt, „die ganze Sache ohne viel lautes Geschrei nach außen hin" zu erledigen,[117] um das Bild von der friedlichen Entwicklung Togos nicht ad absurdum zu führen. Zu den Mitteln der deutschen Kriegsführung gehörte auch das Abbrennen von Dörfern, Verschleppen von Frauen und Kindern und andere Gewalttaten.[118] Über die Zahl der Opfer gibt es aufgrund der nur sporadischen und unvollständigen Aufzeichnungen von deutscher Seite keine verlässlichen Angaben.

Zur Sicherung des unterworfenen Gebiets wurden ab 1890 Stationen errichtet, die meist nur mit zwei oder drei Deutschen besetzt waren und den Grundstock für die spätere Verwaltungsstruktur der Kolonie legten.[119] Noch lange zogen sich die Verhandlungen mit den Nachbarmächten Frankreich und Großbritannien hin – im Wesentlichen waren die Grenzen auf der Landkarte um 1900 festgelegt, wenngleich die Markierung des genauen Verlaufs sich noch beinahe bis zum Ausbruch des Ersten Weltkrieges erstreckte. Im Ergebnis hatte das Deutsche Reich keineswegs das erreicht, was vielen als territoriales Ziel vorschwebte, etwa eine Ausdehnung bis zum Nigerbogen. Das „Togoland", wie es sich nach 1900 auf der Landkarte abzeichnete, umfasste zwar eine Nord-Süd-Ausdehnung von rund 560 km, dafür fand es sich aber mit seiner Breite von zwischen 50 und 175 km eingeengt zwischen französischem und britischem Kolonialbesitz.[120] Zudem befanden sich die Mündungen der beiden größten Flüsse des Landes, des Volta und des Monu, außerhalb der eigenen Grenzen, so dass sich eine Nutzung für die Flussschifffahrt zur Erschließung des Landes ausschloss.[121]

In der dritten Phase der Herrschaft ab ca. 1900 wurde der Versuch gemacht, das unterworfene Gebiet einer flächendeckenden Verwaltung zu unterwerfen. Zu diesem Zwecke richtete das Gouvernement Verwaltungsbezirke ein, an deren Spitze jeweils ein Bezirksleiter (im Süden als „Bezirksamtmann" bezeichnet) stand. Vorausgegangen war die Verlegung der Verwaltungszentrale von Sebe in die neue aufstrebende Stadt Lome 1897 und die Ernennung des Landeshauptmanns Köhler zum Gouverneur 1898.[122] Togo wurde nun in sieben Verwaltungsregionen mit je einem Bezirksleiter an der Spitze eingeteilt. Diese waren die beiden Küstenbezirke Klein Popo (=Anecho) und Lome (1905 geteilt in Lome-Land und Lome-Stadt), die zentralen Bezirke Misahöhe und Atakpame, der infolge der Grenzregulierung abseitig hinter dem Togogebirge liegende Bezirk Kete-Kratschi sowie die im muslimisch geprägten Norden befindlichen und zeitweilig als „Sperrgebiet" für Handel und Missionen betrachteten Bezirke Sokode und Sansane-Mangu (=Mangu-

---

[116] Vgl. Sebald, Militärische Gewalt, S. 234.
[117] Külz, Blätter und Briefe, S. 210.
[118] Vgl. hierzu ausführlich Sebald, Togo, S. 153-229; ders., Militärische Gewalt; Trierenberg, Togo.
[119] Vgl. Trotha, Stationen; Trierenberg, Togo, S. 10-14.
[120] Kolonialexikon Bd. 3, S. 498.
[121] Vgl. Sebald, Togo, S. 226.
[122] Vgl. Erbar, Platz an der Sonne, S. 12.

Jendi).[123] Charakteristisch für die Phase war ein Ausbau der Herrschaft, der sich im Erlass zahlreicher Verordnungen und Erlasse des Gouvernements niederschlug. Hinzu kamen verschiedene „Reformprojekte", besonders in der Amtszeit Zechs, auf die im Laufe der Arbeit noch näher eingegangen wird. Stellvertretend sie hier nur der Bau der Eisenbahnen erwähnt, durch die das Land für den Markt, die Verwaltung und den technisch-zivilisatorischen Fortschritt erschlossen werden sollte. Bezeichnend für die Begrenztheit dieser Unternehmungen ist aber auch, dass von den drei Bahnlinien gerade einmal das südliche Drittel des Landes tangiert wurde.[124]

Ab 1902 unternahm die „Deutsche Togogesellschaft" (DTG) mit Sitz in Berlin der Versuch, in Togo eine umfassende Plantagenwirtschaft, vergleichbar derer in Kamerun, zu aufzubauen. Obgleich sie einige Plantagen errichtete, scheiterte eine weitgehende Umformung der heimischen landwirtschaftlichen Produktion unter anderem am Widerstand des Gouvernements.[125] Als verwaltungstechnische Neuerung kam 1903 ein Gouvernementsrat hinzu, in den neben Verwaltungsbeamten auch deutsche Einwohner des Landes berufen wurden. In seinem Entscheidungsspielraum war dieses Gremium jedoch sehr eingeschränkt; selbst viele seiner Mitglieder schätzten die Bedeutung des Gouvernementsrats nicht besonders hoch ein oder hielten ihn gar für überflüssig.[126]

Auf den ersten Gouverneur August Köhler (1898-1902)[127] folgte Waldemar Horn, ein vielen Reformvorhaben gegenüber aufgeschlossener Gouverneur, der offenbar bei der heimischen Bevölkerung hohes Ansehen genoss.[128] Horn verließ Togo jedoch bereits 1903 im Zusammenhang mit der „Horn-Affäre", bei der er für den Tod eines farbigen Kochs verantwortlich gemacht worden war.[129] Ihm folgte, zunächst als Vertreter Horns, offiziell ab 1905 Julius Graf von Zech auf Neuhofen, der nach seinem Rücktritt 1910 von Hans Georg von Doering vertreten wurde. Diesen wiederum löste bereits 1911 Edmund Brückner ab. Zech und Doering waren bereits zuvor mehrere Jahre in Togo und hatten sich über den Posten eines Bezirksleiters zum Gouverneur hochgearbeitet; ihr Aufstieg war laut Sebald der Tatsache zu verdanken, dass sie zum „Togoklüngel" der altgedienten Beamten zählten und sich somit des erforderlichen Rückhalts in der Kolonie gewiss sein konnten. Mit Adolf Friedrich Herzog zu Mecklenburg kam 1912 ein Mann ins Land, für den sich trotz mangelnder Qualifikation der Kaiser selbst stark gemacht hatte.[130] Der oft rasche Wechsel im Amt darf nicht darüber hinweg täuschen, dass die Kolonialpolitik in

---

[123] Koloniallexikon, S. 519 f.
[124] Siehe Kap. 5. 2. 3.
[125] Vgl. Sebald, Togo, S. 247 f.; siehe Kap. 5. 2. 1.
[126] Vgl. Erbar, Platz an der Sonne, S. 26-32. Eine größere Bedeutung misst noch Knoll dem Gouvernementsrat als „sounding board for Europeans in Togo" zu (Knoll, Togo under Imperial Germany, S. 42). Zur Frage der Beteiligung von „Eingeborenen" im Gouvernementsrat siehe Kap. 5.1.
[127] Liste der Gouverneure nach Erbar, Platz an der Sonne, S. 311.
[128] Vgl. Gold Coast Leader 30.12.1911 und 11.7.1914.
[129] Vgl. Erbar, Platz an der Sonne, S. 250-253; Sebald, Togo, S. 539 f.
[130] Sebald, Togo, S. 271.

Togo von einer weitgehenden Kontinuität gekennzeichnet war. Dies erklärt sich zum einen daraus, dass viele Beamten der Kolonialverwaltung über mehrere Jahre und Jahrzehnte in Togo blieben und gerade die Bezirksleiter zu einer Art von neuen „Stammesfürsten" avancierten. Zum anderen lief auch ohne den Gouverneur, der sich sowieso oft monatelang nicht in der Kolonie aufhielt, der Betrieb des Gouvernements durch einen Stab von als „Hilfsarbeitern" titulierten Referenten ungehindert weiter.[131]

In den letzten Jahren vor dem Kriegsausbruch gab es im Zusammenhang mit der zweiten Marokkokrise Pläne, die Kolonie Togo aufzugeben und dafür den zentralafrikanischen deutschen Besitz zu erweitern. Die Pläne, die unter anderem vom deutschen Außenminister Kiderlen-Wächter erwogen wurden, verflüchtigten sich jedoch schnell, nachdem es sowohl unter den Deutschen in Togo als auch innerhalb der deutschen Kolonialbewegung zu Protesten gekommen war.[132] Der letzte technische Markstein der deutschen Regierung in ihrem westafrikanischen Schutzgebiet war die Errichtung einer Telefunkenstation im Jahr 1914, die die damals größte Funkstation außerhalb Europas darstellte und im Krieg die Verbindung ins Mutterland und nach Deutsch-Ostafrika herstellen sollte.[133]

3.3 Vom Völkerbundsmandat bis zum Ende der Militärdiktatur Eyademas (1914-2005)

Der Erste Weltkrieg dauerte in Togo nicht lange. Bereits 18 Tage nach Kriegsausbruch hatte eine britisch-französische Allianz ihren ersten gemeinsamen Sieg in diesem Krieg errungen und das schmale Land von Osten und Westen her besetzt. Große Teile der Bevölkerung reagierten mit Jubel auf die neuen Besatzer und erhofften sich gerade von den Briten vergleichsweise „liberale" Zustände wie in der Nachbarkolonie Goldküste.[134] Die endgültige Aufteilung des Landes erfolgte nach einer britisch-französischen Deklaration von 1919 erst zum 1. Oktober 1920: Der Völkerbund stellte den weitaus größeren östlichen Teil einschließlich des gesamten Küstenstreifens mit der Hauptstadt unter französisches Mandat, der kleinere westliche Teil wurde britisches Mandatsgebiet und nach einem Referendum 1957 mit der Goldküstenkolonie zur unabhängigen Republik Ghana vereinigt. Dass mit der Teilung von 1920 ein weiteres Mal traditionell zusammengehörige Kultur- und Wirtschaftsräume zerschnitten wurden und auch zahlreiche Togoer dagegen protestierten, störte den Völkerbund und die neuen Machthaber dabei wenig. Die „Benevolenzrhetorik" des Jahres 1919 mit der Forderung eines sanften Kolonialismus, der die afrikanischen Völker auf ihrem Weg in die Unabhängigkeit begleiten und sich

---

[131] Erbar, Platz an der Sonne, S. 18 f.
[132] Sebald, Togo, S. 250 f.
[133] Ebd., S. 251 f.; Trierenberg, Togo, S. 200 f.
[134] Ausführlich hierzu: Sebald, Togo, S. 585-631 und S. 637-648.

damit selbst überflüssig machen sollte,[135] stand im Widerspruch zur Praxis der Mandatsmächte, die ihren Kolonialbesitz um die Territorien erweitern konnten, die Deutschland im Versailler Vertrag aufgeben musste; bis zur tatsächlichen Dekolonisation Afrikas dauerte es noch vier Jahrzehnte. Immerhin behielt das neue „französische Togo" seine territoriale Integrität und wurde nicht, wie es Frankreich anfangs vorgeschwebt hatte, der Kolonie Dahomey einverleibt.[136] Reichsregierung und kolonialrevisionistische Bewegung pochten zwar noch lange auf eine Rückgabe der Kolonie, dennoch war Deutschland von nun an für Togo kaum mehr von Bedeutung. Was hier von den Deutschen blieb waren die Grundlagen der Infrastruktur, die Kirchen und Schulen ihrer Missionare und eine germanophile Bewegung, die ihre Rückkehr erhoffte.[137] Frankreich verfolgte in der Folgezeit in Togo wie in seinen anderen Kolonien eine Politik der Assimilation, die verbunden war mit der rigorosen Durchsetzung der französischen Sprache und Kultur.[138] Wer sich als nicht fähig oder willig erwies, sich dem anzupassen – und das war die große Mehrheit der Bevölkerung – fiel ab 1924 unter die Gesetzgebung des „Indigenats" und musste, ähnlich wie unter deutscher Herrschaft, mit einem Status als Mensch zweiter Klasse vorlieb nehmen.[139]

Nach dem Zweiten Weltkrieg bildeten sich politische Gruppierungen, die für die Entwicklung der Kolonie zum unabhängigen Staat bedeutend werden sollten. Für die Bildung eines Ewestaates, also die Wiedereingliederung Britisch-Togos und den Zusammenschluss mit der Goldküste, trat das „Comité de l'Unité Togolaise" (CUT) ein, in dem bald der aus einer der einflussreichsten Familien des Landes stammende Generalmanager des Unilever-Konzerns, Sylvanus Olympio, federführend wurde.[140] Für eine Eingliederung Togos in die Französische Union agierte die „Parti Togolais du Progrès" (PTP), der unter anderem Nicolaus Grunitzky, Sohn eines polnisch-deutschen Offiziers und einer vornehmen Frau aus Atakpame, angehörte, schärfster Konkurrent und daneben auch ein Schwager Olympios.[141] Außerdem entstand wenig später die „Union des Chefs et des Populations du Nord", die im Sinne der französischen Herrschaft ein Gegengewicht zu der nach Unabhängigkeit strebenden Elite des Südens bilden sollte. Die Führungsrolle der CUT nach den Wahlen zur ersten „Assemblée Représentative du Togo" 1946 ging schon wenige Jahre später verloren, als das gaullistische und verstärkt auf Europa konzentrierte Frankreich die „Autonome Republik Togo" ausrufen ließ und den frankophilen Grunitzky zum ersten Ministerpräsidenten ernannte, was durch eine Volksabstimmung 1956

---

[135] Osterhammel, Kolonialismus, S. 41 f.
[136] Sebald, Togo, S. 646-648.
[137] Siehe Kap. 7. 3.
[138] Zur französischen Schulpolitik (hier am Beispiel von Sansane-Mangu) vgl. Norris, Umerziehung des Afrikaners, S. 188-195.
[139] Vgl. ebd., S. 180 f.; Decalo, Historical Dictionary, S. 54 und S. 161.
[140] Afrika-Bulletin, Togo, S. 42. Zu Olympio vgl. Decalo, Historical Dictionary, S. 223-225. Olympio hatte bezeichnenderweise nicht in Frankreich, sondern in Wien und London studiert.
[141] Decalo, Historical Dictionary, S. 154-156.

nachträglich legitimiert wurde. Das zähe Ringen um den künftigen Status Togos und den Einfluss Frankreichs, sowohl im Inneren des Landes als auch auf außenpolitischer Ebene, führte dahin, dass die UNO einen Hohen Kommissar einsetzte, der allgemeine Wahlen für 1958 festsetzte, aus der die CUT mit dem neuen Ministerpräsident Olympio als Sieger hervorging. Im Jahr 1960 erreichte Togo wie viele andere französische Kolonien die endgültige und uneingeschränkte formelle Unabhängigkeit, Olympio wurde erster Staatspräsident.[142] Die CUT konnte mit militärischer Unterstützung ihren Einfluss schnell ausbauen, so dass sich die anfängliche Demokratie binnen zweier Jahre zu einem Einparteienregime gewandelt hatte.[143]

Wenngleich der Einfluss Frankreichs in verschiedener Hinsicht bestehen blieb, so versuchte in dieser Zeit auch die Bundesrepublik Deutschland wieder engere Kontakte in ihre alte Kolonie zu knüpfen. So heißt es in der Denkschrift des Afrika-Bulletins von 1961: „Eine engere wirtschaftliche und politische Bindung an die Bundesrepublik würde u. E. den innersten Wünschen des überwiegenden Teils der [togoischen, Anm. d. Verf.] Bevölkerung am meisten entsprechen."[144] Erinnerungen an die „Musterkolonie" wurden hier wachgerufen, um den wirtschaftlichen Einfluss der Bundesrepublik zu stärken, was offenbar auch auf bereitwilliges Entgegenkommen der togoischen Regierung stieß, die versuchte, sich mehr und mehr von der im Land nicht gerade beliebten Kolonialmacht Frankreich zu lösen. Staatspräsident Olympio schrieb für besagte Denkschrift ein handschriftliches Geleitwort, in dem er ein „sehr herzliches Verhältnis" zwischen seinem Volk und demjenigen, das „in meinem Lande die ersten Fundamente für christliche Kultur und Fortschritt gelegt" hatte, beschwor.[145] Aus Sicht der DDR waren die guten Beziehungen, die der Westen mit seiner alten Kolonie zu pflegen begann, „Neokolonialismus" in Reinform, was auch in der DDR-Geschichtsschreibung über die deutsche Kolonialzeit immer wieder deutlich zum Ausdruck gebracht wurde.[146] In der Tat spielte bei diesen Beziehungen der letzte Gouverneur der Kolonialzeit, Herzog Adolf Friedrich zu Mecklenburg (1873-1969), eine nicht unerhebliche Rolle; trotz seiner restriktiven Politik und seiner öffentlich bekannt gewordenen sittlichen Entgleisungen galt der Träger des Bundesverdienstkreuzes als ehrenvoller Repräsentant der Kolonialzeit, der sich – zur Verärgerung Frankreichs – als Ehrengast bei den Feiern zur Unabhängigkeit 1960 in Lome mit Jubel empfangen ließ.[147]

Die guten Beziehungen der Bundesrepublik zur Republik Togo blieben auch bestehen, als dort das Regime wechselte. In einem Putsch wurde Olympio und mit ihm die herrschende

---

[142] Afrika-Bulletin, Togo, S. 43 f.
[143] Vgl. Decalo, Historical Dictionary, S. 6 und S. 224.
[144] Afrika-Bulletin, Togo, S. 45.
[145] Ebd., S. 5.
[146] Vgl. Nußbaum, Musterkolonie, S. 135 f.; Sebald, Togo, S. XVII, S. 635-637.
[147] Vgl. hierzu Sebald, Des Kaisers Kolonialgouverneur; Bayerisch-Togoische Gesellschaft, Deutschland und Togo, S. 154-157.

Elite aus dem Süden gewaltsam entmachtet. Der Staatspräsident starb durch eine Kugel, die aller Wahrscheinlichkeit nach von Etienne Gnassingbé, einem Angehörigen des im Norden lebenden Kabre-Stammes, abgefeuert worden war. Der selbsternannte Militärführer Gnassingbé nannte sich von diesem Zeitpunkt an Eyadema (in etwa „der Mutige"). Er legte binnen weniger Jahre eine steile Karriere vom Leutnant zum General in der togoischen Armee hin und riss nach einer knapp vierjährigen Regierungszeit des wenig populären Nicolas Grunitzky im Jahr 1967 durch einen weiteren Militärputsch die Macht an sich.[148] Gestützt auf das Militär und die zeitweise als einzige Partei zugelassene RPT (Rassemblement du Peuple Togolais) konnte er sich bis zu seinem Tod am 5. Februar 2005 als autokratischer Staatspräsident behaupten. Weder ein Flugzeugabsturz 1974, den er als einziger Passagier überlebte, noch Massendemonstrationen, Attentats- und Putschversuche oder Druck aus dem Ausland vermochten Eyadema etwas anzuhaben. Mit eiserner Faust und Gewalt gegen Oppositionelle hielt er sich bis zu seinem Tod an der Macht, konnte dabei aber auch auf Unterstützung von außen setzen – als Vertreter Deutschlands pflegte insbesondere Franz Josef Strauß äußerst freundschaftliche Kontakte.[149] Die Bundesrepublik unterstützte Togo im Rahmen der Entwicklungshilfe wie kaum ein zweites afrikanisches Land; die Bandbreite der geförderten Projekte reichte dabei von Landwirtschafts- und Schulprojekten über ein Institut für Hygiene bis zu einem Hochseehafen in Lome, der in den achtziger Jahren von deutschen Ingenieuren mit einer deutschen Kapitalhilfe von 77 Millionen DM fertiggestellt wurde.[150] Mit dem Niedergang der Phosphatindustrie, die dem Staat zu gewissem Wohlstand und Stabilität verholfen hatte, nahmen seit den siebziger Jahren Korruption und Vetternwirtschaft in Togo zu. Ebenso traten Menschenrechtsverletzungen verstärkt ans Tageslicht.[151] Um sein mittlerweile enorm angeschlagenes Ansehen aufzupolieren, engagierte Eyadema 1981 gar eine US-amerikanische Public-Relations-Agentur, die systemfreundliche Literatur und Presseartikel über ihn und Togo verbreiten sollte.[152] Der ökonomische Kollaps, die veränderte außenpolitische Situation nach dem Ende des Kalten Krieges und ein starker Zulauf der Oppositionsbewegung unter Führung von Gilchrist Olympio, einem Sohn des 1963 ermordeten Präsidenten, zwangen Eyadema dazu, zu Beginn der neunziger Jahre eine Nationalkonferenz einzuberufen und andere Parteien zuzulassen. Gleichzeitig unterdrückte er jedoch oppositionelle Bewegungen aufs Massivste; bei den Wahlen 1998, die der Präsident zu verlieren drohte, wurden zunächst mehrere Hundert Regimegegner kurzerhand ermordet; nachdem der Ausgang für Eyadema immer noch ungewiss blieb, ließ er einfach die Stimmauszählung vorzeitig abbrechen.[153]

---

[148] Decalo, Historical Dictionary, S. 128.
[149] Siehe Kapitel 7.3.
[150] Vgl. Avornyo, Deutschland und Togo, S. 349-369.
[151] Zur „Ära Eyadema" siehe Decalo, Historical Dictionary, S. 7-11 und S. 128-132.
[152] Decalo, Historical Dictionary, S. 9.
[153] Vgl. SZ vom 7.2.2005, S. 3 „Bis zum Ende seiner Tage. 38 Jahre lang war der Diktator Gnassingbé Eyadéma an der Macht – nach seinem Tod droht Togo jetzt vollends im Chaos zu versinken."

Die Bundesregierung stellte einige Jahre nach dem Tod von Franz Josef Strauß die enormen Entwicklungshilfeleistungen ein und „sorgte Anfang 1993 für einen entsprechenden EU-Beschluss, nachdem Staatsminister Helmut Schäfer zufällig in Lomé miterlebt hatte, wie Polizisten ein Blutbad unter friedlichen Demonstranten anrichteten."[154] Deutschland und Frankreich initiierten im elsässischen Colmar politische Verhandlungen zwischen den Konfliktparteien Togos, die daran scheiterten, dass Togo seine Armee nicht unter internationale Überwachung stellen wollte. Die Bundesrepublik zog sich infolgedessen aus den Togo-Wirren zurück.[155] Einen Tag nach Eyademas überraschendem Tod am 5. Februar 2005 übernahm dessen Sohn Faure Gnassingbé die Macht. Den Passus der Verfassung, dass in diesem Fall der Parlamentspräsident die Amtsgeschäfte übernehmen müsse und binnen 60 Tagen Neuwahlen einzuberufen habe, ließ er kurzerhand vom Parlament einstimmig streichen.[156] Als der Druck gegen ihn im In- und Ausland jedoch immer stärker wurde, gab er nach wenigen Wochen seinen Rücktritt bekannt.[157] Mit Spannung erwartete man in Togo die Präsidentschaftswahlen zwischen Faure Gnassingbé und Bob Akitani, die auf den 24. April 2005 angesetzt wurden. Der Oppositionsführer Gilchrist Olympio durfte zwar nicht kandidieren, er kehrte aber immerhin aus dem Exil zurück und beteiligte sich aktiv am Wahlkampf gegen die Anhänger des Eyadema-Regimes.[158] Trotz des Vorwurfs der Wahlfälschung konnte sich der Sohn des langjährigen Machthabers als neuer Präsident behaupten. In der deutschen Presse wurde in diesem Zusammenhang der historische Bezug zur Kolonialzeit gerade einmal gestreift, eine größere politische Bedeutung wurde Togo jedoch im Vergleich zur Zeit der achtziger Jahre nicht mehr beigemessen.[159]

---

[154] taz vom 7.2.2005, S. 6 „Eine schwarze Männerfreundschaft. Franz Josef Strauß war gern und oft beim Gewaltherrscher. Togo ist ein unrühmliches Kapitel deutscher Afrikapolitik."
[155] Vgl. ebd.
[156] SZ vom 8.2.2005, S. 7 „Diktatoren-Sohn übernimmt die Macht in Togo".
[157] SZ vom 28.2.2005.
[158] taz vom 22.3.2005, S. 11.
[159] Vgl. SZ, Online-Ausgaben von „Die Welt", „FAZ", „taz" (7.2-5.4.2005). – Da diese Arbeit im Frühjahr 2005 abgeschlossen wurde, findet die weitere Entwicklung des Landes an dieser Stelle keine Berücksichtigung.

4 Julius Graf Zech auf Neuhofen (1868-1914) – ein biographischer Überblick

Nach diesem Versuch, die wechselvollen Beziehungen zwischen Deutschland und Togo schlaglichtartig zu beleuchten, soll nun endlich der eingangs genannte „Graf von Togo" in den Vordergrund rücken. Dabei möchte der Verfasser zunächst einmal Zechs Werdegang im Allgemeinen skizzieren. Dieser geht im Wesentlichen aus den „Nachlass"-Akten im Bundesarchiv und aus seinem Personalakt im Bayerischen Kriegsarchiv hervor. Die Arbeiten von Smith[160] und Kleinert[161] über Zech erbrachten in Bezug auf die biographischen Fakten kaum darüber hinaus gehende Erkenntnisse.

Es erscheint durchaus sinnvoll, auch auf die Familie, aus der Julius Zech stammte, einzugehen, um sich der Hauptfigur noch einmal von einer anderen Seite anzunähern. Daher soll hier der Leser gleichsam „vorgewarnt" und gebeten werden, die aktuelle Lage in Togo ebenso wie die koloniale Epoche erst einmal beiseite zu schieben und stattdessen einen großen gedanklichen Sprung retour zum Aufstieg einer bayerischen Familie im 17. und 18. Jahrhundert zu wagen.

4.1 Herkunft der Familie Zech

Das gräfliche Haus Zech auf Neuhofen lässt sich auf einen Paul Zäch zurückführen, der 1638-46 in der bayerischen Grenzstadt Rain am Lech als Bürger nachgewiesen ist.[162] Möglicherweise war Zäch nach Rain zugezogen und hatte dort in eine wohlbegüterte ortsansässige Familie eingeheiratet. Über seine Herkunft gibt es keinen sicheren Nachweis, da Träger desselben Namens auch in den umliegenden bayerischen und schwäbischen Städten Ingolstadt, Friedberg und Dillingen häufiger anzutreffen sind.[163] Eine Rückführung der Zechs auf das steiermärkische Landadelsgeschlecht Zech von Lobming oder die ungarischen Zech oder Zachy diente wohl ab dem 18. Jahrhundert zur nachträglichen Legitimierung der neuadeligen Familie.[164] Noch der Vater von Julius, Oberlandesgerichtsrat Friedrich Graf von Zech auf Neuhofen,[165] beantragte im Jahr 1903 – wohl erfolglos – diese Version der Familiengeschichte in ein genealogisches Handbuch aufzunehmen, mit dem Hinweis, dass sich in seinem Familienbesitz eine 1630 von Kaiser

---

[160] Smith, Zech.
[161] Kleinert, Ein deutscher Blick.
[162] Dichtel, Genealogie der Grafen von Zech, S. 248.
[163] Ebd.
[164] Ebd., S. 249.
[165] Er hieß komplett Johann Nepomuk Friedrich; da jedoch alle männlichen Nachkommen von Johann Anton Felix Caspar (1746-1814) den Namen Johann Nepomuk nach einem kinderlos verstorbenen Bruder desselben trugen – der aber nie als Rufname verwendet wurde – wird hier analog zu Dichtel bei allen Personen auf den Namensbestandteil „Johann Nepomuk" verzichtet.

Ferdinand II. für den aus der Steiermark nach Bayern eingewanderten Hanns Jakob Zäch von Lobming ausgestellte Urkunde befände, durch welche die Zugehörigkeit der Familie zum ungarischen Uradel nachgewiesen sei.[166] Auch Julius Zech sei nach Auskunft seiner Schwägerin, Mathilde von Zech auf Neuhofen, geb. Kekulé, davon überzeugt gewesen und hatte auch den vermeintlichen Stammsitz in Lobming besucht.[167] Die Familie bestand noch in den vierziger Jahren des 20. Jahrhunderts auf der von der Genealogie als nicht haltbar erwiesenen Herkunft des Hauses aus dem steiermärkischen Landadel der Zech von Lobming.[168] Die Zechs existierten demnach bereits seit dem 13. Jahrhundert und hätten sich „Verdienste [...] um Kaiser und Reich in den Erblanden, wie in Ungarn, Schwaben und Bayern erworben."[169] Von dem Bürger Paul Zäch, dem ersten sicheren Ahnen der Familie, ist in den Rainer Ratsprotokollen überliefert, dass er sich „wegen Widersetzlichkeit, Aufwiegelung, ungeziemender Reden und Steuerhinterziehung" öfter im Konflikt mit dem Rat befand[170] – somit lässt es sich durchaus nachvollziehen, dass sich die Familie in späterer Zeit nach „besseren" Ahnherren umsah.

Einer der Söhne Paul Zächs, Johann Georg (1644-1691) war nach einem Studium in Dillingen als Regimentsadvokat in Straubing tätig, dessen erstgeborener Sohn Johann Christoph Anton (1673-1738) hatte den Posten eines Stadtschreibers und Hofgerichtsadvokaten in München inne und trug den Titel eines „würklichen kurfürstlichen Rates" – zu seiner Zeit erschien auch erstmals ein Siegel mit dem Zech'schen Familienwappen.[171] Der Aufstieg der Familie erreichte seinen Höhepunkt mit Georg Josef Albert (auch Albrecht) Zech (1707-1793). Ihm gelang es, als hoher bayerischer Staatsbeamter das persönliche Vertrauen der drei aufeinanderfolgenden Kurfürsten Karl Albrecht, Max III. Joseph und Karl Theodor zu erlangen.[172] Nach einem juristischen Studium wurde er in München Stadtschreiber und Stadtunterrichter. Die Krönung des Kurfürsten Karl Albrecht zum Römischen Kaiser 1742 brachte Georg Zech den Titel eines kaiserlichen Hofrats ein, wobei das baldige Ende des wittelsbachischen Kaisertums der Karriere Zechs keinen

---

[166] BArch N 2340/1, Bl. 10 (Abschrift eines Briefs des Oberlandesgerichtsrats Graf Zech an die Redaktion der Genealogischen Taschenbücher vom 14. Juli 1903); im Asmis-Manuskript (ebd., Bl. 26) fehlerhafte Abschrift „nuperischen Uradel".
[167] Ebd., Bl. 15. (Mathilde von Zech an Asmis, 5. Juli 1941).
[168] Ebd., Bl. 9 (Mathilde von Zech an Asmis, 25. April 1941). Vgl. auch ebd., Bl. 25-27 (Manuskript von Asmis für eine Lebensbeschreibung Zechs, 18. November 1941) sowie ebd., Bl. 13-15 (Mathilde von Zech an Asmis, 25. August 1940; 5. Juli 1941): Demnach hatte die Familie Zech durchgesetzt, dass die Redaktion des Taschenbuchs der gräflichen Häuser in der Neuauflage von 1941 die Bemerkung „Augsburger und Münchner Stadtgeschlecht" gestrichen hatte, wenngleich sie die Genealogen nicht von der angeblich ungarisch-steiermärkischen Herkunft überzeugen konnte.
[169] Ebd., Bl. 26 (Manuskript Asmis 1941).
[170] Dichtel, Genealogie der Grafen von Zech, S. 248.
[171] Ebd., S. 250. Beschreibung des Wappens in: Genealogisches Handbuch Bd. 123, S. 635. – Die beiden Türken im Familienwappen könnten möglicherweise auf einen in den Türkenkriegen verdienten Vorfahren hinweisen (so Mathilde von Zech an Rudolf Asmis: BArch N 2340/1, Bl.9), was jedoch nicht durch Quellen belegt ist.
[172] Dichtel, Genealogie der Grafen von Zech, S. 247 f. und S. 251.

Abbruch tun konnte. Er wurde 1745 in den Reichsfreiherrenstand und in den Reichsritterstand erhoben, ein Jahr später erhielt er den Titel eines kurfürstlichen Revisionsrats und wurde mit der Leitung des Geheimen Archivs betraut. 1773 erfolgte seine Erhebung in den Reichsgrafenstand durch Kaiser Joseph II.[173] In die Zeit Georg Zechs fällt auch die Erwerbung des Herrensitzes Neuhofen im Jahr 1737, der künftig für die Familie namensgebend werden sollte.[174]

Einer seiner Söhne, Johann Anton Felix Caspar (1746-1814), Geheimer Rat, Archivar und Vizedom von Straubing, festigte zunächst die gesellschaftliche Position der Familie „nicht nur durch die Erringung angesehener Staatsämter, wie sein Vater, sondern auch durch seine Einheiraten in alte bayerische Adelsgeschlechter."[175] Eine geschickte Heirats- und Ämterpolitik führte dazu, dass das Stadtschreiberamt in München 34 Jahre und das Stadtoberrichteramt 25 Jahre in Familienbesitz blieb, und dass die Familie 30 Jahre lang Mitglieder in den Inneren Rat und in das Bürgermeisteramt der Stadt entsenden konnte.[176] Durch die Trennung Johann Anton Felix Caspars von seiner Frau Maria Anna Friederike, geborene Gräfin Hörwarth von Hohenburg, kam jedoch ein schneller Abstieg. Nach langwierigen Familienprozessen starb der Graf „anscheinend ziemlich verarmt" in seinem Gut Neuhofen „eines einsamen Todes."[177] Unter seinen Nachkommen finden sich mehrere Offiziere und verdiente Beamte, so zum Beispiel ein Enkel, der bereits erwähnte Straubinger Oberlandesgerichtsrat Friedrich von Zech auf Neuhofen (1826-1912) oder dessen jüngerer Bruder Julius (1831-1918), der Patenonkel des Gouverneurs, der sich als Adjutant des bayerischen Heeresreformers Carl Obermayer in Militärkreisen einen Namen machte.[178] Aus der Ehe Friedrichs mit Elisabeth Berger, Tochter eines Bezirksarztes und einer Gräfin Basselet de la Rosée, deren Familie das Schloss Seehaus bei Laufen gehörte,[179] gingen vier Söhne hervor, die alle eine militärische Laufbahn einschlugen. Einer von ihnen, Maximilian (1863-1949), war zeitweilig Mitglied im ostasiatischen

---

[173] Dichtel, Genealogie der Grafen von Zech, S. 251 f.
[174] Der Edelsitz Neuhofen bei München, der sich zuvor im Besitz der Familie von Tettenweis befand, wurde 1840 von der Familie Zech wieder verkauft (Dichtel, Genealogie der Grafen von Zech, S. 252-257). Zeitweilig befand sich hier ein Ausflugslokal; heute erinnern nur mehr eine Bushaltestelle „Neuhofen" an der Plinganserstraße sowie die Bezeichnung „Neuhofener Berg" an das abgegangene Anwesen. In unmittelbarer Nähe davon, unweit der S-Bahn-Station Mittersendling, zeugt noch eine Zechstraße, an der sich auch ein Lokal namens „Zech-Stüberl" befindet, von der Münchner Grafenfamilie.
[175] Dichtel, Genealogie der Grafen von Zech, S. 253.
[176] Ebd., S. 260.
[177] Ebd., S. 257 f.
[178] Dieser Patenonkel Julius Zech begleitete 1864 als Oberleutnant (er brachte es später noch zum Generalleutnant) den jüdischen Bankier und Obersten der Landwehr Carl Obermayer auf einer Reise nach Sachsen, Preußen, Belgien und Frankreich, um die dortigen Reserve- bzw. Milizsysteme zu studieren. Obermayer verfasste später umfangreiche Reformvorschläge für ein effektives Milizwesen zur Ergänzung der regulären bayerischen Armee. Zechs eigene Denkschrift ist nicht mehr vorhanden. Dazu demnächst: Franz Josef Merkl, Der Augsburger jüdische Bankier Carl von Obermayer (1811-1889) als Militärreformer, in: Peter Fassl (Hrsg.), Geschichte und Kultur der Juden in Schwaben, Band III (laut freundlichem Hinweis von Franz Josef Merkl).
[179] Vgl. BArch N 2340/1, Bl. 9. (Mathilde von Zech an Asmis, 16. April 1940).

Expeditionscorps und in der kaiserlichen Schutztruppe für Deutsch-Südwestafrika,[180] sein jüngerer Bruder Julius wurde schließlich Gouverneur von Togo.[181] Mit dem Tode Emil Friedrichs, eines Neffen des Gouverneurs, starb 1969 die Grafenfamilie Zech auf Neuhofen im Mannesstamm aus.[182]

Der Aufstieg der Familie im 18. Jahrhundert fällt in eine Zeit, da der Münchner Hof durchaus Chancen für bürgerliche Familien bot, die über den Dienst als hohe Staatsbeamte die Immatrikulation in den Adel erstrebten. Dass noch vor der teilweisen Zurückdrängung des landständischen Adels durch die Reformpolitik Montgelas' die Bedeutung der Zechs rasch zurückging, hatte wohl in erster Linie persönliche bzw. familiäre Gründe. Hinzu kam, dass neuadelige Familien wie die Zechs zahlreiche Neider hatten, und gerade in der Zeit der politischen Schwankungen der Staatsführung, die zwischen den Großmächten Österreich und Frankreich stand, sich auch im Adel und der Beamtenschaft gegensätzliche Lager herausbildeten, die einander vehement befehdeten.[183] In standesgemäßen Kreisen dürften die Zechs im 19. Jahrhundert somit nicht besonders hoch angesehen und wohl nicht unbedingt wohlhabend gewesen sein.

Was die Familie immerhin bis ins 20. Jahrhundert hinein für sich behaupten konnte, war – im Gegensatz zu Ämtern oder Gütern – eine gewisse Verbundenheit zum Hause Wittelsbach. Julius Zech hatte seit 1900 den Posten eines königlichen Kämmerers[184] inne und stand daher dem bayerischen Königshaus nahe.[185] Ob dies allerdings für ihn und seine koloniale Karriere eine Rolle spielte, ist sehr fraglich. Zwar muss er an Empfängen des Prinzregenten gelegentlich teilgenommen haben,[186] sein Amt als Kämmerer war jedoch wohl eher ein „Hofdienst, den Julius infolge seiner Abwesenheit [...] kaum

---

[180] Dichtel, Genealogie der Grafen von Zech, S. 264.
[181] Auffallend (und vielleicht bezeichnend für die Marginalisierung der deutschen Kolonialgeschichte) ist, wie Julius Zech in den genealogischen Darstellungen vernachlässigt wird. In Dichtel, Genealogie der Grafen von Zech, S. 264 wird zwar sein Posten als Bezirksamtmann in Togo erwähnt, nicht jedoch der des Gouverneurs. Im Genealogischen Handbuch Bd. 123, S. 635-637, unter dem Eintrag „Zech auf Neuhofen" wird er nicht einmal einer Erwähnung für würdig befunden.
[182] Vgl. Dichtel, Genealogie der Grafen von Zech, S. 262-265.
[183] Dichtel, Genealogie der Grafen von Zech, S. 258.
[184] Laut Auskunft von Dr. Gerhard Immler, Leiter des Geheimen Hausarchivs in München, wurde der Titel eines „königlichen Kämmerers" im 19. Jahrhundert an zahlreiche Angehörige des meist niederen Adels verliehen, was für diese in der Regel den „Aufstieg in eine höhere Klasse der Hofrangordnung" bedeutete. Zu Hofdiensten bei besonderen zeremoniellen Anlässen wurden wohl wenn, dann nur solche Kämmerer herangezogen, „deren Wohnsitz München war und die ohnehin als Beamte oder Offiziere in einem Dienstverhältnis zum König standen." (Schriftliche Mitteilung an den Verf. vom 15. Februar 2005).
[185] Staubwasser, Zech, S. 3; vgl. auch BArch N 2340/3, Bl. 97 f.
[186] Karl Mezger, Bezirksamtmann von Anecho, schreibt, dass er von Zech des öfteren Zigarren geschenkt bekommen habe, die dieser wiederum „bei Empfängen durch den bayrischen [sic!] Prinzregent Luitpold – nach bekannter Gepflogenheit dieses loyalen Regenten" erhalten hatte (BArch N 2340/3, Bl. 117).

getroffen haben dürfte."[187] Ein persönliches Verhältnis könnte möglicherweise zu Ludwig III. bestanden haben, doch gibt es hierfür keine sicheren Belege.[188]

4.2 Militärische Karriere im Königreich Bayern

Johann Nepomuk Julius Felix Graf von Zech auf Neuhofen wurde am 23. April 1868 in Straubing geboren. Seine ersten Lebensjahre verbrachte er dort und bei den Großeltern mütterlicherseits auf Schloss Seehaus bei Laufen an der Salzach. Wie seine drei älteren Brüder Franz Xaver, Theodor und Maximilian trat auch er in eine militärische Laufbahn ein. Bereits als 12-jähriger „schmächtiger und zarter Junge" kam er 1880 in das bayerische Kadettenkorps. Dort galt er als „fleissiger und talentierter Schüler, aber kein Streber".[189]

Der Werdegang des jungen Soldaten liest sich wie folgt: Am 21. Juli 1886 trat er als Portepeefähnrich in das 2. königlich bayerische Infanterie-Regiment „Kronprinz" ein, zwei Jahre später wurde er nach erfolgreichem Besuch der Kriegsschule Secondlieutenant[190] im selben Regiment und stieg 1895 zum Premierlieutenant auf. Ab 1891 hatte er den Posten eines Regimentsadjutanten inne und fungierte somit als rechte Hand des Regimentskommandeurs. 1895 schrieb Generalmajor von Giebel für ihn eine Empfehlung zur Kriegsakademie, da er die „Grundlage für höhere Ausbildung und Verwendung" besitze.[191] Doch Zech drängte es nach Übersee. Er begründete dies gegenüber dem Auswärtigen Amt nicht nur mit kolonialem Interesse und Wissen, das er sich zumeist über Literatur angeeignet hatte, sondern auch mit seinen Kenntnissen in geographischer Ortsbestimmung, im Photographieren sowie in englischer und französischer Sprache.[192] Nachdem sein Gesuch vom 21. Dezember 1893 um Kommandierung nach Kamerun oder Südwestafrika abgelehnt worden war, meldete er sich im Mai 1894 abermals zur Teilnahme an einer Kamerun-Expedition, zog jedoch seinen Antrag schon bald wieder zurück,[193] möglicherweise da es bei dieser Expedition keine Bezahlung gab, Zech aber auf Geld angewiesen war.[194] Schließlich fand das Auswärtige Amt für ihn eine Verwendungsmöglichkeit im Kolonialdienst, er sollte die Station Kete-Kratschi in Togo von Premierleutnant von Doering übernehmen und dort zwei Jahre als Stationsleiter amtieren; damit verbunden erklärte sich Zech bereit, Dienst bei der Polizeitruppe von Togo zu

---

[187] BArch N 2340/1, Bl. 11 (Mathilde von Zech an Asmis, 4.7.1940).
[188] Mathilde von Zech deutet hierzu lediglich mutmaßend an: „Der letzte König, Ludwig III., kann möglicherweise ein persönliches Interesse für Julius mit seinem kolonialen Interesse – soweit er es hatte – verbunden haben" (ebd.).
[189] Ebd., Bl. 28 (Manuskript Asmis 1941).
[190] Entspricht dem heutigen Dienstgrad Leutnant.
[191] BayHStArch Abt. IV OP 18737, ohne Seitenangabe.
[192] BArch N 2340/1, Bl. 31 f. (Manuskript Asmis 1941).
[193] Ebd., Bl. 31-34 (Manuskript Asmis 1941).
[194] Laut schriftlicher Mitteilung von Dr. Peter Sebald an den Verf. vom 8. Januar 2005.

verrichten.[195] Da Zech das Angebot wahrnahm, wurde er 1895 zum Auswärtigen Amt kommandiert, blieb aber im Verhältnis „à la suite" nominell Angehöriger seines Truppenteils und trug deren Uniform, ohne aktiv Dienst zu tun. Im Jahr 1900 ließ er sich mit dem Antritt einer Dienststelle als Bezirksamtmann in Togo zu den Reserveoffizieren seines Regiments versetzen. Er erlangte 1904 den Dienstgrad eines Hauptmanns der Reserve und 1911 den eines Majors der Reserve.[196]

Im Qualifikationsbericht vom 1. Januar 1889 wurde der 20-jährige Secondlieutenant als durchwegs vorbildlich beurteilt. Er sei „ernst, bescheiden und verlässig", „stramm und schneidig", „soldatisch gesinnt, von regem Pflichtgefühl beseelt, fleißig und energisch". Außerdem verstehe er es, „seine Untergebenen richtig zu behandeln und sich durch sein persönliches Auftreten Autorität zu verschaffen."[197] In den Personal- und Qualifikationsberichten der folgenden Jahre wurde Zech außerdem als zuverlässig, offen und moralisch tadellos beschrieben. Er sei „von regem Pflicht- und Ehrgefühl" beseelt und verstehe es, „mit den Interessen des Dienstes die Kameradschaft sehr taktvoll in Einklang zu bringen." Immer wieder wird auch sein Drang betont, sich weiterzubilden und Karriere zu machen. Er wurde in jungen Jahren als „sehr gut befähigt und wissenschaftlich gebildet" charakterisiert und „bestrebt, sich wissenschaftlich fortzubilden."[198] Somit war bei Zech schon mit Anfang Zwanzig abzusehen, dass er nicht bei der bayerischen Armee bleiben und dort Dienst nach Vorschrift tun wollte. Persönliche Kontakte, Wissensdurst, mit Sicherheit eine Portion Abenteuerlust, aber vielleicht auch finanzielle Probleme, Karrierestreben oder sonstige private Gründe – sein Freund Anton Staubwasser deutete später eine „Enttäuschung in einer Liebesangelegenheit" an[199] – mögen dazu beigetragen haben, dass Zech 1895 die Heimat verließ und die am Voltastrom gegenüber der britischen Goldküstenkolonie gelegene Station Kete-Kratschi übernahm.

4.3 Im Dienst der Kolonialmacht in Afrika

Fünf Jahre lang, von 1895 bis 1900, leitete Zech die Station Kete-Kratschi.[200] Diese war kaum ein halbes Jahr zuvor von Oberleutnant von Doering begründet worden, um „die Beziehungen zum Hinterlande zu festigen und zu erweitern und dadurch ein wirksames Gegengewicht gegen das

---

[195] BArch N 2340/1, Bl. 34 (Manuskript Asmis 1941).
[196] BayHStArch Abt. IV OP 18737, ohne Seitenangabe.
[197] Ebd.
[198] Ebd.
[199] BArch N 2340/1, Bl. 30 (Manuskript Asmis 1941).
[200] Die biographischen Daten in diesem Kapitel wurden, soweit nicht gesondert angegeben, der Zusammenstellung von Asmis im BArch (N 2340/3) sowie dem Deutschen Kolonialexikon entnommen (Eintrag Zech in Bd. III, S. 739).

Vordringen der Franzosen und Engländer zu schaffen."[201] Kete-Kratschi[202] löste damit die weiter östlich gelegene Station Bismarckburg ab, da Kratschi seit einiger Zeit Handelskarawanen aus dem Norden anzog, und die Deutschen hofften, dass sich hier ein „mohammedanisches Handelszentrum" entwickeln würde.[203] Der neue Stationsleiter Zech errichtete von hier aus kleine Nebenstationen in Paratau, Sudu und Bassari, die durch Farbige besetzt wurden.[204] Seine Rechtsprechung war durch drakonische Maßnahmen geprägt; so ließ er zum Beispiel einen „Chief" wegen einer falschen Auskunft gegenüber durchziehenden Europäern zu 100 Mark Strafe verurteilen, einen Fetischpriester wegen „Renitenz gegenüber der deutschen Regierung" zu lebenslanger Kettenhaft.[205] Die Nähe zur britischen Grenze und die damit verbundene Tendenz zur Abwanderung führten jedoch bei Zech „zur Beachtung von gewissen Formalitäten, zu einem Entgegenkommen gegenüber einzelnen Afrikanern, solange auf diese Weise das Hauptziel – die Festlegung der tatsächlichen Herrschaft – verwirklicht werden konnte."[206]

Der Stationsleiter Zech führte mehrere Expeditionen im Hinterland durch, welche zum einen der wissenschaftlichen Erforschung der Natur, der Bevölkerung und der wirtschaftlichen Gegebenheiten dienten, aber auch der militärischen Unterwerfung der Stämme, falls diese die mit einem Mal auftauchenden Weißen nicht sofort als Oberherrschaft akzeptierten. Zech schloss mit mehreren Stammes- und Dorfhäuptlingen Schutzverträge ab, um sie an die Kolonialmacht zu binden. Als problematisch erwies es sich dabei, dass die Zugehörigkeit einzelner Orte und Landschaften zur deutschen Togokolonie keineswegs eindeutig war. Zuweilen existierten Schutzverträge mit mehreren europäischen Mächten nebeneinander, was einigen beteiligten Häuptlingen offenbar gar nicht bewusst war;[207] außerdem gab es noch eine neutrale Zone zwischen Togo und der Goldküste. Kete-Kratschi galt damals als einziger deutscher Stützpunkt in Nordtogo, von hier aus sollte die Kolonie „befriedet" und gegen konkurrierende Besitzansprüche verteidigt werden. Obgleich das Vorgehen Zechs als diplomatisch geschickt, besonnen, ruhig und versöhnlich charakterisiert wurde,[208] liefen diese Expeditionen keineswegs immer friedlich ab.[209] 1896/97 kam es in Sugu, wo bereits die französische Flagge wehte, zu blutigen Gefechten mit einheimischen Kriegern. Bei diesen Feldzügen wurden unter

---

[201] Trierenberg, Togo, S. 11.
[202] Die Station lag in der Nähe der beiden Orte Kete und Kratschi. Ursprünglich hieß sie Kete-Hedwigswart, wurde bald in Kete-Kratyi umbenannt, wobei die Schreibweise im Zuge der allgemeinen Tendenz zur „Germanisierung" 1898 in Kratschi umgewandelt wurde (vgl. Massow, Tagebücher, S. 250; zur Namensnennung vgl. Sebald, Togo, S. 697, Anm. 98).
[203] Trierenberg, Togo, S. 12.
[204] Ebd.
[205] Sebald, Togo, S. 215 f. (hier noch weitere Beispiele).
[206] Ebd., S. 216.
[207] Vgl. Trierenberg, S. 95. So erklärte z.B. der Liman von Kjirkjiri bei der ersten Sugu-Expedition Zechs im Januar 1896, er „hätte keinen Unterschied zwischen Franzosen und Deutschen gekannt."
[208] BArch N 2340/1, Bl. 35 f. (Manuskript Asmis 1941, Auszug aus einer Beurteilung des Gouverneurs Köhler);Trierenberg, Togo, S. 22 f.
[209] Eine detaillierte, noch quasi zeitgenössische Darstellung der militärischen Unternehmungen Zechs im togoischen Hinterland nach Sugu und Salaga findet sich bei Trierenberg, Togo, S. 22-27 und S. 93-112; vgl. auch Sebald, Togo, S. 171-204.

anderem auch die Dörfer Funga und Suburuka von der deutschen Polizeitruppe unter Zech niedergebrannt.[210] Auch in Salaga ließ Zech Häuser anzünden, nachdem es zu einer Auseinandersetzung zwischen ihm und dem dortigen König um das Vorrecht auf einen Sitzplatz gekommen war.[211] Auf Seiten der Polizeitruppe kamen zuweilen einzelne farbige Soldaten ums Leben. Über Verluste bei der gegnerischen Bevölkerung in diesen Kleinkriegen gibt es keine verlässlichen Zahlen; im Falle von Funga wird von 20 gefallenen „Eingeborenen" berichtet, allerdings fügt Trierenberg an, dass Zech selbst nur „zwei Leichen des Feindes" gesehen habe.[212] Offenbar wurde hier versucht, gewaltsame Eroberungszüge als kleine Unruhen abzutun, die dem Bild von der friedlichen „Musterkolonie" und der umsichtigen deutschen Kolonialherrschaft keinen Schaden zufügen konnten. Als Ergebnis der militärischen Unternehmungen dehnte sich die deutsche Herrschaft weiter über das Hinterland aus, was unter anderem in der Errichtung der Station Bassari zum Ausdruck kam. Andererseits blieb in Sugu ein deutscher neben einem französischen Offizier stationiert, die endgültige Festlegung der Grenzen war erst 1913 abgeschlossen.[213]

Zech blieb nach offiziellem Kenntnisstand zeit seines Lebens unverheiratet. Über Beziehungen zu Frauen geben weder die Akten noch die biographischen Überlieferungen Auskunft.[214] Major von Staubwasser notiert lediglich, er sei Junggeselle geblieben, da ihn die „Circe Afrika" nicht losgelassen habe.[215] Doch offenbar existierte diese „Circe" in Gestalt einer leibhaftigen afrikanischen Mätresse, die Zech wohl in seiner Zeit als Stationsleiter zu sich genommen hatte – was für deutsche Kolonialbeamte zwar nicht unüblich war, aber gerne vor der Öffentlichkeit geheim gehalten wurde.[216] Laut einem 1913 in „The African Times and Orient Review" veröffentlichten Artikel eines afrikanischen Berichterstatters über die Zustände in Togo hatte Zechs „native wife, a princess of German Kratchi" 1902 ein Kind geboren. Da Zech sie nur wenige Tage nach der Niederkunft zur Teilnahme an einer Expedition in den Norden des Landes gezwungen habe, sei sie bald darauf ums Leben gekommen.[217] Über das Schicksal des gemeinsamen Kindes ist nichts bekannt.

Im Juli 1897 kehrte der Stationsleiter und Truppenführer Zech nach Deutschland zurück. Er richtete sich auf einen Abschied „auf nimmer Wiederkehr"[218] ein, zumindest äußerte er

---

[210] Vgl. Trierenberg, Togo, S. 107-109.
[211] Die Darstellungen der Vorgänge und die Bewertung des Verhaltens Zechs hierüber weichen zum Teil stark voneinander ab (vgl. Trierenberg, Togo, S. 23 und S. 99-102; Sebald, Togo, S. 180 f.).
[212] Ebd., S. 109.
[213] Vgl. Kleinert, Ein deutscher Blick, S. 33 f.
[214] Gegenüber den Beamten, die mit ihrer deutschen Frau oder gar Kindern in die Kolonie kamen (was die allerwenigsten taten), hegte Zech offenbar eine tiefe Abneigung; für ihn waren diese Männer nur „halbe Beamte" (Trotha, Koloniale Herrschaft, S. 108).
[215] Staubwasser, Zech, S. 3.
[216] Vgl. Sebald, Togo, S. 215.
[217] African Times and Orient Review, Nov.-Dez. 1913, S. 201-203.
[218] Massow, Tagebücher, S. 132 (Eintrag vom 2. Februar 1897).

dies gegenüber Amtskollegen wie Valentin von Massow. Bereits ein halbes Jahr zuvor war Zech „absolut verbittert und tief gekränkt" darüber, dass er „nie während der vollen zwei Jahre die geringste Anerkennung, ja nicht einmal eine Antwort auf seine an die Berliner Regierung eingereichten Berichte, Vorschläge etc. erhalten, sondern höchstens Klagen von Seiten der Landesregierung und Nichtbewilligung der von ihm erbetenen Mittel resp. Forderungen" habe.[219] Denkbar ist es, dass Zech trotz solcher offensichtlicher – wenn auch nur aus zweiter Hand überlieferter – Unmutsäußerungen dennoch eine weitere Karriere im Kolonialdienst anstrebte. Wohl nutzte er die folgenden Monate in Deutschland, um die Weichen für derartige Pläne zu stellen. Immerhin war er in die Kolonialverhandlungen der deutschen Regierung in Europa einbezogen und änderte dadurch womöglich seine Haltung gegenüber der Politik des Auswärtigen Amts.[220] Vielleicht war sein vorübergehender Unmut auch nur finanziell begründet; er beantragte 1897 mehrfach mit dem Verweis darauf, dass er kein Privatvermögen besitze, höhere Bezüge.[221] Das – unter anderem auch für Oberleutnant von Massow, der Zech in Kete-Kratschi vertreten hatte – überraschende Ergebnis bestand darin, dass Zech spätestens im Oktober desselben Jahres beschloss, wieder nach Togo zurückzukehren[222] – Anfang Mai 1898 übernahm er wieder seine Station Kete-Kratschi.[223] Für die Feldzüge von 1896/97 nach Sugu erhielt er den Kronenorden mit Schwertern und das Ritterkreuz II. Klasse des Militärdienstordens, wohl eine Anerkennung, die er schon seit langem erhofft hatte. Im Frühjahr 1900 reiste Zech nach Deutschland, hielt sich aber zu Forschungszwecken noch einige Zeit in Nordafrika auf, wo er Marokko, Algerien, Tunesien und Tripolis (das heutige Libyen) bereiste.[224] Während seines Heimaturlaubs nahm er an deutsch-britischen Grenzverhandlungen über die neutrale Zone zwischen Togo und der Goldküste teil. Im Oktober 1900 erfolgte seine Ernennung zum Bezirksamtmann von Klein Popo, das 1905 in Anecho umbenannt wurde.[225] Zech traf allerdings erst am 30. April 1901 wieder in Togo ein.

Ab 1902 war er als Bezirksamtmann noch mit der Funktion des Kanzlers betraut. Er stand damit als erster Referent in der Kolonialverwaltung im Rang unmittelbar unter dem Gouverneur. Nach einem weiteren, fast einjährigen Heimaturlaub 1902/03 und seiner Ernennung zum kaiserlichen Regierungsrat wurde Zech im Oktober 1903 stellvertretender Gouverneur und leitete die Amtsgeschäfte des infolge der „Horn-Affäre" aus der Kolonie abberufenen Gouverneurs Waldemar Horn.[226] Dazu sei nur erwähnt, dass Zech

---

[219] Massow, Tagebücher, S. 132 f. (Eintrag vom 2. Februar 1897).
[220] Ebd., S. 139 (Anmerkung des Herausgebers Peter Sebald).
[221] BArch N 2340/1, Bl. 36 (Manuskript Asmis 1941). Ob Zech tatsächlich höhere Bezüge erhielt, ließ sich nicht ermitteln.
[222] Massow, Tagebücher, S. 220 (Eintrag vom 31. Oktober 1897).
[223] Ebd., S. 294-296 (Einträge vom 1. und 5. Mai 1898).
[224] Diese Reise ist auch durch mehrere Photographien dokumentiert, die Zech selbst anfertigte (vgl. Kleinert, Ein deutscher Blick).
[225] Vgl. Erbar, Platz an der Sonne, S. 36 f.
[226] Zur Horn-Affäre vgl. Sebald, Togo, S. 535-540.

seine Ernennung im Wesentlichen einem Komplott zu verdanken hatte, durch den sein Vorgänger Horn, der für den Tod eines Schwarzen verantwortlich gemacht wurde, ausgeschaltet worden war. So schrieb bereits im Februar 1902 der Herausgeber der „Mitteilungen aus den deutschen Schutzgebieten", Freiherr von Danckelman, in einem privaten Brief an Alfred Zimmermann, dem Referent für Togo in der Kolonialabteilung des Auswärtigen Amts: „Da gegen Horn eine Disziplinaruntersuchung schwebt wegen der Totprügelung eines Schwarzen, so hat nun Graf Zech, wenn der Direktor vernünftig ist, endlich Chance, Gouverneur zu werden."[227]

Die tatsächliche Ernennung Zechs zum Gouverneur ließ noch einige Jahre auf sich warten., zumal die Sache Horn noch lange Zeit ungeklärt blieb.[228] Und möglicherweise sah man es in Berlin mit leichtem Unbehagen, dass in Lome einer der langjährigen Togo-Beamten zum Gouverneur avancierte und dadurch der Handlungsspielraum des Auswärtigen Amts zugunsten eines Klüngels altgedienter Togobeamter beschnitten zu werden drohte.

Zech gab, da er faktisch die Aufgaben eines Gouverneurs innehatte, den Posten des Bezirksamtmanns von Klein-Popo 1903 auf. Er war aber weiterhin während dieser Zeit und auch noch nach seiner endgültigen Rückkehr nach Deutschland 1910 in Grenzverhandlungskommissionen mit Großbritannien und Frankreich maßgeblich beteiligt. Am 11. Mai 1905 – Zech hielt sich davor abermals einige Monate in der Heimat auf – erfolgte schließlich seine offizielle Ernennung zum Gouverneur. Im Vorschlag des Reichskanzlers hieß es dazu, Zech habe sich „in seiner jetzt zehnjährigen Tätigkeit in Togo als ein ausgezeichneter Beamter bewährt, der das volle Vertrauen der europäischen wie der eingeborenen Bevölkerung genießt. Er hat bereits mehrfach Vertretungen des Gouverneurs mit bestem Erfolg geführt und erscheint in jeder Beziehung für die Stelle [...] geeignet."[229]

Als Gouverneur leitete er bis zu seinem Rücktritt 1910 die Amtsgeschäfte in der Kolonie und drückte dem Land seinen Stempel auf. Er verfasste Pläne für die wirtschaftliche Entwicklung der Kolonie, nahm Reformen in Angriff und förderte den Ausbau der Infrastruktur.[230] Ihm wurden außerdem die Befugnisse eines Berufskonsuls für die dem Gouverneur von Togo in konsularischer Beziehung unterstellten britischen Gebiete der Gold- und Nigerküste sowie für die französische Kolonie Dahomey übertragen. 1906 reiste er nach Berlin, um zum Etat der Kolonie Stellung zu nehmen und die Finanzierung des Eisenbahnbaus und der Erschließung von Erzlagern abzusichern. Von Dezember 1907 bis April 1908 hielt er sich ebenfalls in Deutschland auf. 1908 unternahm er

---

[227] BArch N 2345/15, Bl. 59 (Frh. von Danckelman an Zimmermann, 11. Februar 1902; Abschrift von Peter Sebald).
[228] Laut Auskunft von Peter Sebald stand Horn noch bis 1914 auf der Gehaltsliste von Togo.
[229] „Der Hannoversche Kurier" vom 25.5.1905, zit. nach: BArch N 2340/3, Bl. 97 ff.
[230] Siehe Kap. 5.

außerdem eine Dienst- und Studienreise nach Dahomey sowie nach Nord- und Südnigerien. Noch am 3. Januar 1910 teilte Zech mit, dass er seine Dienstperiode verlängere, um die Aufstellung des Etats und die Sicherung der Bahnlinie Atakpame – Tschopowa zu bewerkstelligen. Doch schon ein Vierteljahr später ereilte ihn ein nervlicher Zusammenbuch.[231]

4.4 Rückkehr und „Heldentod"

„Gesundheitsrücksichten erheischen meine sofortige Heimreise."[232] So telegraphierte Zech am 11. Mai 1910 an das Reichskolonialamt. Er reiste wenige Tage später ab, um am 4. Juni in Berlin seine Versetzung in den Ruhestand zu beantragen. Bei einer Untersuchung im Reichskolonialamt machte Zech „einen ganz zusammengebrochenen Eindruck". Aufgrund „hochgradiger Nervenschwäche und einer chronischen Zuckerharnrohr- und einer Nierenentzündung" wurde er für dauerhaft dienstunfähig befunden. Nichtsdestotrotz versuchte das Reichskolonialamt, Zech zur Rücknahme seines Ruhestandsgesuchs zu bewegen.[233] Zech blieb in Deutschland, nahm aber noch an Verhandlungen über den Grenzverlauf zwischen Togo und Dahomey in Paris teil.[234] Nach langwierigem Hin und Her wurde Zech am 15. Dezember 1910 in den Ruhestand versetzt.[235] Obgleich sein Freund und Kamerad Oberst a. D. Anton von Staubwasser 1933 schrieb, Zech habe seit 1910 völlig zurückgezogen in Wilmersdorf bei Berlin gelebt,[236] stimmt das nicht ganz. Zech hielt nicht nur im Dezember 1911 einen Vortrag über Togo in der Sektion München der Deutschen Kolonialgesellschaft, wo er „zum letzten Male [...] im Kreise seiner ihn hochschätzenden Jugendfreunde und Regimentskameraden" weilte,[237] er nahm noch 1911 an Grenzverhandlungen in Paris,[238] 1912 als Vertreter des Reichskolonialamts an einer internationalen Konferenz über den Spirituosenhandel in Brüssel[239] und 1914 an einer Wildschutzkonferenz in London teil.[240] Zeitweilig hielt sich Zech auch in München sowie auf Schloss Seehaus auf.[241]

Wiederholt sollte er als Reserveoffizier zu Wehrübungen eingezogen werden, machte aber stets seinen Gesundheitszustand geltend, um eine Freistellung vom Dienst zu

---

[231] BArch N 2340/3, Bl. 114.
[232] Ebd.
[233] Ebd.
[234] BayHStArch Abt. IV OP 18737, Bl. 49. Laut BArch N 2340/3, Bl. 114 handelte es sich um Verhandlungen wegen des Marokkoabkommens.
[235] BayHStArch Abt. IV OP 18737, Bl. 50.
[236] Staubwasser, Zech, S. 3.
[237] Ebd.
[238] BArch N 2340/ 3 , Bl. 97.
[239] BayHStArch Abt. IV OP 18737, ohne Seitenangabe.
[240] Ebd., Bl. 64.
[241] BArch N 23401/1, Bl. 7 (Mathilde von Zech an Asmis, 9. Januar 1940); ebd., Bl. 8 (Mathilde von Zech an Asmis, 26. April 1940).

erwirken. So hieß es in einem ärztlichen Attest vom 14. März 1912: „Graf Zech hatte sich im Laufe des Winters gut von den Folgen seines langjährigen Tropenaufenthaltes und der Zuckerkrankheit erholt. Nun ist neuerdings wieder bei ihm Zucker im Harn festgestellt worden. Es muss deshalb als ausgeschlossen bezeichnet werden, dass Herr Graf Zech sich den Anstrengungen einer militärischen Uebung aussetzt."[242] Nicht eindeutig geklärt ist, wie es in diesen vier Jahren tatsächlich um seinen Gesundheitszustand bestellt war. Einige Berichte deuten darauf hin, dass beim Rücktritt aus dem Kolonialdienst gesundheitliche Probleme nur vorgeschoben wurden, und dass schuld am Rücktritt vielmehr ein Zerwürfnis mit dem Reichskolonialamt und dessen Leiter Bernhard Dernburg in Zusammenhang mit Auseinandersetzungen um die Landpolitik in Togo war.[243] Andererseits sind weder die ärztlichen Atteste zu missachten, noch die Tatsache, dass Zech bereits in früheren Jahren über gesundheitliche und nervliche Probleme geklagt hatte und in Togo auch schon einige schwere Krankheiten wie z.B. zweimal das berüchtigte Schwarzwasserfieber überstanden hatte.[244] Nach dem Tod seiner Mutter 1912 teilte Zech seinem Freund Anton Staubwasser in einer Antwort auf dessen Beileidsschreiben mit: „Mit meiner Gesundheit steht es nicht gut; ich befinde mich wieder in Behandlung meines hiesigen Arztes, der mir Lesen und Schreiben verboten hat. Ich habe dieses Verbot heute gebrochen, um Dir dieses wenige zu schreiben."[245] Ende 1913 teilte Zech dem Kriegsministerium mit, dass er von Berlin wieder nach München in die elterliche Wohnung in der Königinstraße 61 übergesiedelt sei, wobei er anmerkte, dass er zur Zeit an Schwindelanfällen leide und daher nicht imstande sei, sich in Uniform zu bewegen.[246]

Trotz der wiederholten Aufschiebung bzw. Freistellung von Wehrübungen nahm Zech als Major im königlich bayerischen Reserve-Infanterieregiment No. 16 „List" am Ersten Weltkrieg teil. Interessant ist in diesem Zusammenhang ein Glückwunschschreiben zur Hochzeit Staubwassers, das er im Juli 1914 abfasste. Darin schreibt Zech, dass er sich nach Konsultation mehrerer Ärzte an einen „Medizinmann" gewandt habe, aufgrund dessen Diagnose sein Zustand besser geworden sei, wenngleich er seine völlige Genesung stark bezweifle. Angesichts der politischen Lage meinte Zech: „Ich wünsche keinen Krieg. Wenn es aber doch dazu kommen sollte, würde ich mich freuen, mich ein letztesmal nützlich erweisen zu können und das seit meiner Ruhestellung reichlich inhaltsleer gewordene Leben wieder gehaltvoller zu gestalten."[247]

Wollte Zech also trotz schlechter körperlicher Konstitution seine depressive psychische Verfassung aufbessern, vielleicht gar mit dem Ziel, den „Heldentod" fürs Vaterland zu

---

[242] BayHStArch Abt. IV OP 18737, Bl. 57 und BArch N 2340/3, Bl. 114.
[243] BArch N 2340/3, Bl. 116 f. (Manuskript von Karl Mezger); vgl. Sebald, Togo, S. 370.
[244] BArch N 2340/1, Bl. 36 (Manuskript Asmis 1941). Klagen über Überarbeitung, angegriffene Nerven und schlechten Gesundheitszustand finden sich auch in mehreren Briefen Zechs an seinen Freund Anton von Staubwasser aus den Jahren 1907-11 (BArch N 2340/2, Bl. 2 f., 4, 6 f.).
[245] BArch N 2340/2, Bl. 9 (Zech an Staubwasser, 30. Dezember 1912).
[246] BayHStArch Abt. IV OP 18737, Bl. 63.
[247] BArch N 2340/2, Bl. 28 f. (Zech an Staubwasser, 29. Juli 1914).

sterben? Eine dem Kaiserreich gegenüber treue soldatische Gesinnung kann für Zech zweifellos vorausgesetzt werden, überschwängliches nationales Pathos findet sich in dem, was von ihm überliefert ist, allerdings kaum. Ungeachtet der Gründe, warum Zech ausgerechnet jetzt nicht auf eine Freistellung vom Militärdienst hinwirken wollte – der Krieg sollte für ihn nicht lange dauern.

Als Kommandeur des 1. Bataillons des List-Regiments rückte Major Zech am 29. Oktober 1914 zum Sturmangriff auf den Ort Gheluvelt in Flandern, eines wichtigen englischen Stützpunktes vor Ypern, an.[248] Einer der Soldaten seines Bataillons, ein Gefreiter namens Adolf Hitler, schrieb im Februar 1915 über dieses Kriegsereignis einen Feldpostbrief an den Assessor Ernst Hepp in München, der 1939 im Schulungsbrief der NSDAP veröffentlicht wurde. Hitler schilderte das Szenario wie folgt: Während die Truppe nach einem britischen Nachtangriff den Abmarschbefehl erhielt, „‚reitet Major Graf Zech vorbei.: Morgen werden wir die Engländer angreifen. Endlich, jubelt es in jedem von uns auf. Der Major schritt nach dieser Ankündigung zu Fuß an der Spitze der Kolonne."[249] Es folgt eine detaillierte, von „Heldenpathos" durchtränkte Beschreibung des Kampfgeschehens. Schließlich heißt es: „Wir bekommen furchtbares Feuer. Einer nach dem Anderen bricht von uns zusammen. Da kommt tollkühn unser Major [Zech, Erg. d.Verf.], ruhig rauchend, mit ihm sein Adjutant, Ltnt Pyloty. Der Major übersieht schnell die Lage. und befiehlt links und rechts der Straße zum Sturm zu sammeln. Offiziere haben wir keine mehr, kaum noch Unteroffiziere. So springt den[n] jeder von uns, der auch nur etwas Kerl ist zurück und holt Verstärkungen ran. Als ich das zweitemal mit einem Trupp zersprengter Würtenberger [sic!] zurückkomme, liegt der Major mit aufgerissener Brust am Boden. Ein Haufen Leichen um ihn herum. Nun ist noch ein Offizier übrig, sein Adjutant. In uns kocht die Wut. ‚Herr Leutenant führen Sie uns zum Sturm' schreit alles."[250]

Ob die zufällige Begebenheit, dass Zech 1914 der Bataillonschef Hitlers war, und dass der Führer mit anerkennenden Worten von ihm sprach, ja ihn als „tollkühn" bezeichnete, dazu beigetragen hat, dass der Abteilungsleiter im Kolonialpolitischen Amt der NSDAP, Rudolf Asmis, auf den Gedanken kam, über Zech, seinen früheren Vorgesetzten in Togo, eine Lebensbeschreibung zu verfassen, lässt sich nicht belegen. Tatsache ist, dass „Helden" aus der Kolonialzeit um 1940 sehr gefragt waren – man denke nur an zahlreiche während des Krieges produzierte Kolonial-Spielfilme wie „Carl Peters" (1941), „Ohm Krüger" (1941) oder „Germanin" (1943). Ob Hitler als Gefreiter im Ersten Weltkrieg tatsächlich so ins Kampfgeschehen involviert war und den Tod Zechs direkt miterlebte, lässt sich stark anzweifeln. In der Version Staubwassers über Zechs Tod hatte

---

[248] Staubwasser, Zech, S. 4; vgl. auch BArch N 2340/1, Bl. 45 (Schreiben des Majors Rubenbauer, 7. Mai 1936, Auszug im Manuskript Asmis 1941).
[249] Hitler, Aufzeichnungen, S. 66 (Schreibweise und Interpunktion wie im Originalbrief); vgl. auch BArch N 2340/1, Bl. 49 (Abschrift aus dem NS-Schulungsbrief).
[250] Hitler, Aufzeichnungen, S.68; vgl. BArch N 2340/1, Bl. 51 f.

dieser nämlich keine aufgerissene Brust, vielmehr „traf ihn ein Kopfschuss und warf ihn; er war sofort tot."[251]

Für Zech, den ersten gefallenen Offizier des Regiments,[252] wurde, da er sich „in einer heldenmütigen Weise geopfert" hatte,[253] 1932 von Edmund Brückner, Nachfolger Zechs als Gouverneur, der Auftrag erteilt, eine bronzene Grabplatte auf dem Friedhof Becelaere-Zwaanhoek anzufertigen. Die Inschrift lautete: „Julius Graf von Zech auf Neuhofen, Major der Reserve und Bataillonskommandeur, Gouverneur von Togo 1905-1911 [sic!] geb. 23.4.1868, gefallen in Flandern 29.10.1914".[254] Die Grabplatte wurde wohl im Frühjahr 1934 aufgestellt,[255] und müsste bis heute auf dem Friedhof vorhanden sein. – Außerdem wurde sein Name noch auf einer Kriegertafel in der Landshuter Stadtpfarrkirche St. Martin verewigt, wo er an erster Stelle der Gefallenen seines Bataillons aufgeführt ist.[256]

---

[251] Staubwasser, Zech, S. 4. Ebenso heißt es im Personalakt des Kriegsarchivs lapidar: „Erhielt einen Kopfschuß und war sofort tot." (BayHStArch Abt. IV/ OP 18737, ohne Seitenangabe).
[252] Auch hier weicht Hitlers Darstellung von anderen ab – nach seiner Schilderung wären zu diesem Zeitpunkt bereits zahlreiche Offiziere und Unteroffiziere gefallen gewesen (vgl. BArch N 2340/1 Bl. 46 und Bl. 52).
[253] BArch N 2340/2, Bl. 1 (Rubenbauer an Mathilde von Zech, 7. Mai 1936).
[254] BArch R 1001, Nr. 6777, Bl. 91. (Brückner an Regierungsbaumeister Geber; laut freundlichem Hinweis von Dr. Peter Sebald).
[255] Vgl. ebd., Bl. 112.
[256] Staubwasser, Zech, S. 4.

5 Die Politik Zechs als Gouverneur von Togo 1903/05 -1910

Die in Kapitel 4. 3 kurz angeschnittene Zeit Zechs als Gouverneur von Togo soll im Folgenden einer näheren Betrachtung unterzogen werden. Dabei geht es sowohl um seine kolonialpolitischen Ansichten als auch um konkrete Maßnahmen in den verschiedenen politischen Ressorts. Wo es für das Verständnis der spezifischen Situation notwendig ist, etwa im Bereich der Rechtspolitik, wird ebenso auf allgemeine Grundlagen und Entwicklungen in der deutschen Kolonialpolitik eingegangen. Auf eine Bewertung der einzelnen Maßnahmen soll hier zunächst weitgehend verzichtet werden; sie soll vielmehr im Kapitel 6 ausgiebig Platz finden.

5.1 Grundüberlegungen zur „Eingeborenenpolitik"

Die „Behandlung der Eingeborenen" in den deutschen Schutzgebieten wurde ab dem Ende des 19. Jahrhunderts in Deutschland in einem breiten öffentlichen Diskurs erörtert. Aus den ersten Jahren missionarischer und kolonialer Praxis hatten sich verschiedene Ansichten und Modelle herausgebildet, wie die farbige Bevölkerung am besten zu behandeln sei. Das Spektrum reicht hierbei vom Bekenntnis zur rücksichtslosen Unterwerfung unter Inkaufnahme der Ausrottung „rassisch minderwertiger" Völker über den Anspruch kultureller Hebung und Erziehung durch Missionierung und Kolonialpolitik bis zum – wenn auch selten geäußerten – Gedanken der prinzipiellen Gleichheit aller Völker.[257] In diesen Kontext reihen sich die Äußerungen Zechs über die „Eingeborenenpolitik" in die Kategorie derer ein, die aus einem rassisch begründeten Überlegenheitsgefühl eine Verbesserung der kulturellen und materiellen Gegebenheiten für eine verpflichtende Aufgabe der Kolonialpolitik halten, allerdings ohne dabei die rassische Ungleichheit außer Kraft setzen zu wollen.

Wenn Zech über „Eingeborenenpolitik" in Togo schreibt, ist auffällig, wie oft er verallgemeinernd von „dem Eingeborenen" spricht. Einerseits erkennt Zech die zum Teil gravierenden kulturellen Unterschiede innerhalb der verschiedenen Völker der Kolonie an. Aufgrund seiner Expeditionserfahrungen klassifiziert er noch 1898 aus der herabschauenden Perspektive des Forschers und Eroberers das Volk der Adeleleute als „sehr faul"[258], die Bassari als „gewalttthätig, jähzornig, räuberisch, aufbrausend" und zudem „Trunkenbolde",[259] die Kabre hingegen als „furchtsam, nicht wild"[260]. Allein die zum Teil christianisierten Ewe und die muslimischen Haussa hält er für geeignet, „für den amtli-

---

[257] Einen sehr guten Eindruck von den damals kursierenden Ansichten liefert der Sammelband von Giesebrecht, Behandlung der Eingeborenen.
[258] Zech, Vermischte Notizen, S. 105.
[259] Ebd., S. 135.
[260] Ebd., S. 147.

chen Verkehr zwischen Regierung und Eingeborenen zugelassen" zu werden.[261] Diese Differenzierung schlug sich auch während seiner Gouverneurszeit in der Praxis nieder, als Zech forderte, bestimmte, in seinen Augen wohl erzogene und vornehme Farbige über 30 Jahren, wie sie sich eigentlich nur unter den Küstenbewohnern fanden, nicht mit dem sonst für jeden Schwarzen üblichen „Du", sondern mit „Sie" anzusprechen. Auch sollten diese Personen von der körperlichen Züchtigung ausgeschlossen werden. Eine dementsprechende Verordnung wurde jedoch vom Reichskolonialamt abgelehnt.[262]

Wenn es aber in Zechs Denkschriften und dienstlichen Anweisungen allgemein um die Behandlung der „Eingeborenen" durch die deutsche Verwaltung geht, kommen diese vermeintlichen oder tatsächlichen ethnischen Unterschiede bei Zech nicht mehr zur Sprache. In einem 1907 von Zech verfassten Zehnjahresplan für „eine planmäßige Entwicklung des Schutzgebietes" führte Zech zum Thema „Eingeborenenpolitik" folgende Gedanken aus:[263] Auch wenn die Tätigkeit der Europäer im Schutzgebiet zunächst einmal auf „mehr oder minder egoistische Triebe" zurückführbar sei – was den Afrikanern in Togo durchaus bewusst sei – so hätten diese doch ebenfalls die Erfahrung gemacht, „dass das mit dem Europäer eingegangene Verhältnis auch ihnen wesentliche Vorteile bringt." Trotz mancher „Unannehmlichkeiten", die ihnen die europäische Verwaltung gebracht habe (Eingriffe in Wirtschaftsweise, Rechtsanschauung, Religion; Einforderung von Steuern etc.), seien sie immer mehr in der Lage zu erkennen, was die Europäer im Interesse der Allgemeinheit geleistet hätten, im Konkreten die Herstellung von Sicherheit und Ordnung, der Bau von Wegen, Brücken und Eisenbahnen, Bekämpfung von Krankheiten, Errichtung von Schulen usw. Diese Errungenschaften der Kolonialherrschaft stellten laut Zech „so hochwertige Äquivalente" dar, „dass sie den Eingeborenen den Verlust ihrer politischen Unabhängigkeit und die ihnen unangenehmen Forderungen der europäischen Verwaltung verschmerzen lässt." Die Verwaltung müsse jedoch Maß halten und ein „zu konzentriertes Verabreichen der Kultursegnungen" vermeiden, um nicht Widerstand und Aufstände herauszufordern, gerade wo das nötige Verständnis bei der Bevölkerung fehle. Von diesen Grundüberlegungen habe auch die künftige Politik in Togo auszugehen, denn, so Zech weiter: „Eine auch den Interessen der Eingeborenen gerecht werdende Verwaltung ist die beste Abwehr gegen die äthiopische [antikolonial-afrikanische, Anm. d. Verf.] Bewegung."

Vorrangige Bedeutung hatte für Zech die „Erziehung zur Arbeit", noch weit vor der Vermittlung von Wissen, Sprachkenntnissen oder europäischen Bildungs- und Erziehungsidealen. So bezeichnete Zech es im Rahmen einer Debatte über die staatlichen Beihilfen für Missionsschulen als „wichtiger [...], wenn die grosse Masse der Farbigen der Kolonie zu systematischer Arbeit erzogen würde, als wenn eine allgemeine Halbbil-

---

[261] Zech, Vermischte Notizen, S. 92.
[262] Knoll, Togo under Imperial Germany, S. 69; Sebald, Togo, S. 546 f.
[263] BArch R 1001/4235, Bl. 57-60.

dung in der deutschen Sprache verbreitet würde." Aus diesem Grund stellte Zech denjenigen Missionsgesellschaften, die ihre Schüler neben dem Unterricht auch zur Feldarbeit anleiteten, Prämien in Aussicht.[264] Dr. Hans Gruner, Bezirksamtmann von Misahöhe, versuchte dies im Nachhinein damit zu begründen, dass die Schüler dem heimischen Boden nicht entfremdet werden sollten und Zech verhindern wollte, dass durch eine „der europäischen gleiche, rein geistige Bildung [...] nur charakterlich schwache aber anmassende Halbgebildete werden, die zu ernster, pflichtbewusster Arbeit unfähig sind."[265] Die wiederholt von Zech ausgesprochene Befürchtung lag darin, dass „das Entstehen eines halbgebildeten faulenzenden Proletariats"[266] der Kolonie zu großem Schaden gereichen würde.[267] Hinter diesem etwas schwammigen Schreckgespenst, das sich auch in den Veröffentlichungen anderer deutscher Kolonialisten jener Zeit wiederfindet,[268] kommt zum Vorschein, welches Idealbild des „Eingeborenen" Zech vor Augen hatte. Er sollte sich vereinfacht gesagt treu und gehorsam gegenüber der Obrigkeit verhalten, sich seiner untergeordneten Stellung bewusst werden, „barbarische" Sitten und Gebräuche aufgeben und fleißig zum Wohle des Deutschen Reiches und des deutschen Schutzgebiets Togo seine Arbeit verrichten. Im Gegenzug durfte er teilhaben an den Segnungen der von den Deutschen ins Land gebrachten Zivilisation.

Die Einbeziehung der Häuptlinge und ihrer Organe – als Mittler zwischen Kolonialverwaltung und Bevölkerung – wie sie in Togo seit der Unterwerfung praktiziert wurde,[269] hielt Zech für richtig und notwendig.[270] Die Häuptlinge sollten allerdings noch verstärkt zu „brauchbaren Funktionären der Regierung" erzogen werden.[271] Zu einer weitergehenden politischen Partizipation seien die „Eingeborenen" allerdings „noch nicht reif", da sie noch nicht in der Lage seien, „an der Entscheidung von Fragen mitzuwirken, welche einen weiteren Gesichtskreis erfordern."[272] Lediglich im Falle der Einrichtung von Kommunalverwaltungen, wie sie für die Stadt Lome zwar beabsichtigt, aber nicht verwirklicht wurde,[273] hielt es Zech für „möglich und zweckmäßig [...], einigen befähigteren Eingeborenen eine beratende Stimme zu geben"; hierbei handle es sich um einen kleinen Interessentenkreis, den man gut überschauen und beurteilen könne.[274] Erwähnenswert ist, dass ein politisches Mitspracherecht, etwa im Rahmen des Gouvernements-

---

[264] BArch R 150 F/FA 1/218, ohne Seitenangabe (Ausschnitt aus „Kolonie und Heimat", Heft 24 vom 5.8.1908).
[265] BArch N 2340/2, Bl. 58 (Gruner, Beitrag zum Lebensbild des Grafen Zech, 1941).
[266] Trierenberg, Togo, S. 54.
[267] Vgl. BArch R 1001/4235, Bl. 60; Smith, Zech, S. 488.
[268] So z.B. Schlunk, Schulen für Eingeborene, S. 27 f.
[269] Vgl. hierzu allgemein: Trotha, Intermediäre Rechtsordnung.
[270] BArch R 1001/4235, Bl. 59.
[271] Entwurf einer Dienstanweisung für Bezirksleiter vom 11. November 1909 (BArch R 1001/4329, Bl. 8), zit. nach: Erbar, Platz an der Sonne, S. 52. – Als äußeres Zeichen ihrer Funktionalisierung für die Kolonialmacht trugen die Häuptlinge Mützen, die in Deutschland den Postbeamten als Kopfbedeckung dienten (Asmis, Kalamba, S. 64).
[272] BArch R 1001/4235, Bl. 59 f.
[273] Vgl. Erbar, Platz an der Sonne, S. 35 f.
[274] BArch R 1001/4235, Bl. 60.

rats, von angesehenen farbigen Bewohnern der Küstenstädte immer wieder gefordert wurde, dass es in britischen Kolonien wie Goldküste praktiziert wurde und dass selbst in den Anfangsjahren der deutschen Herrschaft über Togo eine solche Beteiligung der afrikanischen Bevölkerung noch durchaus vorgesehen war.[275] Angehörige der „Eingeborenen-Elite" Lomes, die mit derartigen Bitten an ihn herangetreten waren, wurden von Zech „unter Betonung des Rassenunterschiedes abschlägig beschieden."[276]

5.2 Wirtschafts- und finanzpolitische Maßnahmen

In einer im Jahr 1900 abgefassten Denkschrift über die Wirtschaft Togos machte Zech den Zusammenhang zwischen Wirtschafts- und „Eingeborenenpolitik" deutlich, wie er sich auch in seinen späteren politischen Maßnahmen niederschlug. Er nannte darin als wichtigen „Standortfaktor" für eine erfolgreiche Wirtschaftspolitik in Togo die „dichte, intelligente und willige Bevölkerung, welche, zu vermehrter Kraftentfaltung angehalten, die Erzielung hoher Ausfuhrwerte gewährleistet".[277] Bezüglich des Güteraustausches zwischen Mutterland und Kolonie gab er zu bedenken, „daß der Handel fast ausschliesslich auf dem Konsum und der Produktion der eingeborenen Bevölkerung beruht; [...] die wenigen zur Verwaltung und Ausbeutung des Landes vorhandenen Europäer kommen für den Absatz kaum in Betracht. Es werden daher in Togo der Hauptsache nach Bedürfnisse der eingeborenen schwarzen Bevölkerung eingeführt. Art und Menge der Waren, welche infolge der bei den Eingeborenen auftretenden Bedürfnisse eingeführt werden, richten sich einmal nach dem Grad der Kultur, die den Leuten Lebensbedürfnisse aufdrängt, welche der rohe Naturmensch nicht empfindet, dann aber nach der Kaufkraft der Eingeborenen. Die letztere wiederum ist abhängig von der Urproduktion des Landes."[278] Das bedeutet also, Ziel einer Kolonialwirtschaft im Sinne Zechs war es, die Bewohner der Kolonie nicht nur durch Arbeitsdisziplin und Zwangsmaßnahmen zu guten Produzenten, sondern auch zu guten Konsumenten zu „erziehen". Bei den Togoern sollten Bedürfnisse nach Produkten aus Deutschland geweckt werden, die sie als „rohe Naturmenschen" noch gar nicht gekannt hatten. Zech dachte dabei explizit an Baumwollwaren, Garne, Salz, Eisen, Schießpulver, Tabak und Schnaps.[279]

Daraus erklärt sich der Primat der Wirtschaftspolitik, der sich in Zechs Aufzeichnungen immer wieder findet. Eine florierende Wirtschaft war für Zech gleichzeitig Grundlage und Ziel der „Eingeborenenpolitik". Das heißt, dass wirtschaftliche Interessen Vorrang

---

[275] Erbar, Platz an der Sonne, S. 28.
[276] Jahresbericht 1909/10, S. 92.
[277] BArch N 2340/3, Bl. 20 f. (Zech, Wirtschaftliches über Togo, im Dezember 1900).
[278] Ebd., Bl. 3 f.
[279] Vgl. ebd., Bl. 4-9.

genossen, auch gegenüber humanitären Vorbehalten.[280] Da laut Zechs Anschauungen die wirtschaftlichen Maßnahmen letztlich der ganzen Kolonie und damit ebenso der indigenen Bevölkerung zugute kamen, mussten diese dafür aber auch vorübergehende Missstände und Ungerechtigkeiten in Kauf nehmen. Wie sich das in der konkreten wirtschaftspolitischen Umsetzung niederschlug, soll im Folgenden anhand ausgewählter Beispiele verdeutlicht werden.

5.2.1 Förderung der „Volkskulturen"

Der Schwerpunkt der wirtschaftlichen Verhältnisse im Schutzgebiet Togo lag eindeutig in der landwirtschaftlichen Produktion der indigenen Bevölkerung.[281] In kleinen privaten Agrarbetrieben wurden die Produkte angebaut, die für den Handel in die Nachbarregionen und nach Übersee wichtig waren. Dazu gehörten in erster Linie laut einem von Zech verfassten Lexikonartikel die aus den Früchten der Ölpalme gewonnenen Palmkerne und Palmöle, Mais, Baumwolle, Kopra und Erdnüsse. Von wildwachsenden Pflanzen wurde Kautschuk gewonnen; die Viehhaltung spielte wegen der verbreiteten Tsetsekrankheit und anderer Seuchen keine große Rolle.[282]

Die deutsche Verwaltung versuchte eine Verbesserung der Wirtschaftsweise durchzusetzen. Für Zech waren die traditionellen Ackerbaumethoden „noch ziemlich primitiv".[283] Er bemängelte die vorherrschende Brachwirtschaft, die keinen Fruchtwechsel kannte, den kaum vorhandenen Einsatz von Düngemitteln und die Schwierigkeiten bei der Einführung des Pfluges. Eine Ackerbauschule in Nuatjä (zwischen Lome und Atakpame) sollte ab 1906 für Aufklärung sorgen und leistungsfähige, „möglichst intelligente gelehrige Leute" zwischen 20 und 23 Jahren in den von den Deutschen als fortschrittlich und effektiv angesehenen Ackerbaumethoden einweisen.[284] Dabei „dürfte auch der moralische Wert eines solchen Instituts nicht unterschätzt werden", schrieb die Deutsche Kolonialzeitung, „da das Vertrauen der Eingeborenen zur Regierung gesteigert werde und die Eingeborenen in erhöhtem Maße zur Erkenntnis gelangen, daß die Regierung auf ihr Wohl bedacht sei."[285] Die Ackerbauschule war hervorgegangen aus einer 1904 eingerichteten Baumwollkulturschule.[286] Da sich der staatlich geförderte Baumwollanbau jedoch

---

[280] Siehe dazu u. a. Kap. 5. 2. 2.
[281] Jahresbericht 1909/10, S. 101.
[282] Vgl. Kolonialexikon Bd. III, S. 509-511.
[283] Ebd., S. 508.
[284] Bek. d. G. betr. das Programm für die Einstellung, Ausbildung und spätere Verwendung von Ackerbauschülern. Vom 26. November 1908, in: Landesgesetzgebung, S. 477 f.
[285] DKZ vom 13.5.1905 (S. 185).
[286] Laut Sebald handelte es sich dabei lediglich um einen „Versuchsgarten", der durch die zwangsweise Rekrutierung von „Schülern" zur Ackerbauschule deklariert worden war, wobei der Schwerpunkt nicht auf der Unterrichtung, sondern der Ausnutzung der „Schüler" als billige Arbeitskräfte gelegen habe (Sebald, Togo, S. 359-362).

bald als Fehlinvestition erwies, erweiterte man die Aufgabe der Lehranstalt.[287] Nach ihrem dreijährigen Lehrgang sollten die Ackerbauschüler in ihre Heimatbezirke zurückkehren und auf einem von der Bezirksleitung bestimmten Gelände angesiedelt werden, dabei allerdings weiterhin von der Bezirksverwaltung überwacht und kontrolliert werden.[288] Gemäß der kolonialen Vorstellung von der Unmündigkeit der Afrikaner blieben sie quasi „ewige Schüler".

Die Erfolge der Schule hielten sich in Grenzen, was aus den im Amtsblatt veröffentlichten Aufzeichnungen Zechs über die Abgangsprüfungen ersichtlich ist, denen er persönlich beiwohnte. Trotz einem „im allgemeinen als befriedigend" angesehenen Ergebnis empfand gerade Zech doch sehr großes Misstrauen gegenüber den Schülern und ihrer Fähigkeit, das gelernte Wissen auch anzuwenden.[289] Gerade die von der Verwaltung propagierte Pflugkultur konnte sich in der Bevölkerung nicht durchsetzten – die den Schulabsolventen mitgegebenen Zugochsen fanden nicht selten schnell ein Ende dadurch, dass sie der Familie anlässlich der Heimkehr ihres Sohnes als üppiges Festmahl dienten.[290] Nach nur wenigen Jahren wurde die Schule aufgehoben und in eine „Landeskulturanstalt", also in einen landwirtschaftlichen Musterbetrieb mit zwangsverpflichteten Arbeitern, umgewandelt, wobei Zech, der zu diesem Zeitpunkt bereits in den Ruhestand versetzt war, zu bedenken gab, ob man nicht „auf diesem, zähe Ausdauer erfordernden Gebiete die Flinte zu früh ins Korn geworfen hat."[291] Was den Baumwollanbau[292] betrifft, den seit 1896 ein „Kolonialwirtschaftliches Komitee" mit Unterstützung des Gouvernements im Schutzgebiet durchzusetzen versuchte – wobei es auf wenig Gegenliebe seitens der Bevölkerung stieß – machte Zech aufgrund der ökonomischen Misserfolge 1908 einen Rückzieher. Er ordnete an, dass künftig nur dort, wo keine Ölpalmen und andere hochwertige Produkte gedeihen, Baumwolle angebaut werden solle, und besiegelte damit das weitere Schicksal der Baumwollkultur in Togo.[293]

Maßnahmen wie die Einrichtung einer Ackerbauschule hatten den Zweck, die heimische Landwirtschaft zu verbessern und dadurch die ökonomischen Verhältnisse insgesamt zu fördern. Zech sprach sich wiederholt und eindeutig für eine Produktionsweise der „Volkskulturen" aus, das heißt die heimischen Bauern sollten in Eigenregie die Produkte anbauen, die dann über in Togo ansässige Handelshäuser exportiert wurden. Es existierte

---

[287] Vgl. Erbar, Platz an der Sonne, S. 151-153; Knoll, Togo under Imperial Germany, S. 146.
[288] Bek. d. G. betr. das Programm für die Einstellung, Ausbildung und spätere Verwendung von Ackerbauschülern. Vom 26. November 1908, in: Landesgesetzgebung, S. 477 f.
[289] Aufzeichnung über die am 19. Dezember 1906 abgehaltene Prüfung der Ackerbau-Schule in Nuatjä, in: Amtsblatt Togo Jg. 2, Nr. 3 (23. Februar 1907), S. 58 f.
[290] Erbar, Platz an der Sonne, S. 154.
[291] Zech, Entwicklung Togos, S. 78.
[292] Die Baumwolle war zwar in Westafrika schon im 17. Jahrhundert verbreitet; ein Anbau über den Eigenbedarf hinaus war jedoch unbekannt und wurde der Bevölkerung Togos von der deutschen Verwaltung regelrecht aufgezwungen. Vgl. hierzu ausführlich: Erbar, Platz an der Sonne, S. 128-161; Sebald, Togo, S. 434-444.
[293] Ebd., S. 156.

aber auch das Gegenkonzept, nämlich in Togo eine „Plantagenkultur" ähnlich wie in Kamerun aufzubauen. Nach einer Statistik von 1910 war die Anzahl der Plantagen in Togo äußerst gering. Auf einem Gesamtareal von etwa 2000 Hektar (in Kamerun nahmen Plantagen 142 698 Hektar ein!) wurden in erster Linie Kokospalmen, Kakao, Manihot (=Maniok) und Sisal angebaut; beschäftigt waren dort lediglich sechs weiße Beamte und 305 farbige Arbeiter.[294] Zech betonte schon im Jahr 1900, dass die Kaufkraft der afrikanischen Bevölkerung durch den privaten Anbau und Verkauf gefördert werde. Plantagengroßbetriebe in Togo hielt er aufgrund der vorhandenen Kulturen, der Bodenbeschaffenheit und der „kostspieligen Leitung von Europäern" für kaum rentabel.[295]

Die Auseinandersetzungen zwischen Vertretern einer „Volkskultur" und denen einer „Plantagenkultur" reichten in Togo in die ersten Jahre nach der Besitzergreifung zurück. Eng verbunden waren sie mit der Person des Bergassessors Friedrich Hupfeld, der ab 1902 als Geschäftsführer der „Deutschen Togogesellschaft" (DTG) fungierte. Hupfeld und seine Leute hatten unter Anwendung höchst fragwürdiger Methoden, oftmals unter Androhung von Gewalt, umfangreiche Ländereien „erworben". In der Folgezeit wurde seitens der Verwaltung und der Missionen wiederholt festgestellt, dass die einheimischen Vertragspartner in der Regel keineswegs von einem Verkauf ihres Landes ausgegangen waren – was oftmals nach ihren Rechtsvorstellungen gar nicht denkbar war – sondern dass die deutschen Unternehmer lediglich ein Nutzungsrecht erworben hatten.[296] Auch waren die Verträge nicht immer von den Leuten unterzeichnet worden, die gemäß geltendem Stammesrecht dazu befugt gewesen wären.[297] Dass Hupfeld in hohem Maße auf Spekulationsgewinne abzielte, sollte sich bei den Planungen zum Eisenbahnbau zeigen, wo er die Trassenführung massiv zu seinen Gunsten zu beeinflussen versuchte. Widerstand gegen die Landpolitik Hupfelds regte sich unter anderem bei den Missionsgesellschaften, die die Rechte der indigenen Bevölkerungen zu vertreten suchten, aber auch bei verschiedenen in Togo ansässigen Firmen, die eine Monopolstellung der DTG befürchteten.[298] Das Gouvernement unter Zech sah in einer Ausweitung der Plantagenwirtschaft eine Bedrohung für die Lebensgrundlage der Bevölkerung und deren landwirtschaftliche Produktion. Aus diesem Grunde wurde auch eine Verordnung erlassen, gemäß der „Gründstücke Eingeborener" nur mit Genehmigung des Gouverneurs „Gegenstände von Rechtsgeschäften mit Fremden oder zu deren Gunsten" sein durften.[299] Die langjährigen Auseinandersetzungen, die weite Kreise bis in den Deutschen Reichstag hinein zogen und hier nicht im Einzelnen wiedergegeben werden können,[300] erreichten ihren Höhe-

---

[294] Jahresbericht 1909/10, Tabelle B.I.1. (statistischer Teil, S. 32 f.).
[295] BArch N 2340/3, Bl. 13 (Zech, Wirtschaftliches über Togo, im Dezember 1900).
[296] Erbar, Platz an der Sonne, S. 77.
[297] Vgl. ebd., S. 93.
[298] Vgl. ebd., S. 82.
[299] V. d. G. betr. den Erwerb von Rechten an Grundstücken Eingeborener. Vom 5. September 1904, in: Landesgesetzgebung, S. 88.
[300] Vgl. hierzu ausführlich Erbar, Platz an der Sonne, S. 68-99.

punkt, als Zech 1908 anstelle von Regierungsrat Gruner, der seinen Heimaturlaub antrat, den jungen Gerichtsassessor Rudolf Asmis zum Vorsitzenden der Landkommission ernannte. Diese Kommission, die bereits seit mehreren Jahren existierte, sollte die geschlossenen Verträge überprüfen, wobei neben einem Vertreter der DTG ein Missionar dort einen Sitz hatte, der die Interessen der betroffenen Bevölkerung vertrat – eine direkte Beteiligung der afrikanischen Landbesitzer blieb aus.[301] Im Gegensatz zu seinem Vorgänger Gruner, der sich auf kosmetische Korrekturen hinsichtlich der Grenzverläufe beschränkt hatte, stellte der versierte Jurist Asmis die Rechtmäßigkeit der Vertragsschlüsse prinzipiell in Frage. Nach seiner Einschätzung war ein großer Teil der Verträge für nichtig zu erachten, Hupfeld hatte demnach nur einzelne versprengte Landflecken auf rechtmäßige Weise erworben.[302] Dem Protest der Deutschen Togogesellschaft, der sich auch Kolonialstaatssekretär Dernburg anschloss, begegnete Zech, indem er sich voll und ganz hinter Asmis stellte. Der Gouverneur ging aufgrund der Bilanzen der DTG ebenfalls davon aus, dass eine „so exorbitante Übervorteilung der Eingeborenen"[303] stattgefunden haben müsse. Nachdem die Bewohner mehrerer betroffener Landschaften mit Unterstützung der Norddeutschen Missionsgesellschaft Klage beim Bezirksgericht Lome erhoben hatten,[304] initiierte Zech eine Kompromisslösung. Er betonte dabei die Notwendigkeit, den Einwohnern ausreichend Grund zu belassen, „dass sie nicht nur auf ihm ihr Existenzminimum finden, sondern dass sie auf ihm auch zu einem den Verhältnissen hiesiger Eingeborener entsprechenden Wohlstand gelangen können."[305] Es kam ein Vergleich zustande, wobei die DTG etwa die Hälfte des beanspruchten Landes aufgeben musste, für andere Ländereien Nachzahlungen zu leisten hatte und fernerhin, um weitere Spekulationen auszuschließen, für die Abtretung von Land an die öffentliche Hand keine finanziellen Entschädigungen sondern anderweitigen Grund und Boden erhielt. Die von Zech herbeigeführte Lösung des Konflikts trug einerseits dazu bei, „dass in Togo die einheimische Kleinproduktion nicht von der Plantagenkultur erdrückt und die überkommene Sozialstruktur nicht zerstört wurde."[306] Andererseits stand aber auch die DTG, die zur Entschädigung fruchtbares und zum Baumwollanbau geeignetes Land entlang der Hinterlandbahn erhalten hatte, am Ende der deutschen Kolonialzeit „gefestigter denn je" da.[307]

---

[301] Sebald, Togo, S. 368.
[302] Erbar, Platz an der Sonne, S. 93 f.
[303] Zech an RKA, 12. Januar 1909 (BArch R 1001/3645, Bl. 175), zit. nach: Erbar, Platz an der Sonne, S. 95.
[304] Erbar, Platz an der Sonne, S. 96.
[305] Zech an RKA, 6. Februar 1909 (BArch R 1001/3646, Bl. 5), zit. nach: Erbar, Platz an der Sonne, S. 96.
[306] Gründer, Geschichte der deutschen Kolonien, S. 135.
[307] Erbar, Platz an der Sonne, S. 99. Von einem „success against Hupfeld" (Knoll, Togo under Imperial Germany, S. 137) kann somit nur sehr bedingt gesprochen werden. Sebald sieht im Kompromiss über den DTG-Landraub nicht nur eine Lösung, die „wie stets auf Kosten der Afrikaner" ausgetragen wurde (Sebald, Togo, S. 370), sondern auch ein persönliches Scheitern Zechs, das seine Rücktrittsentscheidung beeinflusst haben könnte (ebd., S. 720 f., Anm. 352 und 354).

Förderung von „Volkskulturen" bedeutete also keineswegs, dass Plantagen rigoros zurückgedrängt worden wären oder dass sich die Kolonialwirtschaft automatisch an den Wirtschaftsweisen und den Bedürfnissen der Bevölkerung orientiert hätte. Die maßgeblich auf Zech zurückgehende „diversifizierende Wirtschaftspolitik, deren Bestrebungen auf eine möglichst große Ausweitung des Warenangebots abzielten"[308] bewirkte jedoch eine allmähliche Stabilisierung der Wirtschaftsbilanz und die Entwicklung Togos zur ökonomisch funktionierenden Handelskolonie bei weitgehender Aufrechterhaltung der traditionellen kleinbäuerlichen Strukturen.

5.2.2 Maßnahmen zur Verbesserung der Finanzlage

Das knappe Budget des Schutzgebiets und das Fehlen von Zuschüssen führten dazu, dass neue Geldquellen in der Kolonie erschlossen werden mussten. In erster Linie finanzierte sich Togo über Einfuhrzölle. Die Zolleinnahmen betrugen im Jahr 1903 rund 1 Million, 1910 1,8 Millionen Mark. An zweiter Stelle kamen Steuern (1903: 80 000 Mark; 1910: 775 000 Mark), Einnahmen aus den Verkehrsanlagen (1910: 430 000 Mark) und sonstige Abgaben und Gebühren[309] (1903: 52 000 Mark; 1910: 276 000 Mark).[310] Die Zahlen lassen deutlich erkennen, dass hier während der Amtszeit Zechs eine deutliche Aufwärtsbewegung stattfand.

Eine Geldsteuer wurde anfangs nur von den wenigen Europäern im Land erhoben. Noch im Jahr 1900 stand Zech einer Steuererhebung skeptisch gegenüber, da sie ein Wegziehen von Bevölkerungsteilen in Nachbarkolonien zufolge haben oder „den Widerstand der Eingeborenen herausfordern" könnte.[311] Als Gouverneur, da er nun die finanzielle Notwendigkeit einer solchen Maßnahme sah, erließ Zech eine Verordnung, gemäß der ab dem 1. April 1908 auch die „Eingeborenen" zu Steuerleistungen herangezogen werden konnten.[312] Damit sollten die unentgeltlichen Arbeitsleistungen, welche die heimische Bevölkerung bereits seit mehreren Jahren nach willkürlich festgesetztem Bedarf der deutschen Beamten zu leisten hatte, auf eine rechtliche Grundlage gestellt werden.[313] Zu Steuerarbeiten waren von nun an erwachsene arbeitsfähige männliche Einwohner verpflichtet; die Bezirksleiter konnten sie für maximal 12 Tage im Jahr zu unentgeltlicher Arbeit für die Kolonialverwaltung, etwa im Wege- oder Brückenbau, verpflichten.[314] Für

---

[308] Ebd., S. 111.
[309] Dazu zählten wohl unter anderem auch die Strafgebühren, die für unerlaubte Auswanderung erhoben wurden und die z.B. im Bezirk Misahöhe 1909 fast 18 000 Mark einbrachten (Knoll, Togo under Imperial Germany, S. 86).
[310] Die gerundeten Werte basieren auf den Angaben bei Trierenberg, Togo, S. 48.
[311] BArch N 2340/3, Bl. 14 (Zech, Wirtschaftliches über Togo, im Dezember 1900).
[312] V. d. G. betr. die Heranziehung der Eingeborenen zu Steuerleistungen. Vom 20. September 1907, in: Landesgesetzgebung, S. 413 f. Zum Zustandekommen dieser Verordnung siehe Sebald, Togo, S. 347 f.
[313] Vgl. Sebald, Togo, S. 345 f.
[314] Vgl. hierzu Simtaro, Le Togo Musterkolonie, S. 248-253.

die Küstenstädte Lome und Anecho war keine Steuerarbeit, sondern von Anfang an eine Geldsteuer vorgesehen. Langfristig gesehen sollten nach Zechs Vorstellung die Arbeitsleistungen im ganzen Schutzgebiet nach Möglichkeit in Geldsteuern umgewandelt werden; 1912 machten bereits 65 % der Steuerpflichtigen von dieser Option Gebrauch.[315] Allerdings traten einige Bezirksleiter massiv für eine Beibehaltung der Steuerarbeit ein und beanspruchten auch erfolgreich für sich das Recht, weiterhin Arbeitsleistungen anstelle von Geldzahlungen zu fordern.[316] Die Steuererhebung im Hinterland sollte dabei den Häuptlingen anvertraut werden, die nicht nur von der Steuerleistung befreit waren, sondern auch einen Anteil von 4 % aus den Steuereinnahmen erhielten; erwies sich ein Häuptling dabei als ungeeignet, war er bei nächster Gelegenheit durch einen anderen auszutauschen.[317] Als jährlichen Steuersatz legte Zech 1909 6 Mark pro Person fest; ausgenommen davon blieben Lome und Anecho, wo eine progressive Steuer eingeführt wurde. Da diese Steuersätze jedoch den wirtschaftlichen Verhältnissen der Einwohner nicht entsprachen, mussten sie 1910 und 1914 gesenkt werden.[318] Der von Zech geförderte Übergang von der Steuerarbeit zur Kopfsteuer in Geldform brachte dem geringen Etat Togos nicht unbedeutende neue Einkünfte (zwischen 1908 und 1914 insgesamt 3,2 Millionen Mark). Damit hatte die Verwaltung nicht nur „eine wichtige Voraussetzung für die Verzinsung und Tilgung des Kapitals geschaffen, das zum Bau der Eisenbahnen [...] erforderlich war",[319] man kam durch die Förderung des Geldumlaufs auch dem Ziel näher, die Einwohner der ganzen Kolonie zu Konsumenten für deutsche Handelsgüter zu machen.[320]

Als weitere Einnahmequelle ließ Zech außerdem ab 1906 per Verordnung eine Wegegebühr in den Hinterlandbezirken Mangu-Jendi, Sokode-Bassari und Kete-Kratschi erheben.[321] Das bedeutete, dass nun auf zahlreichen Handelsstraßen Togos jeder Fußgänger, „für ein einmaliges Begehen der Handelsstraße ohne Rücksicht auf die Entfernung oder Richtung" mindestens eine Mark als Benutzungsgebühr entrichten musste; das Gebührensystem war gestaffelt, so dass eine Person mit Last und beladenem Lasttier schon 9 Mark zu zahlen hatte. Hintergrund dieser Maßnahme war der Sudanhandel, der das Gebiet der Kolonie von Nordost nach Südwest durchquerte und somit der deutschen Verwaltung keine Vorteile brachte. Durch die Wegegebühr sollte hier nun ein Gewinn für den

---

[315] Sebald, Togo, S. 352. Dabei bleibt jedoch zweifelhaft, ob die gesamte Schutzgebietsbevölkerung überhaupt von der Steuer betroffen war, da nur 177 400 erwachsene Männer als steuerpflichtig erfasst waren (bei über 1 Million Einwohnern!).
[316] Ebd., S. 350.
[317] D. A. zur V. d. G. betr. die Heranziehung der Eingeborenen zu Steuerleistungen vom 20. September 1907. Vom 22. Januar 1909, in: Landesgesetzgebung, S. 415 f. Vgl. auch Erbar, Platz an der Sonne, S. 186-189; Trierenberg, Togo, S. 47 f.
[318] Erbar, Platz an der Sonne, S. 188 f.
[319] Ebd., S. 189.
[320] Zum System der Besteuerung in Zwangsarbeit in Togo vgl. auch Trotha, Koloniale Herrschaft, S. 344-373.
[321] V. d. G. betr. die Erhebung einer Wegegebühr in den Bezirken Mangu-Jendi, Sokode-Basari und Kete-Kratschi. Vom 5. November 1906; in: Landesgesetzgebung, S. 412 f.

Schutzgebietsetat erzielt werden, der jedoch prozentual gesehen gering war.[322] Zech kam damit auch denjenigen Schutzgebietsbeamten entgegen, die in der Mobilität ihrer Untergebenen ein großes Problem sahen und die daher dem „Herumtreiberthum" – so Bezirksleiter Kersting – entgegenwirken wollten.[323] Um den Warenfluss nach Lome nicht zu behindern, wurden nach Süden führende Handelsrouten von der Gebühr ausgenommen.[324]

In diesem Zusammenhang bedarf die Haltung Zechs in der „Branntweinfrage" einer näheren Betrachtung. Seit dem 19. Jahrhundert war hochprozentiger Alkohol (meist in Form eines „Billigfusels", der in Europa nicht vertrieben wurde) zu einem begehrten Exportgut des deutschen Handels nach Afrika geworden. Zahlreiche Kräfte versuchten nun den Handel zu unterbinden, taten sich jedoch schwer gegen die mächtigen Schnapsexportfirmen und die zollpolitischen Interessen der Kolonialverwaltungen etwas auszurichten. Selbst in Togo aktive Kaufleute wie Adolph Woermann und Johann Karl Vietor wiesen auf die katastrophalen Auswirkungen des Alkoholkonsums für die indigene Bevölkerung hin. Auch Wilhelm Solf, Leiter des Reichskolonialamts, sah im Spirituosenhandel eine „schwere Gefahr für die körperliche und moralische Entwicklung der niederen Rassen Afrikas."[325] Die Frage nach der Schädlichkeit oder Notwendigkeit des Branntweinexports bildete während der deutschen Kolonialzeit eines der „heißen" und im kolonialen Kontext am breitesten diskutierten Themen.[326] Zech vertrat noch vor seinem Amtsantritt als Gouverneur folgende Auffassung: „Der Genuß von Branntwein durch die Eingeborenen ist in der Tat nicht von Vorteil; doch wird auch der Nachteil vielfach überschätzt." Zum einen sei der Branntweinkonsum pro Kopf um ein vielfaches niedriger als in Deutschland, zum zweiten habe es schon vor dem ersten Eintreffen europäischer Spirituosen in vielen Gegenden Togos „Bier- und Palmwein-Gelage, ja geradezu eine Trunksucht" gegeben.[327] Dass diese Argumentation kaum mehr als ein Vorwand für finanzpolitische Interessen zu sehen ist, wird in einem Schreiben Zechs nach Berlin von 1904 deutlich: „Den schädlichen Einflüssen", so Zech, „welche der Alkohol in größeren Mengen genossen, auf den Neger ausübt, steht seine Wichtigkeit als Handelsartikel gegenüber."[328] In der Zeit vor Dernburg wurde somit der schädliche Einfluss auf die Bevölkerung noch billigend in Kauf genommen. Zech förderte sogar die Einfuhr von Spirituosen in die Nordprovinzen, brachte er doch „den Neger des Hinterlandes allmählich dazu, sich das zum Ankauf von Branntwein erforderliche Geld zu erwerben."[329] Eine

---

[322] Erbar, Platz an der Sonne, S. 171 f.
[323] Norris, Umerziehung des Afrikaners, S. 137 f.
[324] Bek. d. G. betr. die Erhebung der Wegegebühr. Vom 5. November 1906; in: Landesgesetzgebung, S. 413. – Zu den Wegegebühren vgl. auch Sebald, Togo, S. 453 f.
[325] Solf, Kolonialpolitik, S. 91.
[326] Vgl. Erbar, Platz an der Sonne, S.218-234; Gründer, Geschichte der deutschen Kolonien, S. 131-134.
[327] BArch N 2340/3, Bl. 128 f. (Zech, Wirtschaftliches über Togo, im Dezember 1900).
[328] Zech an KA, 10. September 1904 (BArch R 1001/3845, Bl. 5), zit. nach: Erbar, Platz an der Sonne, S. 229.
[329] Ebd., zit. nach: Erbar, Platz an der Sonne, S. 230.

prohibitive Wirkung sei sowieso nicht mehr möglich, da „der Genuß europäischen Branntweins sich bereits in allen, auch den nördlichsten Bezirken des Schutzgebiets eingebürgert" habe.[330]

Erst ab 1907 wurden auch in Togo Maßnahmen getroffen, um den Branntweinhandel einzudämmen, keineswegs aber zu unterbinden. So kam es 1908 zu einem Treffen Zechs mit Vertretern der in Togo ansässigen Firmen, auf der nach langer Debatte höhere Steuern und Lizenzgebühren für Spirituosen beschlossen wurden. Dadurch ging der Branntweinimport aber keineswegs zurück; es verteuerten sich nur die Preise für die Verbraucher, was bedeutete, dass sie – ganz im Sinne der Kolonialverwaltung – mehr arbeiten mussten, um sich ihren Schnaps leisten zu können. Das Gouvernement profitierte aus dieser Regelung zusätzlich durch erhöhtes Steueraufkommen bei gleichbleibenden Zolleinnahmen.[331] Die Initiative für eine tatsächliche Beschränkung ging nicht von Zech, sondern von Bezirksleitern aus dem Hinterland Togos aus, die die schädlichen Auswirkungen des Alkoholismus unter ihren Untergebenen zu spüren bekamen. Zech argumentierte, dass der durch ein Verbot des Spirituosenhandels zu erwartende Einnahmeausfall anderweitig ausgeglichen werden müsse.[332] Ein tatsächlicher Verzicht auf die Branntweinzölle kam für Zech erst an dem Zeitpunkt überhaupt in den Bereich des Möglichen, da Steuereinkünfte aus der Kolonie diese Finanzquelle überflüssig machen würden.[333] Die wirtschaftlichen und finanzpolitischen Interessen bildeten somit für Zech „den Rahmen, innerhalb dessen die humanitären Bestrebungen zum Zuge kommen konnten und mussten."[334] Nur aufgrund der Tatsache, dass mit der Besteuerungsverordnung ab 1908 eine neue Geldquelle für die Verwaltung angezapft werden konnte, ließ sich Zech auf eine Kompromisslösung ein. Sein vorläufiges Ergebnis fand die Debatte in einer Branntweinverordnung, die am 1. Oktober 1909 in Kraft trat.[335] Hierin legte der Gouverneur fest, dass im nördlichen Teil des Schutzgebiets, den Bezirken Sokode-Bassari und Sansane-Mangu, die Einfuhr von Branntwein grundsätzlich verboten wurde.[336] Für den Rest der Kolonie ordnete er eine behördliche Erlaubnis für die Einfuhr und den Vertrieb von Branntwein an. Der Branntweinimporteur hatte für diese Erlaubnis halbjährlich 200 Mark Steuer, der einzelne Händler, der die Getränke verkaufte, halbjährlich 75 Mark zu zahlen. Zuwiderhandlungen wurden „mit Haft – bei Eingeborenen mit Gefängnis mit Zwangsarbeit bis zu 6 Wochen – oder mit Geldstrafe bis zu 600 M bestraft."[337] Mag eine solche

---

[330] Zech an KA, 10. September 1904 (BArch R 1001/3845, Bl. 6), zit. nach: Erbar, Platz an der Sonne, S. 234.
[331] Erbar, Platz an der Sonne, S. 231 f.
[332] Ebd., S. 233; vgl. Sebald, Togo, S. 404.
[333] So Zech gegenüber Missionsvertretern auf einer Missions- und Schulkonferenz (Amtsblatt Togo Jg. 3, Nr. 26 (8. November 1908), S. 214).
[334] Erbar, Platz an der Sonne, S. 231.
[335] Branntwein-V. d. G. Vom 14. Juli 1909, in: Landesgesetzgebung, S. 420-422.
[336] Bestimmte Mengen für die wenigen dort anwesenden Europäer durften mit Erlaubnis des Gouverneurs eingeführt werden.
[337] Branntwein-V. d. G. Vom 14. Juli 1909, in: Landesgesetzgebung, S. 420-422, hier S. 421.

Verordnung eine gewisse eindämmende Wirkung in bestimmten Gegenden erzielt haben, auf keinen Fall kam dies einem Handelsverbot gleich, das immer wieder gefordert worden war und in Zusammenarbeit mit den Nachbarkolonien auch möglich gewesen wäre.[338] Im Gegenteil, der Spirituosenimport nach Togo nahm zwischen 1907 und 1911 sogar kontinuierlich zu.[339] Die Behauptung, die deutsche Verwaltung in Togo habe sich von Anfang an „für das Wohlergehen und die günstige Fortentwicklung der Eingeborenen" eingesetzt und wirksame Maßnahmen „gegen ein Ueberhandnehmen des Alkoholimports getroffen",[340] gehört somit eindeutig ins Reich der kolonialapologetischen Legenden.

5.2.3 Ausbau der Infrastruktur

„Eine Frage kann, wenn man an die Vermehrung der Produktion schreiten will, nicht unberührt blieben", so Zech im Jahr 1900, „das ist die Schaffung eines Transportmittels, welches die im Inlande erzeugten Produkte nach einem Ausfuhrhafen bringt." Da der herkömmliche Transport mit menschlichen Trägern sich als unrentabel erwies und große schiffbare Flüsse kaum vorhanden waren, könne, so Zech, „einzig und allein eine Bahn die Ausfuhr der im Inlande erzeugten Massenprodukte ermöglichen."[341] Zech hatte fürs Erste eine Bahnlinie von der Küste durch die Ölpalmzone bis in das fruchtbare Gebirgsland im Auge, ähnlich der, die die Franzosen damals in Dahomey bereits errichteten.[342] In der seiner Zeit als Gouverneur wurden schließlich drei Bahnlinien gebaut: 1905 wurde die 45 km lange „Küstenbahn" von Lome nach Anecho in Betrieb genommen, 1907 die 122 km lange „Inlandbahn" von Lome nach Palime. Mit dem Bau der „Hinterlandbahn", die von Lome aus direkt nach Norden bis Atakpame und später auch darüber hinaus verlaufen sollte, wurde 1908 begonnen, die Eröffnung des Abschnitts bis Atakpame (164 km) fand jedoch erst nach Zechs Rücktritt statt.[343]

Der Eisenbahnbau war jedoch nicht die einzige infrastrukturelle Maßnahme, die in der Zeit Zechs vorangetrieben wurde. Von primärer Bedeutung war zunächst die 1904 errichtete Landungsbrücke, die den Waren- und Personentransfer von den im tiefen Wasser vor der Küste ankernden Schiffen zur Stadt Lome sicherte.[344] Anstelle der „schmalen, viel gewundenen und sandigen Negerpfade"[345] ließ das Gouvernement

---

[338] Vgl. Erbar, Platz an der Sonne, S. 234.
[339] Vgl. Knoll, Togo under Imperial Germany, S. 121.
[340] Voigt, Eingeborenenpolitik, S. 17.
[341] BArch N 2340/3, Bl. 18 (Zech, Wirtschaftliches über Togo, im Dezember 1900).
[342] Ebd., Bl. 18 f.
[343] Trierenberg, Togo, S. 197. – Im allgemeinen lag Deutschland beim Bahnbau im Vergleich zu anderen Kolonialmächten noch weit zurück (Schiefel, Bernhard Dernburg, S. 92).
[344] Vgl. ebd., S. 196 f. und BArch R 1001/4235, Bl. 18-22. – Da in Lome kein natürlicher Hafen existierte, verkehrten bis dahin kleine von Einheimischen gesteuerte Boote zwischen den anliegenden Schiffen und dem Festland, wobei es bei stürmischer See wiederholt zu tödlichen Unfällen gekommen war.
[345] Trierenberg, Togo, S. 194.

außerdem befestigte Wege mit gesicherten Flussübergängen errichten, um einen stetigen Warenfluss vom Hinterland an die Küste gewährleisten zu können. Als bevorzugtes Transportmittel galten dabei von Menschen gezogene Lastwagen, da der Einsatz von Zugtieren wegen ihrer Anfälligkeit gegenüber Infektionskrankheiten kaum möglich war.[346] In den letzten Jahren der deutschen Herrschaft über Togo kamen auch vermehrt Fahrräder und die ersten Automobile zum Einsatz.[347] Für das unter Zechs Vorgängern begonnene und von ihm weiter ausgebaute Wegenetz gab es einen systematischen Bauplan, der im Zehnjahresplan Zechs detailliert beschrieben ist und der möglicherweise von ihm selbst erarbeitet wurde.[348]

Der Bau der Hinterlandbahn kann als das Verkehrsprojekt angesehen werden, für das sich Zech persönlich am meisten engagierte. Sein langfristiges Ziel war es, Togo „durch eine möglichst zentral gelegene Bahn seiner Länge nach zu erschliessen."[349] Die Finanzierung sollte über Schutzgebietsanleihen laufen, deren Rückzahlung erst 50 Jahre später zu erfolgen hatte.[350] Mit dem Bau der Bahn verfolgte Zech das Ziel, noch unerschlossene Mais-, Ölpalm-, Baumwoll- und Kautschukbestände zu erschließen und durch eine Senkung der Transportkosten die Exportgüter Togos konkurrenzfähiger zu machen.[351] Außerdem ließen sich für den Fall eines Aufstands Truppen leichter und schneller in den Norden transportieren.[352] Ihm gelang es auch, seine Vorstellungen hinsichtlich der Trassenführung, nämlich eine möglichst geradlinige Verbindung von Lome nach Atakpame herzustellen, gegenüber den beiden Alternativen, die von der Deutschen Togo-Gesellschaft und von der Firma Vietor verfochten wurden, durchzusetzen.[353]

Für die umfangreichen Baumaßnahmen sollten zunächst 3000 freiwillige Arbeiter angeworben werden. Da eine so hohe Zahl aber nicht zu erwarten war, griff Zech zu Zwangsmaßnahmen. Vor allem in den Nordbezirken Sansane-Mangu und Sokode-Bassari wurden in der Folgezeit Tausende von „Pflichtarbeitern" rekrutiert. Diese erhielten zwar im Gegensatz zu Steuerarbeitern Lohn nach den üblichen Tarifen (75 Pfennige am Tag), mussten jedoch mindestens ein halbes Jahr beim Bahnbau arbeiten. Die Arbeitsbedingungen erwiesen sich bald als verheerend. Sie waren nicht nur ihrer gewohnten Lebensumstände und ihrer Heimat entwurzelt, sondern vegetierten auch meist unter völlig unzurei-

---

[346] BArch R 1001/4235, Bl. 26 f.
[347] Vgl. Koloniallexikon Bd. III, S. 518; BArch R 1001/4235, Bl. 30: Um weitere Ausgaben für den Wegebau in den kommenden Jahren vorauszuberechnen zu können, werde man laut Zech „die Entwicklung des Tropenlastautomobilwesens abwarten müssen."
[348] BArch R 1001/4235, Bl. 27-30.
[349] Ebd., Bl. 22.
[350] Ebd., Bl. 25.
[351] Erbar, Platz an der Sonne, S. 204.
[352] Vgl. Sebald, Togo, S. 344.
[353] Vgl. Erbar, Platz an der Sonne, S. 206 f. Friedrich Hupfeld, Direktor der DTG, propagierte eine Streckenführung durch den Bezirk Misahöhe (im Anschluss an die Endstation der „Inlandbahn" in Palime), da die DTG hier großen Landbesitz hatte, von dem sie sich hohe Spekulationsgewinne erwartete. J.K. Vietor, dessen Firma in Anecho ansässig war, wollte hingegen eine Verbindung von dort aus in den Norden.

chenden hygienischen Bedingungen. Die Versorgung und medizinische Betreuung galten als miserabel.[354] Dass von insgesamt 10800 zwangsverpflichteten Arbeitern 366 während ihrer Vertragsdauer zu Tode kamen, bezeichnete Asmis später als „kein restlos befriedigendes Ergebnis".[355] Um die Missstände einzudämmen, schloss der Gouverneur im Herbst 1908 ein Übereinkommen mit der Deutschen Kolonial-Eisenbahn-Bau- und Betriebsgesellschaft, die alle Bahnanlagen gepachtet hatte. Darin wurden erstmals Rechte und Pflichten der Bahnarbeiter fixiert. Außerdem wurde ein Arbeiterkommissar eingesetzt, der für die Versorgung der Arbeiter und für die Einhaltung der beiderseitigen Pflichten verantwortlich war. Seine Befugnisse erwiesen sich als so weitreichend, dass er seine Position je nach Persönlichkeit als Interessenvertreter der Arbeiter oder verlängerter Arm der Bauleitung verstehen konnte. Im Endeffekt dürfte diese an sich fortschrittliche Maßnahme für die Arbeiter jedoch nur wenig zum Besseren gewendet haben. Noch 1910 äußerte sich Zech über Besorgnis erregende Verhältnisse entlang der Hinterlandbahn. Neben unzureichender Verpflegung und mangelnder Hygiene machte er auch die Akkordarbeit dafür verantwortlich, dass die Zahl der Erkrankungen und Todesfälle unter den „Pflichtarbeitern" wieder zugenommen hatte.[356]

Die schriftliche Fixierung von Arbeiterrechten, der Einsatz eines Arbeiterkommissars oder die Anstellung eines Bahnarztes weisen deutlich auf ein verändertes Bewusstsein in der Kolonialpolitik hin. Die einheimische Bevölkerung der galt mittlerweile nicht mehr als „wertloses, da jederzeit im Überfluss vorhandenes Arbeiterreservoir",[357] sondern als das wertvollste Kapital der Kolonien. Bei den im Zusammenhang mit dem Bahnbau aufgestellten Regelungen zum Schutz der Arbeiter stand aber nicht das Individuum, sondern der wirtschaftliche Wert der Arbeitskraft im Vordergrund. Die Maßnahmen des Gouvernements unter Zech zeugen daher von einer rationellen Kolonialpolitik im Sinne einer optimalen wirtschaftlichen Dienstbarmachung der Bevölkerung und können daher kaum als selbstlose Wohlfahrtspolitik zugunsten der Afrikaner bezeichnet werden.[358]

5.2.4 Forstwirtschaft

Wie bereits erwähnt hatte Togo schon zu Beginn der deutschen Kolonialherrschaft den größten Teil seines ursprünglichen Regenwaldbestandes durch Brandrodung und klimatische Veränderungen eingebüßt. Die Kolonie war schätzungsweise nur noch zu 1 ½ % bewaldet.[359] Die negativen Auswirkungen dieses Prozesses auf den Wasserhaushalt und

---

[354] Vgl. Erbar, Platz an der Sonne, S. 208 f.
[355] Asmis, Kalamba, S. 112.
[356] Erbar, Platz an der Sonne, S. 209-212.
[357] Ebd., S. 211.
[358] Treffend hierzu: Ebd., S. 211-214. Vgl. die konträr zueinander stehenden Bewertungen bei Smith, Zech, S. 487-489 und Sebald, Togo, S. 339.
[359] Zech, Entwicklung Togos, S. 79.

das ökologische Gleichgewicht waren zum Teil schon seit Jahrhunderten bekannt und führten auch in anderen deutschen Kolonien zu entsprechenden Gegenmaßnahmen. Zudem erkannten die Kolonialherren den wirtschaftlichen Wert des Tropenholzes. Um der weiteren Entwaldung entgegenzutreten, wurden in einzelnen Bezirken, vor allem unter Bezirksamtmann Kersting in Sokode, kleinere Neuaufforstungen angelegt.[360]

Eine entscheidende Weichenstellung nahm Graf Zech in seiner Funktion als Stellvertreter des Gouverneurs auf der Frühjahrssitzung 1905 des Kolonialwirtschaftlichen Komitees von Togo vor.[361] Zech sprach in jener Sitzung über die Förderung der Land- und Forstwirtschaft im Schutzgebiet und formulierte, möglicherweise angeregt durch bereits laufende Waldschutzprojekte in Deutsch-Ostafrika, unter anderem folgende Zielpunkte: eine systematische Aufforstung, Verbesserung der Ölpalmkultur und die Anstellung eines tropenland- und forstwirtschaftlichen Referenten beim Gouvernement. Als Zech sich bald darauf in München aufhielt, machte er dem Forstökonomen Oskar F. Metzger ein Angebot für besagten Referentenposten – wenngleich auf die Forstwirtschaft beschränkt. Metzger nahm dies bereitwillig an und galt somit ab 1906 bis zum Ende der deutschen Herrschaft als der Forstexperte in Togo.[362] Dass die Berufung Metzgers auf Zechs persönliche Intervention zurückging und nicht etwa auf Vorgaben aus Berlin oder einen allgemeinen Konsens unter den Kolonialbeamten Togos, bestätigt Metzger selbst, der 1941 schreibt: „Die Bedeutung der Forstwirtschaft wird wohl am besten umrissen durch den Satz: ‚Die Forstwirtschaft ist die Nährmutter der Landwirtschaft.' Dies erkannte schon im Jahre 1905 ein großer Förderer der Entwicklung Togos, der Gouverneur Graf Zech, der zufolge dieser Erkenntnis in den Haushaltsplan für das Jahr 1906 die Mittel für die Entsendung eines Forstmannes einsetzte. Er begründete diese Berufung mit der Notwendigkeit, das spärlich bewaldete Schutzgebiet durch Aufforstung von Teilen seiner unbewohnten und unbebauten Steppengebiete wieder zu bewalden."[363] Die Entsendung eines Forstwirts in eine deutsche Kolonie war zwar entgegen der Darstellung Metzgers kein Novum, bezeichnenderweise kam der erste deutsche Landwirt aber erst Jahre später nach Togo.[364]

Zech selbst bezog in seinem am 26. Mai 1907 an das Reichskolonialamt gesandten Zehnjahresplan für das Schutzgebiet Togo ausführlich zum Thema Forstwirtschaft Stellung.[365] Darin beschreibt er – ausgehend von der bereits erwähnten Problematik der Versteppung und des sinkenden Wasserhaushalts, die „eine große Gefahr für alle Kulturen und für das Wirtschaftsleben des Schutzgebietes überhaupt" darstelle – das Aufforstungsprogramm, das bereits von Metzger in Angriff genommen worden war. Im Absatz

---

[360] BArch N 2340/2, Bl. 57.
[361] DKZ 13.5.1905 (S. 185).
[362] Vgl. Metzger, Unsere alte Kolonie Togo, S. 3-5.
[363] Ebd., S. 131.
[364] Vgl. ebd., S. 132; BArch N 2340/3, Bl. 115.
[365] BArch R 1001/4235, Bl. 41-45.

„Ausnutzung der Waldbestände" schreibt Zech dabei auch, was er sich in wirtschaftlicher Hinsicht von der Aufforstung in Togo erhoffte: „Es darf aber die Vermutung ausgesprochen werden, dass sich voraussichtlich eine ganze Reihe einheimischer Holzarten als hochwertig und die Ausfuhr lohnend erweisen werden." Des Weiteren beabsichtigte Zech durch die Aufforstung mit verschiedenen kautschukliefernden Bäumen den Kautschuk als Exportware zu fördern, er gab allerdings zu bedenken, dass, um eine Rentabilität sicher zu stellen, erst die Ergebnisse von Versuchspflanzungen auf verschiedenen Stationen[366] abzuwarten seien. Nur knapp und deutlich skeptischer äußerte er sich gegenüber Anbauversuchen mit Kolabäumen; die Förderung des Kakaoanbaus hielt er für „nicht ratsam", da der Anbau von Kakao aufgrund der Bodenbedingungen der Pflanze die vorherige Beseitigung von Wald nötig mache, der in Togo nicht in ausreichendem Maße vorhanden sei.[367]

Zech erließ ebenfalls im Jahr 1906 eine Verfügung über die Gewährung von Prämien an die Missionsgesellschaften für die Anlage von Pflanzungen durch ihre Schulen und Gemeinden. Den Missionsgesellschaften sollte mit der Zahlung von 10-40 Pfennigen pro gepflanztem Baum ein Anreiz geboten werden, ihren Beitrag zur Aufforstung des Landes zu leisten.[368] Dahinter lässt sich gewiss auch eine Instrumentalisierung der Missionen sehen, die ganz im Sinne des rationalistischen Denkens des Gouverneurs nicht nur auf der Ebene der Ausbildung und Erziehung der Farbigen, sondern auch in wirtschaftlicher Hinsicht der Kolonialverwaltung dienen sollten. Die Prämien mochten einen kleinen Beitrag dazu leisten, das nicht ganz konfliktfreie Verhältnis zwischen Missionen und Verwaltung zu entspannen und die Missionen gemäß den Vorstellungen der Verwaltung in ein Aufbaukonzept für die ganze Kolonie einzubinden.[369]

Als weitere Maßnahme wurde in der Amtszeit Zechs der Erlass einer Schutzwaldverordnung beraten, nach der bestehende Waldungen im öffentlichen Interesse zur Schutzwaldung erklärt werden konnten und damit dort das Roden von Bäumen und Abbrennen von Buschvegetation nur mit Genehmigung des Gouverneurs erlaubt sein sollte.[370] Das hieß in der Praxis – zumindest nach Zechs Plan von 1907 – dass Privatpersonen das Schlagen von Holz gänzlich untersagt blieb und „die Ausnutzung dieser Waldbestände ausschließlich dem Fiskus vorzubehalten" blieb.[371] Die Bestimmung von Schutzwaldungen stand natürlich im Widerspruch zu traditionellen Rechten und Nutzungsgewohnheiten der Bevölkerung. Forstdirektor Metzger gesteht ein, dass eine solche Verordnung „einen tiefen, wenn auch wohltätigen Eingriff in die Lebens- und Wirtschaftsgewohnheiten der

---

[366] Die deutsche Verwaltung führte zahlreiche Pflanzen aus anderen tropischen Regionen nach Togo ein und ließ sie unter anderem in einem Botanischen Garten in Lome zu Versuchszwecken anpflanzen.
[367] BArch R 1001/4235, Bl. 45.
[368] Amtsblatt Togo Jg. 1, Nr. 9 (23.4.1906), S. 1 f.
[369] Vgl. Kap. 5. 4.
[370] Zech, Entwicklung Togos, S. 79.
[371] BArch R 1001/4235, Bl. 43.

Eingeborenen darstellte" und benennt dies als Grund dafür, warum die Schutzwaldverordnung erst nach langen Vorarbeiten am 5. August 1912 von Adolf Friedrich zu Mecklenburg erlassen werden konnte.[372] Gemäß der Verordnung sollten Waldeigentümer oder Nutzungsberechtigte, die in der Ausübung ihrer Rechte beeinträchtigt wurden, Entschädigungen bekommen, außerdem musste, sofern es sich um Farbige handelte, ihnen „ein nichteingeborener Vertreter zur Wahrung ihrer Rechte bestellt werden".[373] Dass die Kolonialverwaltung mit einer Schutzwaldverordnung aber nicht rein ökologische sondern auch eigene ökonomische Ziele verfolgte, machte Zech selbst deutlich, als er 1907 prophezeite: „Dieses Reservat [also der unter Schutz gestellte Wald, Anm. d. Verf.] wird dem Fiskus bei weiterem Ausbau der Verkehrswege, welche die Abfuhr von Holz ermöglicht, dereinst eine willkommene Einnahmequelle sein."[374] Somit bekam auch der Wald seine Rolle im Konzept einer kolonialen Entwicklung zur systematischen wirtschaftlichen Ausbeutung zugewiesen.

Erwähnenswert ist in diesem Zusammenhang noch, dass die praktische Umsetzung der Forstarbeit in erster Linie von Steuerarbeitern vorgenommen wurde, die man zur Ableistung ihrer Steuerpflicht ohne Bezahlung meist je zweimal sechs Tage im Jahr in der Forstwirtschaft einsetzte. Ein Artikel darüber in der Deutschen Kolonialzeitung mit dem Titel „Der Togoneger und die Aufforstungsarbeiten"[375] schildert die Probleme durch das ständige Neuanlernen der Tätigkeit, hebt aber auch die raschen Erfolge hervor.[376] Ganz im Sinne der „Erziehung des Negers zur Arbeit" wird hier auch der angebliche Vorteil der Steuerarbeit in kultureller Hinsicht hervorgehoben. Zech schreibt in seinem Zehnjahresplan von 1907 dazu, dass weitere finanzielle Mittel für die Aufforstungsarbeiten erst dann nötig seien, wenn man dazu übergegangen sei, die Steuerarbeit allgemein durch eine Geldsteuer zu ersetzen.[377]

5.3 Gesundheitspolitische Maßnahmen

Die klimatischen und gesundheitlichen Verhältnisse in Togo wurden von den Deutschen in der Kolonie stets mit großer Sorge beobachtet. Dass sich hier im tropischen Klima, wo sich zahlreiche ansteckende Krankheiten ausbreiten, jemals eine größere Zahl von Europäern ansiedeln könnte, galt von vornherein als ausgeschlossen. Sowohl unter der

---

[372] Metzger, Unsere alte Kolonie Togo, S. 209.
[373] Zech, Entwicklung Togos, S. 79. Nur am Rande erwähnt bleiben soll hier, dass das Gouvernement 1913 analog dazu auch eine Verordnung über die Anlage von Wildschongebieten erließ, wobei als Motive die Wahrung wirtschaftlicher Belange der Stämme, die keine Rinder halten und auf Wild angewiesen sind, sowie auch der Naturschutz und die Erhaltung vom Aussterben bedrohter Tierarten angeführt wurden (vgl. Metzger, Unsere alte Kolonie Togo, S. 287-289).
[374] BArch R 1001/4235, Bl. 43.
[375] DKZ 05.03.1910 (S. 162).
[376] So hätten in einem Fall 62 Mann am ersten Tag 4200, am sechsten aber schon 13000 Bäume gepflanzt.
[377] BArch R 1001/4235, Bl. 42; vgl. Kap. 5. 2. 2.

indigenen Bevölkerung als auch unter den Kolonialbeamten war die Lebenserwartung vergleichsweise gering.[378] Eine Reihe von Maßnahmen wurde daher im Laufe der Kolonialzeit durchgeführt, um die gesundheitlichen Verhältnisse in Togo zu verbessern. Der Medizinalreferent des Gouvernements, Regierungsarzt Dr. Ernst Krüger, verfasste darüber später einen knappen zusammenfassenden Bericht.[379] Um Seuchen zu bekämpfen, die durch Mücken übertragen wurden, wie Malaria, Gelbfieber und Filariakrankheiten, setzte die deutsche Verwaltung in den Städten Lome, Anecho und Palime sogenannte „Moskitobrigaden" ein, welche die Aufgabe hatten, offene Wasserstellen, in denen sich Mückenlarven entwickeln konnten, zu beseitigen. Zech hatte zu diesem Zweck bereits als Bezirksamtmann von Klein Popo Lagunentümpel in der Nähe des dortigen Krankenhauses zuschütten lassen sowie voneinander abgetrennte Badeplätze und Wasserentnahmestellen eingerichtet.[380] Als Gouverneur erließ er 1905 eine Verordnung zur Bekämpfung der Stechmückengefahr; für die damit betrauten farbigen Gesundheitsaufseher wurde 1907 eine Dienstanweisung erlassen, in der ihre Aufgaben detailliert geregelt waren.[381] Die Gesundheitsaufseher, die unter der Kontrolle des zuständigen Regierungsarztes standen, hatten ferner Bericht über den Gesundheitszustand der Bevölkerung an den Arzt weiterzugeben, insbesondere über das Auftreten von Krankheiten wie Pocken, Aussatz und Gelbfieber;[382] außerdem hatten sie die Prostituierten – die gerade in von Europäern bewohnten Orten häufig anzutreffen waren – ärztlicher Kontrolle zuzuführen.[383]

Weitere hygienische Einzelmaßnahmen wurden vor allem in der Hauptstadt durch den Bau von Brunnen und Aborten sowie in der Einführung der Fleischbeschau mit Inbetriebnahme eines zentralen Schlachthauses 1908 getroffen.[384] Gesundheitliche Aufklärung der Bevölkerung fand wohl zumindest in Ansätzen statt, etwa durch Ausbildung von Hebammen und Unterweisung der Regierungsschüler in Erster Hilfe und Hygienemaßnahmen. Die Ausbildung afrikanischer Ärzte war nicht vorgesehen.[385]

Von einem größeren Projekt Zechs zur Verbesserung der Trinkwasserversorgung in Lome berichtet Bezirksamtmann Gruner. Da die in den Sand der Lagune gegrabenen Brunnen die Verbreitung des Typhus förderten, suchte man nach anderen, gesünderen Wasserressourcen, die man in der 20 km entfernten Siomündung fand. Laut Gruner wurde der von Zech forcierte Plan, von dort eine Wasserleitung in die Stadt anzulegen, allein durch den Ausbruch des Krieges 1914 vereitelt.[386] Darüber hinaus schwebten Zech umfassende Baumaßnahmen vor, die verhindern sollten, dass sich Mückenschwärme

---

[378] Vgl. Trotha, Koloniale Herrschaft, S. 95-97.
[379] BArch N 2340/3, Bl. 104-107.
[380] Ebd., Bl. 104.
[381] D. A. d. G. für die Gesundheitsaufseher. Vom 5. September 1907, in: Landesgesetzgebung, S. 528-530.
[382] Ebd., S. 530.
[383] BArch N 2340/3, Bl. 104.
[384] Ebd., Bl. 105.
[385] Ebd., Bl. 107; vgl. Sebald, Togo, S. 734, Anm. 769.
[386] BArch N 2340/2, Bl. 57 (Gruner an Asmis, 19.9.1941).

durch nächtliche Landwinde in den Küstenstädten niederlassen konnten. Es sollten daher in Anecho, ähnlich wie in der von deutscher Hand geplanten Hauptstadt Lome, breite Straßen gebaut werden, die den Durchzug der Seebrise gestatteten, um dadurch die meist in großen Schwärmen aus dem Hinterland hereinbrechenden Mücken an ihrem Aufenthalt in der Stadt zu hindern. Eine solche Maßnahme, die Zech in seinem Zehnjahresplan für das Jahr 1909 veranschlagte, bedeutete auch, dass zahlreiche Einheimische zu enteignen gewesen wären, wobei ihnen dann laut Zech die Regierung Land und Entschädigungen zur Verfügung stellen müsste. Außerdem sollten die in Anecho vorherrschenden Grasdächer langfristig durch Dächer aus Wellblech und Dachpappe ersetzt werden, damit die Häuser bei einem Gelbfieberfall gründlicher ausgeräuchert und die infizierten Mücken getötet werden konnten.[387]

Neben der Malaria war eine weitere in Togo stark verbreitete bakterielle Infektionskrankheit der Aussatz (Lepra). Noch als Stellvertreter von Gouverneur Horn unterzeichnete Zech einen Erlass, in dem empfohlen wurde, „die Eingeborenen jetzt schon auf die große Gefahr des Zusammenlebens mit Leprakranken aufmerksam zu machen" und „auf eine Isolierung der Leprakranken entweder dorf- oder landschaftsweise hinzuwirken, damit die Leute allmählich an die Trennung von Familie und Dorfgemeinschaft gewöhnt werden."[388] Vier Jahre später bemängelte Zech immer noch, dass die Leute „vielfach ganz unbesorgt mit Kranken zusammenleben" und forderte in seinem Zehnjahresplan die „Isolierung der Kranken unter Aufsicht der Regierungsärzte, regierungsseits erforderlichenfalls unter Anwendung von Zwang."[389] Bei Abfassung des Planes bestand bereits seit 1906 ein dem Regierungsarzt in Lome unterstelltes Aussätzigenheim in Bagida.[390] In den Leprosenheimen wurden Kranke und Verdächtige aufgenommen; sie erhielten eine geringe Grundausstattung und mussten sich, soweit sie körperlich dazu in der Lage waren, durch Arbeit in der dazugehörigen Landwirtschaft weitestgehend selbst versorgen. Das Heim hatte zudem den Zweck, „die gegen Lepra empfohlenen Heilmittel durchzuprüfen",[391] die Aussätzigen dienten also wohl auch als Versuchsobjekte für die medizinische Forschung.

Eine von Zech erlassene Seuchenverordnung im Jahr 1909 machte geltend, dass unter Androhung von Haft oder Gefängnis mit Zwangsarbeit bis zu sechs Wochen jede ansteckende gemeingefährliche Krankheit der örtlichen Verwaltungsbehörde anzuzeigen

---

[387] BArch R 1001/4235, Bl. 52 f. – Ob es tatsächlich noch in deutscher Zeit zu umfassenden Baumaßnahmen kam, ließ sich nicht eruieren.
[388] R. E. d. G. betr. die Bekämpfung des Aussatzes. Vom 28. Oktober 1903, in: Landesgesetzgebung, S. 526 f.
[389] BArch R 1001/4235, Bl. 53.
[390] Vgl. BArch N 2340/3, Bl. 107; Geschäftsordnung d. G. für das Aussätzigenheim bei Bagida. Vom 12. Oktober 1907, in: Landesgesetzgebung, S. 530 f.
[391] BArch N 2340/3, Bl. 106.

sei.[392] Außerdem gestand diese Verordnung dem Gouverneur sowie den Beamten, denen er dieses Recht übertrug, zu, die Internierung erkrankter Personen – auch bei bloßem Verdacht – in „bestimmten Isolierhäusern bzw. Kranken- oder Beobachtungslagern" anzuordnen.[393] Klares Ziel der Gesundheitspolitik war es somit, Seuchen an ihrer Ausbreitung zu hindern, wobei durch die behördlichen Anordnungen traditionelle Lebensgewohnheiten der Bevölkerung im Umgang mit Kranken radikalen Änderungen unterzogen wurden. Zur Durchsetzung dieses Ziels dienten auch Zwangsimpfungen, die insbesondere gegen die Pocken durchgeführt wurden, und bei denen Impftrupps unter ärztlicher Leitung durch die Lande zogen, um möglichst ganze Regionen flächendeckend zu immunisieren.[394] Obwohl im Zuge dessen mehrere 100 000 Menschen, an manchen Tagen allein 3000 auf einmal geimpft wurden,[395] versagte der Impfschutz bei zwei schweren Pockenepidemien 1910 und 1911.[396] Ein 1912 von Hamburg aus nach Togo geschickter Pockenspezialist stellte schließlich fest, dass viele Impfungen in mangelhafter Weise und mit unwirksamem Impfstoff durchgeführt worden waren; erst nachdem dieser die Pockenimpfung grundlegend reformiert hatte, konnte die Seuche am Ende der deutschen Herrschaft als erloschen betrachtet werden.[397]

Was Krankenhäuser in Togo anbelangt, machte Zech selbst entgegen der nach außen propagierten Vorstellung eines vorbildlichen Gesundheitssystem klare Missstände deutlich. Im Zehnjahresplan Zechs heißt es: „An Polikliniken, in welchen die Aufnahme und Pflege kranker Eingeborener möglich ist, befinden sich im Schutzgebiet nur zwei." In Anecho handelte es sich um ein angemietetes, „sehr primitives, den zu stellenden Anforderungen keineswegs entsprechendes Privathaus", in Lome um einige zum Arzthaus gehörige Räume für maximal 20 Patienten, die „kaum mehr gebrauchsfähig sind und auch den zu stellenden hygienischen Anforderungen nicht genügen."[398] Da Zech einen stetigen Anstieg derer, die sich einer medizinischen Behandlung unterzogen, prognostizierte, hielt er größere Erweiterungsmaßnahmen für unumgänglich, die durch Mittel aus einer Wohlfahrtslotterie und Spenden finanziert werden sollten.[399] In seiner Amtszeit wurden auch tatsächlich Verbesserungen vorgenommen: In Anecho mietete die Verwaltung noch 1907 ein größeres Haus mit immerhin 12 Räumen für 30 Kranke. In Lome richtete man 1908 ein Eingeborenenkrankenhaus mit 22 Betten ein, wobei die „alte Baracke mit 16 Betten" bestehen blieb; ein weiteres kam 1909 in Palime hinzu.[400] Großen

---

[392] V. d. G. betr. die Verhütung und Bekämpfung ansteckender gemeingefährlicher Krankheiten. Vom 29. Mai 1909 (Seuchen-V.), in: Landesgesetzgebung, S. 545 f.
[393] Ebd., S. 545.
[394] Vgl. Zech, Entwicklung Togos, S. 84 f. – Zwangsimpfungen wurden bereits vor Zech durchgeführt, z.B. 1898 unter dem stellvertretenden Landeshauptmann Otto Gleim (Landesgesetzgebung, S. 525 f.).
[395] Knoll, Togo under Imperial Germany, S. 88.
[396] BArch N 2340/3, Bl. 106.
[397] Eckart/Cordes, People run wild, S. 188-190.
[398] BArch R 1001/4235, Bl. 55.
[399] Ebd., Bl. 56.
[400] BArch N 2340/3, Bl. 107.

Wert legte Zech dabei aber auf die strenge Einhaltung der Rassentrennung – für Europäer existierte je ein Krankenhaus in Anecho und in Lome. So schrieb er: „Aus hygienischen Gründen sollte eine grössere Krankenhausanlage für Eingeborene nicht derjenigen der Europäer angegliedert, sondern in möglichster Entfernung von dieser im Eingeborenenviertel angelegt werden."[401]

In den Jahren 1903-11 wurden laut Medizinalrat Krüger in Togo über 35 000 „Eingeborene" poliklinisch behandelt, davon allein über 22 000 in Lome.[402] Die Hauptstadt galt auch von 1903 bis zum niederschlagsreichen Jahr 1908 als praktisch malariafrei,[403] was durchaus als Erfolg der deutschen Bekämpfungsmaßnahmen zu werten ist. Dass Fortschritte in der medizinischen Versorgung erreicht wurden, lässt sich nicht leugnen. Somit kann auch die pauschale These marxistischer Autoren widerlegt werden, in den deutschen Kolonien seien erst nach 1912 „einige Maßnahmen zur Verbesserung des Gesundheitswesens getroffen" worden, nachdem die Sterblichkeit unter den kolonisierten Völkern „um das Mehrfache" angestiegen sei und das erst „ernste Sorge in Kolonialkreisen über die wirtschaftlichen Folgen auslöste".[404] Die koloniale Gesundheitspolitik unter Zech darf jedoch auch nicht darüber hinweg täuschen, dass die medizinische Versorgung durch die deutschen Kolonialherren auf den Süden beschränkt blieb und der allergrößte Teil der rund 1 Million Einwohner des Landes trotz in ganz Togo grassierender Seuchen von der Möglichkeit einer ärztlichen Behandlung ausgeschlossen blieb. Gesundheitspolitische Maßnahmen wurden schließlich weniger aus humanitären Motiven durchgeführt, sondern hatten primär zum Ziel, die deutsche Herrschaft für die Bevölkerung akzeptabler zu machen, deren Arbeitskraft aufrecht zu erhalten und vor allem die anwesenden Europäer vor Seuchen und Epidemien zu schützen.[405] Allein die Tatsache, dass sich sämtliche Aktionen auf Orte mit einer nennenswerten weißen Bevölkerung bezogen, ist in dieser Hinsicht bezeichnend. Im Bericht von Dr. Krüger liest man die Klage: „So litt der Gesundheitszustand der Europäer durch die Krankheiten der Eingeborenen."[406] Jede Maßnahme für die Gesundheit der Afrikaner diente somit zunächst einmal in entscheidender Weise auch der Gesundheit der Kolonialherren.

Als „Experimentierfeld deutscher Kolonialärzte"[407] ist noch die Schlafkrankheitsforschung zu nennen, die deutlich macht, dass medizinische Unternehmungen nicht unbedingt dem Wohle der Patienten dienen mussten. Ungeachtet der Tatsache, dass die Schlafkrankheit oder Trypanosomiasis in Togo kaum verbreitet war, wurden 1903/04 mehrere Personen, bei denen man lediglich vermutete, dass sie an der berüchtigten

---

[401] BArch R 1001/4235, Bl. 56.
[402] BArch N 2340/3, Bl. 107.
[403] Ebd., Bl. 104 f.
[404] Stoecker, Drang nach Afrika, S. 180.
[405] Vgl. Knoll, Togo under Imperial Germany, S. 88.
[406] BArch N 2340/3, Bl. 105.
[407] Sebald, Togo, S. 519.

Krankheit litten, in ein Isolationslager auf dem Hausberg nahe der Station Misahöhe eingewiesen. Die Initiative dafür ging von zwei in Togo ansässigen Regierungsärzten aus; unklar ist, welche Rolle Zech dabei spielte. Aufgrund Ermangelung therapeutischer Maßnahmen und dürftigster Unterbringung verstarben alle Internierten binnen weniger Monate.[408] Da der verantwortliche Mediziner wenig später aus dem Kolonialdienst ausschied – ohne sich für Todesfälle verantworten zu müssen – und diese Todesfälle unter der Bevölkerung für ein gesteigertes Misstrauen gegenüber deutschen Ärzten geführt hatten, wurde die Schlafkrankheitsforschung in Togo für einige Jahre eingestellt, ehe ein neu ins Schutzgebiet gekommener Mediziner, Dr. van der Hellen, 1908 erneute Fälle von Trypanosomiasis im Bezirk Misahöhe feststellte. Mit dem Verweis darauf, dass die Schlafkrankheit eine ernste Gefahr für die Kolonie darstelle, erreichte er bei Zech, dass dieser 1908 die Entsendung einer Ärztekommission für die Schlafkrankheitsforschung aus Berlin beantragte.[409] Ab 1909 enthielt somit der Etat des Schutzgebiets einen eigenen Posten für Ausgaben zur Bekämpfung dieser Krankheit.[410] Da das Lager auf dem Hausberg bereits einen berüchtigten Ruf innehatte, errichtete man nur wenige Wochen nach der Wiederaufnahme der Behandlungen auf dem Kluto ein neues „Konzentrationslager" – so die damals gängige Bezeichnung.[411] Dabei griffen die Ärzte zu höchst fragwürdigen Diagnose- und Behandlungsmethoden. Schlafkrankheitsverdächtige holte man, auch wenn bei ihnen die Symptome der Trypanosomiasis gar nicht eindeutig festgestellt waren, unter militärischem Zwang aus den Dörfern und unterzog sie einer Behandlung mit arsenhaltigem Atoxyl und anderen hochtoxischen Mitteln. Auf den therapeutischen Erfolg wurde dabei kein Wert gelegt, als entscheidend galt für die Ärzte nach deren eigenen Aussagen allein der pharmakologische Erkenntnisgewinn.[412] Um die Zahl der häufigen Todesfälle zu kaschieren, schickte man Patienten vor ihrem vorsehbaren Tod nach Hause.[413] Obwohl selbst Gouverneur Brückner 1911 forderte, die Tätigkeit der Ärztekommission allmählich einzuschränken, und nur solche Kranke, die auch äußerliche Merkmale der Trypanosomiasis aufwiesen, zu behandeln,[414] wurden die unmenschlichen Versuche im Dienste der Medizin bis 1914 aufrecht erhalten.[415]

---

[408] Eckart/Cordes, People too wild, S. 192 f.
[409] Sebald, Togo, S. 520.
[410] Zech, Entwicklung Togos, S. 85; BArch N 2340/3, Bl. 106.
[411] Eckart/Cordes, People too wild, S. 195 f.
[412] Ebd., S. 198 f.
[413] Sebald, Togo, S. 521. – Wie viele Menschen an der Krankheit und viele an den Nebenwirkungen der Behandlung oder anderen, im Isolierlager sich verbreitenden Krankheiten starben, ist heute nicht mehr rekonstruierbar (vgl. Eckart/Cordes, People too wild, S. 200-202).
[414] Ebd., S. 523.
[415] Erst mit dem Medikament „Bayer 205", auch „Germanin" genannt, entwickelten deutsche Tropenmediziner ab 1917 ein wirksames und verträgliches Mittel gegen die Schlafkrankheit. Dieser Erfolg wurde propagandistisch ausgeschlachtet, so dass die Schlafkrankheitsforschung zu einer Glanzleistung des deutschen Kolonialismus und der deutschen Tropenmedizin im Dienste der Menschheit umgedeutet wurde. Besonders eindrücklich und unter gezielter Abwandlung der historischen Tatsachen geschah dies in dem NS-Spielfilm „Germanin" mit Peter Petersen und Luis Trenker.

Was die Rolle Zechs bei den Experimenten anbelangt, so hatte dieser noch 1907 in seinem Entwicklungsplan[416] die Schlafkrankheit mit keinem Wort erwähnt. Dennoch ließ er sich schon 1908 durch Dr. van der Hellen von der Notwendigkeit einer Wiederaufnahme der Versuche überzeugen und ermöglichte durch die Anforderung einer Ärztekommission langjährige inhumane Versuche, wie sie nur in der kolonialen Peripherie möglich waren. Das Gouvernement unterstützte sie auch dadurch, dass es den reisenden Ärzten Polizeitruppen zur Verfügung stellte, den Lagerinsassen als „erzieherische Maßnahme" Verpflegungsgeld und Tabak zukommen ließ, oder als Anreiz für jene, die sich freiwillig behandeln ließen, bedingte Steuerbefreiung in Aussicht stellte. Letzteres bewirkte aber auch, dass, wer sich der medikamentösen Behandlung entzog, als Steuerflüchtling kriminalisiert wurde. Außerdem war der Lagerarzt befugt, ohne Rücksprache mit dem Gouvernement körperliche Züchtigungen und Einziehung von Geldstrafen vorzunehmen.[417]

Mögen auch nicht all diese behördlichen Unterstützungen auf den Gouverneur persönlich zurückgehen – den Erlass zur Steuerbefreiung unterzeichnete zum Beispiel sein Stellvertreter Meyer – so wird daraus doch ersichtlich, wie das Renommierprojekt „Schlafkrankheitsforschung" ungeachtet seiner unmenschlichen Methoden, über die man im Gouvernement wohl weitestgehend im Bilde war, Zechs Unterstützung fand. Dabei fällt auf, dass es Zech in anderen Fällen nicht unbedingt für nötig hielt, für medizinische Hilfe zu sorgen. Als ihn – ebenfalls im Jahr 1908 – der Bezirksleiter von Kete-Kratschi um die Entsendung eines Arztes in seinen Bezirk nachsuchte,[418] lehnte Zech dies kategorisch ab mit der Begründung, er halte die Gesundheitsverhältnisse in Kete-Kratschi für nicht schlechter als in anderen Bezirken, außerdem hielten sich dort ja nur zwei deutsche Beamte und gelegentlich ein Kaufmann auf.[419]

5.4 Das Konfliktfeld um Mission, Schule und Sprache

Das koloniale Bildungswesen in Togo wurde von der bisherigen Forschung sehr konträr bewertet, obgleich ein Rückgriff auf zeitgenössisches statistisches Material[420] möglich war. Während das Schulsystem von der einen Seite als verhältnismäßig gut, zum Teil im

---

[416] BArch R 1001/4235, Bl. 16-75.
[417] Eckart/Cordes, People too wild, S. 196 f.
[418] Der Bezirkschef versuchte seiner Bitte mit den Worten „Es ist ein Jammer und das Herz krampft sich oft zusammen, wenn man das große Elend und die Not sieht, die die verschiedenen Krankheiten verursachen" Nachdruck zu verleihen (zit. nach: Sebald, Togo, S. 518).
[419] Sebald, Togo, S. 519.
[420] Die Ergebnisse einer umfassenden, 1911 durchgeführten bildungsstatistischen Erhebung in allen deutschen Schutzgebieten wurden 1914 in Schlunk, Schulen für Eingeborene, publiziert.

Sinne der „Musterkolonie" bezeichnet wird,[421] verweist die andere Seite darauf, dass es nur einen minimalen Prozentsatz der Bevölkerung erfasste und selbst verglichen mit dem anderer deutscher Kolonien auf einen der letzten Ränge zu verweisen sei.[422] Die Diskussion darüber soll hier nicht weiter geführt werden, vielmehr ist der Blick zu richten auf Zechs Verhältnis zu den Missionsgesellschaften und ihren Schulen. Denn die Kolonialverwaltung betrieb in Togo kaum eigene Schulen (im Gegensatz zu Deutsch-Ostafrika),[423] sondern konnte und musste auf ein Schulsystem zurückgreifen, das protestantische und katholische Missionare bereits etabliert hatten bzw. das sich in manchen Gegenden Togos bis 1914 gerade erst im Aufbau befand.

In Togo waren zur Zeit Zechs folgende Missionsgesellschaften tätig: Die protestantische Norddeutsche Missionsgesellschaft (die sogenannten „Bremer Missionare"), die in Togo weniger bedeutsame, ebenfalls protestantische Basler Mission, die katholische „Gesellschaft des göttlichen Wortes" (Steyler Missionare) und speziell in Anecho die Wesleyanische Methodistenmission.[424] Das Verhältnis zwischen Gouvernement und Mission war zu Beginn der Amtszeit Zechs sehr angespannt. Ganz pauschal kann zwar gesagt werden, dass die meisten Missionare die koloniale Herrschaft begrüßten (auch wenn sie schon unter vorkolonialen Bedingungen erfolgreiche Missionierung betrieben hatten), und dass die Kolonialverwaltung den Missionen eine wichtige Rolle, gerade im Rahmen der kulturellen Hebung und „Erziehung zur Arbeit", beimaß. Um die Jahrhundertwende ereigneten sich in Togo jedoch einige Fälle von groben Misshandlungen seitens deutscher Kolonialbeamter gegenüber Farbigen, zum Beispiel Vergewaltigungen minderjähriger Mädchen, willkürliche Strafmaßnahmen und Ermordungen, ebenso grundlose Inhaftierungen von Geistlichen, die bei Missionsangehörigen massiven Protest gegen die Beamten hervorriefen.[425] Dies führte auch im Deutschen Reichstag zu heftigen Auseinandersetzungen zwischen Kolonialkritikern – in diesen Fällen meist aus den Reihen des Zentrums, aber ebenso unter Sozialdemokraten, teilweise auch unter den Linksliberalen – und der Reichsregierung bzw. den sie unterstützenden Rechtsparteien.[426] Julius Zech, der

---

[421] So v. a. Adick, Bildung und Kolonialismus, mit Relativierungen hinsichtlich der Klassifikation als „Musterkolonie" in dies., Bildungsstatistiken (hier errechnet Adick, allerdings mit einer durchaus anfechtbaren Argumentation, eine Schulbesuchsquote von 18,6 % für den Süden Togos, S. 37); vgl. auch Gründer, Geschichte der deutschen Kolonien, S. 128.

[422] Vgl. Stoecker, Drang nach Afrika, S. 174-180; Sebald, Togo, S. 504; Erbar, Platz an der Sonne, S. 274 f.

[423] Vgl. die statistischen Angaben bei Schlunk, Schulen für Eingeborene. Die Regierung von Togo selbst unterhielt bis 1911 lediglich zwei Elementarschulen mit insgesamt 337 Schülern (ebd., S. 54 f.), eine dritte kam 1912 hinzu (Sebald, Togo, S. 501).

[424] Vgl. Koloniallexikon Bd. III, S. 521 f.

[425] Vgl. Erbar, Platz an der Sonne, S. 246-266.

[426] Einen guten Eindruck davon vermitteln die Reichstagsdebatten über den Schutzgebietsetat im Jahr 1906, auch wenn die dort vorgebrachten Fälle meist schon Jahre zurücklagen und die Verhältnisse in der Kolonie selbst sich bereits weitestgehend normalisiert hatten. Besonders machte sich hierbei der Zentrumsabgeordnete Hermann Roeren zum Anwalt der katholischen Mission in Togo (Verhandlungen des Reichstags 1906, Bd. V, S. 3975-4156, insbesondere S. 4084-4103 und 4113-4118). Als Kritiker an den humanitären Missständen in den Kolonien taten sich hierbei unter anderem die Abgeordneten Bruno Ablaß (linksliberal), August Bebel (SPD) und Matthias Erzberger (Zentrum) hervor.

den infolge dieser Vorfälle beurlaubten Gouverneur Horn vertrat, beschwor all seine Beamten, „sich nicht zu aufreizenden Reden gegen irgend eine im Schutzgebiet tätige Missionsgesellschaft hinreissen zu lassen" und den Missionen „weitgehendste Unterstützung" zu gewähren.[427] Seine Politik des Ausgleichs und der Konfliktdezimierung zielte darauf ab, diese zuweilen als „Kulturkampf in Togo"[428] bezeichneten Auseinandersetzungen zu beenden, indem einige besonders umstrittene Persönlichkeiten (im konkreten Fall sowohl der Stationsleiter Schmidt als auch zwei Missionare, später sogar der Apostolische Präfekt Bücking) aus der Kolonie abberufen wurden, ohne aber den berechtigten Anschuldigungen weiter auf den Grund zu gehen oder tiefgreifende grundsätzliche Veränderungen im Beziehungsgeflecht zwischen Verwaltung und Mission vorzunehmen. Zu einer Änderung der Missstände kam es „wenn überhaupt, erst an zweiter Stelle."[429]

Aus Sicht des Gouvernements stellte die Ausbildung der Schüler eine der vorrangigsten Aufgaben der Missionsgesellschaften im Schutzgebiet dar. Schließlich waren die farbigen Missionsschüler das Personal, das die Verwaltung des Schutzgebiets in Form von Schreibern, Post-, Zoll- und Eisenbahnangestellten, Aufsehern oder Dolmetschern benötigte.[430] Diese Tatsache erlangte umso mehr Bedeutung, je mehr der Ausbau der Herrschaft voranschritt, denn mit einem nennenswerten Zuzug von Deutschen in die Kolonie konnte man zu keinem Zeitpunkt rechnen. Die bildungspolitischen Vorstellungen des Gouvernements brachte Zech wiederum in seinem Zehnjahresplan zum Ausdruck. Den Gedanken, die Bevölkerung von der europäischen Kultur fernzuhalten, hält Zech darin für ebenso verfehlt wie die bereits erwähnte Heranbildung eines der Arbeit entwöhnten, quasi „überbildeten" Proletariats. Zech schreibt: „Ein künstliches Zurückhalten auf niederer Kulturstufe würden sich die Eingeborenen auf die Dauer nicht gefallen lassen; ein solches Verfahren würde auch gegen die sittlichen Pflichten einer kolonisierenden Nation verstossen. Die Regierung hat vielmehr die Aufgabe, die Eingeborenen einer höheren Kulturstufe zuzuführen, sie zu brauchbaren Elementen zu erziehen, zu Berufstätigkeiten heranzubilden und zu verwenden, welche ihrer Befähigung entsprechen."[431] Die Missionsschulen sollten, wie dies bereits seit 1904 praktiziert wurde, weiter unter behördlicher Schulaufsicht stehen. Das heißt, es existierte ein einheitlicher Lehrplan, außerdem sollte eine Schulinspektion die Missionsschulen und den Wissensstand der Schüler regelmäßig kontrollieren. Anstelle von Verwaltungsbeamten, die diese

---

[427] Runderlass Zechs vom 21. Oktober 1903 (BArch R 150/ FA 3/1156, 38), zit. nach: Erbar, Platz an der Sonne, S. 251.
[428] Vgl. hierzu Gründer, Kulturkampf in Übersee, S. 455-462; Erbar, Platz an der Sonne, S. 262-266 (Erbar lehnt die Bezeichnung „Kulturkampf" für die Vorgänge ab, ungeachtet der Tatsache, dass sie bereits von Zeitgenossen, unter anderem im Reichstag, als „Kulturkampf" bezeichnet wurden).
[429] Gründer, Kulturkampf in Übersee, S. 460 f.
[430] Wenn von „Schülern" die Rede ist, versteht man darunter in erster Linie männliche Schüler. Der Anteil der Schülerinnen betrug knapp 17 %; in den wenigen gehobenen Schulen wurden gar keine Mädchen unterrichtet (vgl. Schlunk, Schulen für Eingeborene, S. 54 f.).
[431] BArch R 1001/4235, Bl. 60.

Inspektion durchführten, beabsichtigte Zech mittelfristig einen eigenen Schulinspektor für das Schutzgebiet einzustellen.[432]

Zech beabsichtigte, einer kleinen Elite eine bessere Bildung „in einer Art Mittelschule" zukommen zu lassen, wo die Schüler innerhalb von zwei Jahren unter anderem in Stenographie, Maschinenschreiben, Buchführung und der Aufnahme von Protokollen unterwiesen werden sollten.[433] Dieses Projekt wurde unter der Bezeichnung „Regierungsfortbildungsschule" 1911 in die Praxis umgesetzt. Es verfolgte laut Zech auch ein „nationales Ziel, nämlich die Verbreitung deutscher Art und deutscher Sprache unter den Eingeborenen".[434] Für eine höhere Bildung hielt Zech die Bevölkerung seines Landes „noch nicht genügend entwickelt". Im Gegensatz zur britischen Nachbarkolonie waren daher die farbigen Einwohner Togos von der Möglichkeit eines Hochschulstudiums in Europa ausgeschlossen.[435] Für viele Togoer, die nach höherer Bildung strebten, blieb daher nur der Weg offen, eine britische „High School" an der Gold Coast zu besuchen, was von der deutschen Verwaltung mit großem Argwohn betrachtet und auch stets zu verhindern versucht wurde.[436]

In der Praxis setzte Zech ab 1904 ein „Beihilfensystem" durch, für das entsprechende Vorbilder in der britischen Nachbarkolonie Pate standen.[437] Das bedeutete, dass die Missionsschulen finanzielle Unterstützung vonseiten der Schutzgebietsverwaltung nicht wie bisher uneingeschränkt mit einem bestimmten Betrag pro Schule, sondern nur dann bekommen sollten, wenn sie bestimmte Bedingungen des Gouvernements erfüllten. Diese Bedingungen, etwa eine Mindestanzahl von Unterrichtstagen pro Jahr oder eine Quote erfolgreicher Schulabsolventen, nach denen sich die Höhe der Beihilfe bemaß, wurden in verschiedenen Verordnungen der folgenden Jahre festgelegt und im gegenseitigen Einvernehmen zwischen Missionsvertretern und dem Gouvernement immer wieder modifiziert. Eine Regierungskommission hatte die Aufgabe, die Schüler der Abschlussklasse zu prüfen.[438] 1906 erließ Zech eine Schulordnung mit einem Lehrplan, den von da an die Missionsschulen zu befolgen hatten, um finanzielle Unterstützung weiter in Anspruch nehmen zu können.[439] Die unterschiedlichen Ausgangssituationen und die verschiedenen Traditionen der einzelnen Missionsgesellschaften führten jedoch dazu, dass sich ein einheitlicher Lehrplan für alle Missionsschulen der Kolonie als praktisch

---

[432] BArch R 1001/4235, Bl. 62 f.
[433] Ebd., Bl. 61.
[434] Koloniallexikon Bd. III, S. 521.
[435] Vgl. BArch R 1001/4235, Bl. 61.
[436] Vgl. Koloniallexikon Bd. III, S. 521; Amtsblatt Togo Jg. 3, Nr. 26 (8. November 1908), S. 214.
[437] Erbar, Platz an der Sonne, S. 297.
[438] Vgl. Adick, Bildung und Kolonialismus, S. 245-251.
[439] Schulordnung d. G. für die zur Gewährung von Beihilfen angemeldeten Missionsschulen. Vom 2. Februar 1906, in: Landesgesetzgebung, S. 552-554. – Unter der Rubrik „Geschichte" standen im Lehrplan neben der Geschichte Togos und den Pflichten gegenüber der Obrigkeit (!) das deutsche Kaiserhaus und der deutsch-französische Krieg von 1870/71. Außerdem sollte durch das „Auswendiglernen von vaterländischen Gedichten" eine deutsch-nationale Identitätsstiftung erreicht werden.

nicht realisierbar erwies. Mit der neuen Schulordnung von 1910, die noch von Zech erlassen wurde, stellte man die Verteilung des Stoffes auf die Schuljahre den Missionen frei. Der Lehrplan sollte nunmehr nur noch als Anhaltspunkt dienen.[440] Als weitere Maßnahme ließ Zech 1909 ein Lese- und Heimatkundebuch für die Volksschulen Togos verfassen, welches die „Leistungen der Regierung und ihre Fürsorge für die Eingeborenen in das rechte Licht setzen" sollte.[441]

Besondere Beachtung verdient die Sprachenpolitik Zechs.[442] Im Gegensatz zu seinen Vorgängern, die den Schulleitern im Prinzip völlig freie Hand ließen, in welcher Sprache sie unterrichteten, erließ Zech am 9. Januar 1905 eine Verordnung mit dem Wortlaut: „In allen Schulen des Schutzgebiets ist als Gegenstand des Sprachunterrichts außer der Landessprache keine andere lebende Sprache[443] zugelassen als die deutsche. Schulen, in welchen eine nicht zugelassene Sprache gelehrt wird, können durch Verfügung des Gouvernements geschlossen werden [...] Diese Verordnung tritt am 1. Januar 1906 in Kraft."[444] Hintergrund war, dass in vielen Schulen Togos entweder Englisch als Fremdsprache unterrichtet wurde oder sogar der Unterricht komplett oder teilweise auf Englisch stattfand. Dies kam daher, dass bereits in der Zeit vor der deutschen Kolonisation an der westafrikanischen Küste Englisch als Handelssprache vorherrschte, dass die Kenntnis dieser Sprache für die vielfältigen Kontakte zur britischen Goldküste unerlässlich war und selbst der Dienstverkehr der deutschen Handelsfirmen in Togo und auch die Kommunikation zwischen Kolonialverwaltung und Einheimischen meist auf Englisch ablief – man denke dabei nur an den berüchtigten Ausruf „And one for Kaiser!" beim Vollzug der Prügelstrafe.[445]

Zech versuchte nun also, eine sprachliche „Germanisierungspolitik" durchzuführen,[446] und dies wider alle pragmatischen Erwägungen, die sowohl von protestantischen als auch von katholischen Missionsgesellschaften für die Beibehaltung des Englischunterrichts vorgebracht wurden. Für Zech war entscheidend, dass der starke englische Einfluss in Togo gebrochen werden sollte. Mit der englischen Sprache sollten wohl auch die Sympathien für die britische Politik an der Gold Coast allmählich verschwinden und die Kolonie

---

[440] Vf. d. G. betr. die Verteilung von Beihilfen für Missionsschulen (Schulordnung für die Missionsschulen. Vom 9. Februar 1910, in: Landesgesetzgebung, S. 554 f.
[441] Asmis, Kalamba, S. 130 f.; vgl. Knoll, Togo under Imperial Germany, S. 106.
[442] Vgl. hierzu Adick, Bildung und Kolonialismus, S. 238-243; Avornyo, Deutschland und Togo, S. 166-172; Erbar, Platz an der Sonne, S. 287-302; Sebald, Togo, S. 405-505.
[443] Der Lateinunterricht der katholischen Mission blieb somit von dieser Regelung unberührt.
[444] V. d. G. betr. den Sprachunterricht in den Schulen des Sch. Vom 9. Januar 1905, in: Landesgesetzgebung, S. 552.
[445] Siehe Kap. 5. 5. 2.
[446] Der Hang Zechs zur „Deutschtümelei" und Zurückdrängung des Englischen hatte auch Einfluss auf die Umgangssprache der Kolonialbeamten. So sollte nach dem Willen Zechs sogar anstelle von „Cocktail" das Wort „Hahnenschweif" verwendet werden (Asmis, Kalamba, S. 46; vgl. auch die Verfügung Zechs betreffend die Schreibweise und Anwendung geographischer Namen und die Wahl geographischer Bezeichnungen, in: Landesgesetzgebung, S. 580 f.). Vgl. hierzu ähnliche sprachpuristische Initiativen in Deutsch-Südwestafrika (Kundrus, Moderne Imperialisten, S. 183-188).

„as German as possible"[447] werden. Die Sprachverordnung Zechs wurde freilich nicht aus heiterem Himmel heraus erlassen – bereits 1903 forderte die Abteilung Berlin der Deutschen Kolonialgesellschaft in einem Antrag „zur Wahrung des Deutschtums in Togo", dem deutschen Charakter des Schutzgebiets mehr Rechnung zu tragen, mit der Begründung, dass die weitere Verbreitung des Englischen zu Abwanderung und latenter Gegnerschaft zur deutschen Herrschaft führe.[448] Ob Zech diesen Antrag der DKG von Anfang an mitgetragen, vielleicht gar mitinitiiert hat, oder nur darauf reagiert hat, lässt sich den Quellen leider nicht entnehmen.[449]

Im Zusammenhang mit der Sprachenfrage sei noch auf das Verhältnis zwischen den „Eingeborenensprachen" und dem Deutschen kurz hingewiesen.[450] Grundsätzlich wurde der Unterricht in den meisten Missionsschulen ab der ersten Klasse in Ewe, der vorherrschenden Sprache im Süden Togos, gehalten; einige gingen jedoch im Laufe der Zeit dazu über, von Anfang an in Deutsch zu unterrichten. Zech förderte diese Tendenz zunächst, da er davon ausging, dass die Erhebung von Landessprachen (besonders des Ewe) zu Schriftsprachen die Gefahr in sich barg, zu einem „Nationalgefühl" unter den verschiedenen Ethnien Togos beizutragen, das sich gegen die deutsche Herrschaft richten konnte[451] und forderte daher: „Je früher deutscher Unterricht, desto besser."[452] Wenige Jahre später betonte er allerdings das Ziel der Verwaltung, die Kenntnis der deutschen Sprache auf einen auserlesenen Kreis zu beschränken, um nicht die Masse der Schüler der landwirtschaftlichen Tätigkeit zu entfremden. Er versuchte damit der latenten Gefahr für das rassistische System zu begegnen, dass Afrikaner anfingen, sich aufgrund ihrer Deutschkenntnisse den Kolonialherren ebenbürtig zu fühlen. Im Gegensatz zu den Nachbarkolonien Dahomey und Goldküste, wo es farbige Ärzte, Journalisten und Rechtsanwälte gab, wollte Zech unter keinen Umständen „eine Schicht von aufgeblasenen, halbgebildeten Schwarzen" heranziehen.[453] Daher sollten die Missionen in ihren

---

[447] Knoll, Togo under Imperial Germany, S. 108.
[448] DKZ vom 10.12.1903 (S. 501 f.). In der DKZ wurde die Auseinandersetzung um die Sprachenpolitik in Togo fortgeführt, wobei Autoren aus dem Umfeld der Missionen besonders die wirtschaftliche Notwendigkeit des Englischunterrichts hervorhoben. Gleichzeitig zeigt sich in dieser Debatte aber auch die Rivalität zwischen den beiden Konfessionen, wenn z.B. die Protestanten den Katholiken undeutsche Gesinnung vorwerfen, weil in der katholischen Kathedrale von Lome ein an der Goldküste tätiger Bischof auf Englisch gepredigt habe, obwohl er aufgrund seiner Elsässer Herkunft des Deutschen mächtig sei (vgl. DKZ vom 17.12.1903, 24.12.1903, 21.1.1904, 24.3.1904).
[449] Smith vertritt die These, dass es Zechs Intention war, in einer schwierigen Zeit das Wohlwollen der Kolonialbewegung fortzuführen (Smith, Zech, S. 481). Dies wäre insofern denkbar, da Zech im Januar 1905 noch nicht offiziell Gouverneur war, und er somit in Berlin einen guten Eindruck hinterlassen musste.
[450] Zu dieser Diskussion vgl. allgemein: Kundrus, Moderne Imperialisten, S. 188-196.
[451] Vgl. Erbar, Platz an der Sonne, S. 301 f.; Sebald, Togo, S. 497 f. – Mit gleicher Skepsis sah Zech die Entwicklung von den Missionsstationen hin zu eigenständigen Landeskirchen.
[452] BArch R 1001/7309, Bl. 38 ff., zit. nach Adick, Bildung und Kolonialismus, S. 241.
[453] Zech auf der Schul- und Missionskonferenz in Lome am 1./2. Juli 1909 (BArch R 1001/ 4080, Bl. 187-206), zit. nach: Sebald, Togo, S. 499. Vgl. BArch R 150 F/FA 1/218, ohne Seitenangabe (Ausschnitt aus „Kolonie und Heimat", Berlin, vom 5.8.1909).

Dorfschulen von nun an auf den Deutschunterricht am besten ganz verzichten und nur die besten Schüler in Stadtschulen schicken, wo Deutsch unterrichtet wurde.[454]

Ein schlüssiges Konzept, wie das Dilemma zwischen Verbreitung der deutschen Sprache und Beibehaltung traditioneller Hierarchien beseitigt werden könnte, gab es nicht. Es lag vielmehr in der Natur der Sache, dass die Kolonialpolitik, wie sich später erweisen sollte, gerade im Bereich der Schulbildung Tendenzen zur Emanzipation und Entkolonialisierung schon in sich trug. Eigentlicher Gewinner in diesem Sprachkampf zwischen Deutsch, Englisch und den indigenen Sprachen wurde Ewe, das sich immer mehr als allgemeine Umgangssprache etablierte.[455] Eine Situation, wie sie in dem eingangs zitierten Loblied auf das „Togoländchen" geschildert wurde („Deutsch spricht wirklich jeder Schwarze") entsprach trotz aller Förderung der deutschen Sprache niemals der Intention Zechs und schon gar nicht den reellen Sprachkenntnissen in der Bevölkerung.[456] Eine große Zahl der Togoer, so auch die Angehörigen der Polizeitruppe, kannte lediglich einige deutsche Wörter, oft Schimpfwörter, Flüche und Befehle.[457]

Mehrere Schul- und Missionskonferenzen in den Jahren 1904-1909 machen deutlich, dass die Missionsgesellschaften die schulpolitischen Interventionen des Gouvernements keineswegs ohne weiteres akzeptierten. So kritisierten sie 1908 die Besteuerung von Lehrern und Schülern; man einigte sich „nach langer Erörterung" darauf, dass steuerpflichtige Schüler nur bei entsprechenden schulischen Leistungen von der Steuerarbeit zu befreien seien.[458] Auch was die Sprache anbelangt, versuchten die Missionsvertreter wiederholt, den Englischunterricht vor dem Gouvernement zu rechtfertigen. Durchsetzen konnten sie sich gegenüber Zech nicht; immerhin wurde 1909 in Aussicht gestellt, in 3-4 Jahren über die Aufnahme von Fremdsprachen in den Lehrplan erneut zu verhandeln.[459] Bremer Missionare erhoben intern den Vorwurf, der verpflichtende Lehrplan und die von den Regierungskommissionen durchgeführten Abschlussprüfungen stellten eine „Anmaßung staatlicher Kontrolle über das einst unabhängige Missionsschulwesen" dar.[460] Allerdings zeigen beide Seiten grundsätzliche Kompromissbereitschaft, die sich in den zahlreichen Modifikationen des staatlichen Beihilfen- und Kontrollsystems niederschlug. Zech gelang es mit Hilfe finanziellen Drucks, ein trotz seines geringen Umfangs (die Beihilfen betrugen etwa 10 % der Schulaufwendungen der Missionen) „effektives Mittel

---

[454] Jahresbericht 1909/10, S. 99; vgl. Trierenberg, Togo, S. 51 f.
[455] Vgl. Kundrus, Moderne Imperialisten, S. 194.
[456] Sebald nimmt an, dass zur Zeit Zechs wohl nicht mehr als 1500 Afrikaner in Togo (das entspricht 0,14 % der Gesamtbevölkerung) Deutsch konnten (schriftl. Mitteilung an den Verfasser). Trotz der 324 Schulen mit insgesamt 13746 Schülern (Stichtag 1. Juni 1911; Schlunk, Schulen für Eingeborene, S. 54 f.), geht er davon aus, dass in den vielen kleinen Dorfschulen, die von afrikanischen Missionslehrern geleitet wurden, so gut wie kein Deutschunterricht stattfand (Sebald, Togo, S. 501-505).
[457] Vgl. Trotha, Koloniale Herrschaft, S. 360; Sebald, Militärische Gewalt, S. 229.
[458] Amtsblatt Togo Jg. 3, Nr. 26 (8. November 1908), S. 214.
[459] Amtsblatt Togo Jg. 4, Nr. 45 (23. Oktober 1909), S. 325.
[460] Adick, Bildung und Kolonialismus, S. 248.

staatlicher Kontrolle und Sanktionsmöglichkeiten" zu etablieren.[461] Er schaffte es somit, die Missionsgesellschaften und ihr Schulwesen für die Zwecke der Kolonialverwaltung zu instrumentalisieren. Trotz gewisser Meinungsverschiedenheiten, trotz der öffentlich diskutierten Kolonialskandale, die bei den Missionaren sicher noch nicht vergessen waren, konnte das Gouvernement in den letzten Jahren seiner Herrschaft darauf zählen, dass die Missionen ihm zuarbeiteten und sich loyal gegenüber der Amtsgewalt verhielten. Interkonfessionelle Zwistigkeiten wurden dahingehend entschärft, dass das Gouvernement Regionen des Landes, in denen bisher noch nicht missioniert worden war, entweder unter den Konfessionen aufteilte,[462] oder, so im Fall der vom Islam dominierten Gegenden im Norden, vorübergehend zur Sperrzone für Europäer und damit auch für jede christlich-missionarische Aktivität erklärte.[463] Zu größeren Auseinandersetzungen mit den Missionen wie in den Zeiten des „Kulturkampfs in Togo" kam es unter Zech und seinen Nachfolgern nicht mehr.

5.5 Rechtspolitik

5.5.1 Grundzüge des Rechtswesens in Togo

Verfassungsrechtlich gesehen hatte Togo als deutsches Schutzgebiet einen Zwitterstatus inne. Im Allgemeinen galt die Formel, dass die deutschen Kolonien völkerrechtlich als Inland, staatsrechtlich als Ausland zu betrachten seien, wenngleich der führende Staatsrechtler des wilhelminischen Reiches, Paul Laband, die Kolonien auch staatsrechtlich als Inland ansah.[464] Da sie jedoch nicht in der Reichsverfassung als Bundesgebiet aufgeführt waren, bildeten sie sogenannte „Reichsnebenländer", das heißt, dass kein deutsches Gesetz ipso iure dort Gültigkeit hatte.[465] Die Reichsverfassung galt in den Kolonien daher nicht; es existierte folglich auch keinerlei Gewaltenteilung. Kolonien unterstanden der Schutzgewalt des Reiches, deren Ausübung in den Händen des Kaisers lag. Dies war durch das Schutzgebietsgesetz von 1886, welches sich am „Gesetz über die Konsulargerichtsbarkeit" von 1879 orientierte,[466] festgelegt. Für diese Regelung wurde der Status des Reichslands Elsass-Lothringen als Präzedenzfall herangezogen, in welchem dem Kaiser die Ausübung aller bundesstaatlichen Befugnisse überlassen war. Der entscheidende Unterschied bestand jedoch darin, dass Elsass-Lothringen staats- und völkerrechtlich zum

---

[461] Adick, Bildung und Kolonialismus., S. 251.
[462] Amtsblatt Togo Jg. 4, Nr. 45 (23. Oktober 1909), S. 326; vgl. auch Erbar, Platz an der Sonne, S. 275-278.
[463] Vgl. Knoll, Togo, S. 97 f.; Erbar, Platz an der Sonne, S. 282-284. – Die 1907 durchgesetzte Sperrung wurde erst 1912 wieder aufgehoben.
[464] Wolter, Deutsches Kolonialrecht, S. 214.
[465] Voigt, Kolonialisierung des Rechts, S. 23.
[466] Vgl. Sippel, Typische Ausprägungen, S. 357 f.

Reich gehörte und somit hier die Verfassung sowie die Reichsgesetze galten.[467] Das Schutzgebietsgesetz wurde bereits ein Jahr nach seinem Inkrafttreten revidiert, mit dem Ergebnis, dass der Reichskanzler weitere Befugnisse zum Erlass polizeilicher und die sonstige Verwaltung betreffender Vorschriften zugestanden bekam,[468] wovon dieser jedoch in der Folgezeit kaum Gebrauch machte – er übertrug seine Kompetenz vielmehr den einzelnen Gouverneuren.[469] Außerdem war nun die Gerichte in den Schutzgebieten ausdrücklich befugt, „von einer Anwendung von Vorschriften des bürgerlichen Rechts und des Strafrechts in Einzelfällen abzusehen", sofern sich die Verhältnisse von denen im Reich unterschieden.[470]

Der Einfluss des Reichstags auf die Schutzgebiete wird von Rechtshistorikern unterschiedlich bewertet. So stellt Sippel[471] heraus, dass der Kaiser durch das Schutzgebietsgesetz „die Alleinherrschaft in fast allen Bereichen der Exekutive und der Legislative, teilweise auch der Jurisdiktion besaß" und sich der Reichstag mit diesem „kolonialen Ermächtigungsgesetz" 1886 aus der Kolonialpolitik weitgehend selbst ausgeschaltet habe. Hingegen sieht Sack[472] durch das „Gesetz über die Einnahmen und Ausgaben der Schutzgebiete" vom 30. Mai 1892 eine „ungewöhnliche Machtstellung" des Reichstags gegenüber den Schutzgebieten, da „seine finanzielle Kontrolle sich auch auf Angelegenheiten erstreckte, die im Reiche Sache der einzelnen Bundesstaaten und damit seiner Kontrolle entzogen waren."

Charakteristisch für die Rechtsordnung im Schutzgebiet war die Trennung nach Rassen. Für Weiße oder Europäer galten die gleichen Gesetze wie im Reich, also ab 1900 auch das Bürgerliche Gesetzbuch. Farbige galten grundsätzlich als „von der Teilnahme an der Rechtsordnung der Weißen ausgeschlossen".[473] Zuweilen tat man sich allerdings schwer mit der strikten Trennung; so wurden in der Rechtspraxis des Pachtgebiets Kiautschou Chinesen als Farbige und Japaner als Weiße klassifiziert.[474] Für Togo waren die Trennungslinien zwischen Schwarz und Weiß ziemlich klar. Bei Mischlingen ging die Rechtsprechung davon aus, dass „jede Beimischung vom Blute einer farbigen Rasse zum Farbigen macht".[475]

Die Regelung der gesamten Rechtsverhältnisse der „Eingeborenen" unterlag somit dem kaiserlichen Ermessen.[476] Die einheimischen Bewohner deutscher Kolonien waren als

---

[467] Sack, Rechts- und Verwaltungsordnung, S. 45 f.
[468] Ebd., S. 50.
[469] Ebd., S. 64 f.
[470] Ebd., S. 51.
[471] Sippel, Typische Ausprägungen, S. 355 f.
[472] Sack, Rechts- und Verwaltungsordnung, S. 53.
[473] H. Edler von Hoffmann, Einführung in das Deutsche Kolonialrecht, 1911, S. 21 (mit Verweis auf §§ 4 und 7 SchGG sowie Kaiserl. VO v. 9.11.1900), zit. nach: Wolter, Deutsches Kolonialrecht, S. 217.
[474] Kopp, Theorie und Praxis, S. 75.
[475] H. Edler von Hoffmann, Einführung in das Deutsche Kolonialrecht, 1911, S. 21, zit. nach: Wolter, Deutsches Kolonialrecht, S. 217.
[476] Sack, Rechts- und Verwaltungsordnung, S. 53.

"Schutzgebietsangehörige" Untertanen des Kaisers, also keine Ausländer, aber auch keine Reichsangehörigen;[477] es bestand für sie lediglich die Möglichkeit, die Reichsangehörigkeit vom Reichskanzler verliehen zu bekommen.[478] Das „gemischte" bürgerliche Recht und die gemischte Zivilgerichtsbarkeit, also Fälle in denen Weiße und Schwarze involviert waren, blieb bis zum Ende der deutschen Kolonialzeit eine rechtliche Grauzone.[479]

Man bezeichnet das Rechtssystem in den Kolonien als eine pluralistische Rechtsordnung.[480] Das bedeutet, dass nicht nur unterschiedliches Recht für Weiße und Farbige existierte, es bestanden zudem für die Farbigen neben dem von der Kolonialmacht oktroyierten Recht traditionelle Rechtsnormen, die als „customary law" oder „Stammesrecht" bezeichnet werden. In Togo bedeutete das, dass in der Regel in zivilrechtlichen Angelegenheiten – wobei diese Trennung im Verständnis der Bevölkerung kaum existierte – der Häuptling Recht sprach, bei strafrechtlichen Angelegenheiten oder bei Streitigkeiten, wo der Wert des Streitobjekts eine bestimmte Summe überschritt, der zuständige Bezirksleiter.[481] Oft spricht man daher von einem togoländischen „Bezirksleiterrecht", das sich von jeder auch damals gängigen Vorstellung eines Rechtsstaats dadurch unterschied, dass die Bezirksleiter in der Regel keine Juristen (sondern zum Beispiel Ärzte, Offiziere oder Geographen) waren und dass sie nicht an Rechtsnormen gebunden waren, sondern sich lediglich nach eigenem Gutdünken an den im Reich gültigen Gesetzen zu orientieren hatten.[482] Es existierten hier also keine materiellen Rechtsnormen; der „Eingeborenenrichter" war zudem in der Regel erste und letzte Instanz.[483] Wenn man so will, herrschte im Schutzgebiet eine „legalisierte rechtliche Anarchie".[484]

Allgemein betrachtet hat man es daher in einer Kolonie wie Togo mit zwei „Rechtskulturen" zu tun, die oftmals miteinander konkurrierten. Das Rechtsbewusstsein afrikanischer Völker war oftmals ein ganz anderes als das von römisch-rechtlichen Vorstellungen geprägte der Kolonialherren (selbst wenn sich diese in der Rechtsprechung nicht unbedingt daran hielten). Nur als Beispiel sei genannt, dass es etwa für die Deutsche Togoge-

---

[477] Vgl. Kopp, Theorie und Praxis, S. 74.
[478] Dies wurde nur ausnahmsweise praktiziert, etwa bei verdienten ostafrikanischen Askari, die nach dem ersten Weltkrieg als „schwarze Deutsche" im Reich lebten und rechtlich bis 1933 uneingeschränkt als Deutsche anerkannt wurden; siehe dazu El-Tayeb, Schwarze Deutsche. Ob ein Togoer jemals die Reichsangehörigkeit erhielt, ist dem Verfasser nicht bekannt.
[479] Sack, Rechts- und Verwaltungsordnung, S. 64.
[480] Vgl. Sippel, Typische Ausprägungen, S. 352 f.
[481] Zur Funktion der Häuptlinge im Rechtssystem vgl. Trotha, Intermediäre Rechtsordnung, S. 431-439. Hierin wird unter anderem deutlich, wie sehr das „traditionelle" Häuptlingswesen von den Deutschen instrumentalisiert und umgestaltet wurde; so wurden etwa in bisher häuptlingslosen Gesellschaften in Togo Häuptlinge von der Verwaltung neu installiert (ebd., S. 434).
[482] Vgl. Erbar, Platz an der Sonne, S. 54 f.
[483] Sippel, Typische Ausprägungen, S. 359. – Die konkret ab 1910 geplante Einrichtung eines Reichskolonialgerichts als oberste Instanz, die zudem die Rechtsvereinheitlichung des Kolonialreichs herbeiführen sollte, scheiterte im Wesentlichen an Widerständen aus dem Reichstag; siehe dazu: Essner, Kampf um das Kolonialgericht.
[484] Sebald, Togo, S. 296.

sellschaft als Plantagenbesitzerin rechtlich kein Problem war, Eigentum an Grund und Boden zu erwerben und zu besitzen, wohingegen vielen Stämmen die Vorstellung, Land wie einen Gegenstand kaufen oder verkaufen zu können, völlig fremd war.[485] Unterschiedliches Rechtsbewusstsein bedeutete natürlich auch unterschiedliches Unrechtsbewusstsein, was zum Beispiel im Fall der Tötung eines Menschen von großem Interesse sein konnte.[486] Die deutschen Kolonialherren versuchten dabei, ihre Rechtsvorstellungen langfristig auch im Bewusstsein der Bevölkerung durchzusetzen, weshalb die „erzieherische" Funktion des Kolonialrechts immer wieder betont wurde. Freilich führte die „doppelte Zweiteilung der kolonialen Rechtsordnung" in ein Recht der Europäer und ein Recht der „Eingeborenen" sowie in eine Rechtsprechung durch Häuptlinge und eine Rechtsprechung durch deutsche Verwaltungsbeamte ständig zu Schwierigkeiten und Reibereien, denen seitens der Kolonialherren „häufig mit rechtlich zweifelhaften Mitteln begegnet wurde."[487]

Kolonialrecht erweist sich somit als recht komplexe und keinesfalls widerspruchsfreie Rechtsordnung. Vielfach gilt dies für die deutschen Kolonien ebenso wie für britische und französische. Als typische – nicht unbedingt ausschließlich – deutsche Ausprägungen lassen sich jedoch folgende Merkmale festhalten: eine doppelte Gerichtsbarkeit für Kolonialherren und Kolonisierte, anachronistische Elemente im Straf- und Arbeitsrecht wie Prügel- und Kettenstrafe sowie das Züchtigungsrecht des Arbeitgebers, und vor allem in der Ära Dernburg paternalistische Elemente in Form von Schutzgesetzgebung, Sozialmaßnahmen und Gesundheitsvorsorge.[488] Dabei bleibt zu beachten, dass das Rechts- und Verwaltungssystem in den deutschen Kolonien kein geschlossenes System darstellte und im Grunde genommen bis zu seinem Untergang als „unfertig und noch im Aufbau begriffen" einzustufen ist.[489]

Die 1910 vom Gouvernement von Togo herausgegebene Zusammenstellung über die Landesgesetzgebung des Schutzgebiets vermittelt einen guten Überblick darüber, was rechtlich am Ende der „Ära Zech" Gültigkeit hatte. Zu beachten bleibt, dass hier nur aufgenommen wurde, was für die gesamte Kolonie galt, also kein informell in einzelnen Regionen gültiges Stammes- oder Bezirksleiterrecht. Auffällig ist, dass sich neben allgemeinen Gesetzen wie dem Schutzgebietsgesetz und Verordnungen des Kaisers oder des Reichskanzlers zahlreiche Verordnungen des Gouverneurs befinden. Wie bereits erwähnt, bekamen die Gouverneure vom Reichskanzler weitreichende Kompetenzen

---

[485] Vgl. Voigt, Kolonialisierung des Rechts, S. 16 f.
[486] Vgl. Kap. 5. 5. 2.
[487] Sack, Rechts- und Verwaltungsordnung, S. 62.
[488] Vgl. Sippel, Typische Ausprägungen, S. 360-367.
[489] Ebd., S. 367 f.

übertragen, wenngleich sie auch nicht ganz nach freiem Ermessen handeln konnten.[490] Gerade in Togo wurde jedoch von der Gestaltungsfreiheit des Gouvernements reichlich Gebrauch gemacht, was zuweilen für Verstimmungen in Berlin sorgte, wenn eine in Togo erlassene Verordnung inhaltlich oder redaktionell fehlerhaft oder schon lange in Kraft war, ohne dass das Reichskolonialamt wie vorgeschrieben eine Abschrift davon erhalten hätte.[491] Als zusätzliche Aufwertung der Position des Gouverneurs kam im Falle Togos noch hinzu, dass er aufgrund der geringen geographischen Ausdehnung der Kolonie seine Verordnungsbefugnis nicht für bestimmte, räumlich begrenzte Bezirke anderen Beamten des Schutzgebiets übertragen konnte und dadurch selbst die alleinige Verordnungsbefugnis im Schutzgebiet innehatte.[492] In der Praxis hatten allerdings die einzelnen Bezirksleiter nichtsdestotrotz weitreichende Kompetenzen, aufgrund derer man durchaus von „Bezirksleiterpartikularismus" sprechen kann. Maßgeblich hierfür war, dass sie gerade im Hinterland mit oft nur einem Assistenten die einzigen Weißen weit und breit waren, und dass die Rechtsprechung über Afrikaner mit wenigen Ausnahmen[493] komplett in ihren Händen lag.

5.5.2 Strafrechtliche Praxis

In der Anwendung des Strafrechts in Togo[494] muss zunächst wiederum zwischen den Rassen unterschieden werden. Strafprozesse gegen Weiße wurden gemäß dem 1871 verabschiedeten Reichsstrafgesetzbuch und der Strafprozessordnung vor dem Amtsrichter in Lome verhandelt, Strafprozesse gegen Schwarze lagen in den Händen der Bezirksamtsleiter bzw. des Gouverneurs – maßgeblich für ihr Urteil war nicht das Gesetz, sondern das „deutsche Rechtsbewusstsein".[495] Schon Zeitgenossen kritisierten, dass in den Kolonien zahlreiche Strafnormen existierten, die „der Phantasie entsprungen, in keinem Gesetz eine Stütze oder auch nur ein Analogon fanden."[496] Der Bezirksamts- oder Stationsleiter vereinigte in seiner Person die Funktionen des Ermittlers, Anklägers und Richters zugleich. Das Verfahren kannte weder einen Staatsanwalt noch einen Verteidiger; lediglich in Fällen, wo die Todesstrafe drohte, durfte ein weißer Verteidiger herangezogen werden.[497] Auch wenn es im Reich immer wieder dazu kam, dass die Rechtswirk-

---

[490] Sack, Rechts- und Verwaltungsordnung, S. 65. – Grundlage war hierfür, nachdem diese Kompetenzübertragung anfangs nur für einzelne Schutzgebiete stattgefunden hatte, die Verfügung des Reichskanzlers vom 27. September 1903, die Verordnungsbefugnisse an die Behörden aller Schutzgebiete allgemein regelte (ebd., S. 63).
[491] Ebd., S. 66.
[492] Ebd., S. 63.
[493] Todesurteile konnte z.B. nur der Gouverneur vollstrecken lassen.
[494] Vgl. hierzu auch Sebald, Togo, S. 297-311.
[495] Vgl. Kopp, Theorie und Praxis, S. 78.
[496] Gutachten des Oberrichters Autenrieth (Kamerun) vom 25.8.1909 (BArch R 1001/5380, Bl. 71), zit. nach: Ebd.
[497] Kopp, Theorie und Praxis, S. 80.

lichkeit von der Norm abwich – in den Kolonien war diese Abweichung Programm.[498] In Europa seit Jahrhunderten allgemein anerkannte Rechtsgrundsätze wie „nulla poena sine lege" galten für die deutschen Kolonien nicht.[499] Daher wundert es auch nicht, dass ein Oberrichter aus Kamerun im Jahr 1910 die Bitte des Kolonialinstituts in Hamburg abwies, Strafurteile als Lehr- und Forschungsmaterial zu übersenden, mit der Begründung, der juristisch interessierte Nachwuchs könne „sich sonst vielleicht an falscher Stelle ein Beispiel nehmen."[500]

Der Gouverneur Zech versuchte mit einer Dienstanweisung im Jahr 1906 Missstände in der Rechtsprechung zu beseitigen. Seine normativen Vorschriften machen dabei nur allzu deutlich, welche Zustände in der Praxis existierten. Vertreter eines Bezirksleiters sollten Disziplinargewalt übertragen bekommen und sich diese nicht einfach anmaßen, auch wurden sie ausdrücklich darauf hingewiesen, „daß die Anwendung von Zwangsmitteln zur Erpressung von Geständnissen und Aussagen, sowie die Verhängung von außerordentlichen Strafen, insbesondere von Verdachtsstrafen verboten ist."[501] Zech versuchte mit dieser Anweisung „unhaltbar gewordene Zustände [zu] regeln [...], ohne prinzipiell eine Änderung vorzunehmen."[502] Er ging nämlich nach wie vor davon aus, dass die „dem Ermessen Einzelner überlassene Anwendung bezw. Nichtanwendung von Strafgesetzen und das Beurteilen von Straftaten nach dem gesunden Menschenverstand [...] bis jetzt zu keinen Unzuträglichkeiten geführt" habe. Er behauptete sogar „die Eingeborenen scheinen mit der seither geübten Rechtssprechung durchaus zufrieden zu sein."[503] Doch lässt sich mit gutem Recht annehmen, dass er dennoch von der herrschenden rechtlichen Praxis nicht gänzlich überzeugt war; sonst hätte er gleichzeitig wohl kaum im selben Dokument den beispielgebenden Versuch einer Rechtskodifikation angekündigt, der maßgeblich von ihm initiiert und unterstützt wurde.[504]

Als entscheidendes Wesensmerkmal der kolonialen Strafpraxis muss hier auf die Prügelstrafe näher eingegangen werden. Diese wurde auch in den anderen afrikanischen Kolonien des Reiches ausgeübt und dabei grundsätzlich kaum in Frage gestellt, wenngleich sie in den deutschen Staaten selbst schon in der Mitte des 19. Jahrhunderts endgültig abgeschafft worden war.[505] Sie sollte nicht gegen Araber und Inder zur Anwendung gebracht werden, auch nicht gegen Frauen und Minderjährige unter 16 Jahren.[506]

---

[498] Kopp, Theorie und Praxis, S. 88.
[499] Vgl. Sebald, Togo, S. 293 f.
[500] BArch R 1001/5539, Bl. 19, zit. nach: Kopp, Theorie und Praxis, S. 88.
[501] D. A. d. G. betr. die Ausübung der Strafgerichtsbarkeit und der Disziplinargewalt. Vom 10. Januar 1906, in: Landesgesetzgebung, S. 198-201.
[502] Sebald, Togo, S. 296.
[503] BArch R 1001/4235, Bl. 64.
[504] Siehe Kap. 5. 5. 3.
[505] Vgl. Kopp, Theorie und Praxis, S. 81.
[506] Verfügung des Reichskanzlers wegen Ausübung der Strafgerichtsbarkeit und der Disziplinargewalt gegenüber den Eingeborenen in den deutschen Schutzgebieten von Ostafrika, Kamerun und Togo vom 22. April 1896, in: Müller, Kolonien unter der Peitsche, S. 132-135.

Bei erwachsenen männlichen Afrikanern sah man in Kolonialkreisen die Prügelstrafe jedoch als das gängigste und wirksamste Mittel im Strafvollzug an, und selbst geringe Vergehen wie Dienstvernachlässigung und Mundraub wurden mit Peitschenhieben geahndet; schon unpünktliches Erscheinen konnte 25 Schläge zur Folge haben.[507] „Die Prügelstrafe", so der Stationschef von Sokode-Bassari, Dr. Kersting, stellvertretend für viele andere Kolonialbeamten in Togo, „ist immer noch das wirksamste Strafmittel." Er selbst habe für einige Monate den Versuch gemacht, auf die Prügelstrafe zu verzichten, was zu einer allgemeinen Disziplinlosigkeit geführt habe. Außerdem spräche gegen die Abschaffung der Prügelstrafe, dass „die durchaus verwerflichen sogen. ‚Jagdhiebe' [also „wilde" Auspeitschungen, Anm. d. Verf.] sich stark vermehren" würden, „wo ohne Prügel doch nicht auszukommen ist."[508]

In den britischen Kolonien kursierte daher bald der Spottname „Twentyfiver" für die Deutschen, bezogen auf die 25 Schläge, die das gesetzliche Höchstmaß darstellten, in der Praxis aber die Regel waren. Meist verpasste der Vollstrecker mit dem Ausruf „One for Kaiser!" als zusätzliche Demütigung für den Delinquenten sogar noch ein „Bonushieb".[509] Der Vollzug wurde entweder mit einem Tauende oder mit einer Peitsche aus Nilpferdleder (Kiboko) ausgeführt, wobei über die jeweiligen Vor- und Nachteile deutsche Kolonialbeamte und Ärzte eine langjährige Auseinandersetzung führten. Julius Zech schien persönlich die Nilpferdpeitsche zu bevorzugen, zumindest ist dies seinem Gesuch beim Reichskolonialamt zu entnehmen, die Versuchsphase für Bestrafungen mit dem Kiboko zu verlängern.[510] Beide Züchtigungsinstrumente waren keineswegs eine harmlose Angelegenheit. Zwar gab es Bestrebungen des Auswärtigen Amtes bzw. des Reichskolonialamts, die Prügelstrafen quantitativ einzudämmen und durch Schutzvorschriften und ärztliche Aufsicht dauerhafte Schäden bei den Bestraften zu vermeiden.[511] Dennoch war es eine fast alltägliche Erscheinung, dass die Delinquenten durch die Schläge ohnmächtig wurden, dass ihre Haut in Fetzen herabhing und sie noch Monate später an den Folgen zu leiden hatten. Auch kam es immer wieder zu schweren Verletzungen der inneren Organe; nicht wenige Menschen wurden schlicht und ergreifend zu Tode geprügelt.[512] So heißt es zum Beispiel in einer Aktennotiz des Reichskolonialamts vom 30. September 1903: „Nachdem in Togo bereits der Hauptmann Wegner einige Eingeborene derart mit Prügel bestraft hatte, daß zwei oder mehr gestorben waren, ist jetzt wieder ein solcher Fall mit dem Fh. v. Rotberg passiert, der [...] einen desertieren-

---

[507] Vgl. Bericht des Bezirksamtmanns Hermans an das Gouvernement von Togo, Lome, 23. Juni 1909, in: Müller, Kolonien unter der Peitsche, S. 60 f.; Verhandlungen des Reichstags 1906, Bd. V, S. 4088 (Abg. Roeren [Zentrum], 3. Dezember 1906).
[508] Bericht des Stationschefs von Sokode-Basari, Togo, an das Kaiserliche Gouvernement in Lome, Sokode, 9. Sept. 1904, in: Müller, Kolonien unter der Peitsche, S. 154 f.
[509] Oloukpona-Yinnon, Unbewältigte koloniale Vergangenheit, S. 435.
[510] Norris, Umerziehung des Afrikaners, S. 98.
[511] Vgl. Sack, Rechts- und Verwaltungsordnung, S. 13; Müller, Kolonien unter der Peitsche, S. 135 f.
[512] Vgl. Verhandlungen des Reichstags 1906, Bd. V, S. 4088 f. (Abg. Roeren [Zentrum], 3. Dezember 1906).

den Träger mit 25 und noch 5 bis 6 weiteren Hieben bestraft hatte. Der Träger starb bald darauf."[513] Wie blanker Hohn mag es da klingen, wenn ehemalige Kolonialbeamte wie Zechs Forstdirektor Oskar Metzger behaupten: „Der Neger nimmt auch die in Ausübung der Disziplinargewalt erfolgte körperliche Züchtigung nicht allzu tragisch."[514]

In Togo hatten Leibesstrafen einen Anteil von rund 13 % an der Zahl aller gerichtlich verhängten Strafen. Im Gegensatz zu Deutsch-Südwestafrika, wo der Anteil bei 59 % lag, ist dies vergleichsweise wenig.[515] Im Jahr 1904/05 wurde gemäß den amtlichen Jahresberichten 161 mal die Prügelstrafe verhängt. Die Zahlen nehmen für die kommenden Jahre kontinuierlich zu, für 1908/09 werden 620 Fälle verzeichnet.[516] Daraus eine zunehmende Brutalisierung der deutschen Herrschaft in der Zeit Zechs abzuleiten, wie dies Müller und andere DDR-Historiker tun, erscheint jedoch m. E. etwas voreilig geschlussfolgert. Wahrscheinlicher ist eher, dass im Zuge einer allgemeinen Verrechtlichung und größeren Kontrolle nun einfach immer mehr Fälle in die offizielle Statistik Aufnahme fanden. Grundsätzlich muss davon ausgegangen werden, dass die tatsächlichen Zahlen in allen Jahren weit höher anzusetzen sind. Dies bestätigt auch ein Schreiben Zechs an das Reichskolonialamt vom 10. November 1909, in dem es unter Berufung auf ein richterliches Gutachten heißt: „Leider sind zur Zeit die Listen sehr unvollständig, was ich an Einzelfällen nachweisen könnte. Fast nie werden in die Listen die Prügelstrafen aufgenommen, die in delegierter Gerichtsbarkeit von Polizeimeistern, Gärtnern, Wegebauern usw. verhängt werden, und diese Funktionäre machen zum Teil von der delegierten Gerichtsbarkeit einen sehr ausgedehnten Gebrauch."[517] Trotz seines Eintretens für eine ordentlich geführte Statistik und gegen wilde, unkontrollierte Auspeitschungen war Zech ein Befürworter der Prügelstrafe. In einem Schreiben an das Reichskolonialamt 1909 meinte er: „Trotz allen Fortschritts wird sie noch auf Jahrzehnte hinaus als Strafmittel erhalten bleiben."[518] Die Tatsache, dass er in der theoretischen Diskussion um Tauende oder Nilpferdpeitsche maßgeblich beteiligt war, dass er sich dagegen wehrte, Häuptlinge und deren Sprecher von der Prügelstrafe auszunehmen, und dass er den die Prügelpraxis einschränkenden Reformbestrebungen Dernburgs skeptisch gegenüber stand, lassen ihn bei Sebald zu einem „Prügelphilosoph"[519] werden. Die durch eine Verfügung des Reichskolonialamts 1907 angeordnete Neuregelung der Prügelstrafe, die unter anderem die Anfertigung eines Protokolls und die Hinzuziehung eines Arztes vorschrieb, stieß bei

---

[513] Aktennotiz vom 30.9.1903, zit. nach: Müller, Kolonien unter der Peitsche, S. 100. Dort auch zahlreiche weitere Beispiele zur Praxis der Prügelstrafe und anderer Grausamkeiten in deutschen Kolonien. Verschiedene z.T. sehr interessante Stellungnahmen zur Strafpraxis finden sich in dem zeitgenössischen Sammelband von Giesebrecht, Behandlung der Eingeborenen, darunter auch von den in Togo tätigen Offizieren und Beamten Herold, Gruner und von Doering (S. 111-119).
[514] Metzger, Unsere alte Kolonie Togo, S. 97.
[515] Vgl. Kopp, Theorie und Praxis, S. 83.
[516] Müller, Kolonien unter der Peitsche, S. 114.
[517] Zech an RKA, 10.11.1909 (BArch R 1001/5380, Bl. 53 f.), zit. nach: Ebd., S. 115.
[518] BArch R 1001/5380, Bl. 17, zit. nach: Sebald, Togo, S. 300.
[519] Sebald, Togo, S. 299.

Zech auf Ablehnung, da die Autorität der Weißen dadurch in Frage gestellt würde, die unkontrollierbaren „Jagdhiebe" zunähmen und die Gefahr von Ausschreitungen in der Bevölkerung wachse.[520]

Aus einem Runderlass aus dem Jahr 1907[521] geht deutlich hervor, dass Zech der Justiz eine erzieherische Funktion beimaß: „Es ist Sache der Bezirksämter und Stationen, die in diesen Gesetzen [gemeint sind die Reichsgesetze, v.a. das StGB, Anm. d. Verf.] niedergelegten Rechtsanschauungen, soweit sie auf die von den europäischen Verhältnissen immerhin abweichenden Verhältnisse des Landes nur irgend angewendet werden können, allmählich auch in den Eingeborenen großzuziehen." Das heißt, durch die Rechtsprechung sollten sich allmählich europäische Rechtsvorstellungen bei den Afrikanern durchsetzen; mit Hilfe der Rechtsprechung wollten die Kolonialisten die unterworfenen Völker „zivilisieren". Zech war sich andererseits auch bewusst, dass deutsche und afrikanische Rechtsanschauungen in vielen Bereichen noch erheblich auseinander klafften, und er zeigte in gewissem Maße Verständnis dafür, dass es Straftaten gebe, die obgleich nach deutscher Vorstellung eindeutig strafbar, keine „Ausflüsse eines verbrecherischen Willens", sondern „vielmehr überlieferter und tiefeingewurzelter Anschauungen, Sitten und Gebräuche sind".[522] Der Gouverneur bat daher, die „Eingeborenen" bei sich bietenden Gelegenheiten darauf hinzuweisen, dass eine Reihe von Handlungen strafbar sei, auch wenn sie nach traditioneller Vorstellung keine Straftat darstellten. Die im Erlass aufgeführte Aufzählung beinhaltet insbesondere Abtreibung, Amtsanmaßung, Blutrache, gerichtliche Entscheidungsfindung mittels eines Fetischtranks und weitere bestimmte Formen des Fetischdienstes.[523] Außerdem musste eigens betont werden, dass sich ein mit Gerichtsbefugnissen ausgestatteter Häuptling strafbar mache, wenn er „Gerichtsgebühren oder Strafen in Branntwein einzieht [...], während der Gerichtsverhandlung Palmwein, Branntwein oder andere berauschende Getränke zu sich nimmt oder gestattet, daß die streitenden Parteien oder die geladenen Zeugen dies tun."[524]

Ein sehr anschauliches Beispiel für ein Tötungsdelikt, wo besagter „verbrecherischer Wille" fehlte, schildert Rudolf Asmis in seinen Erinnerungen: Ein junger Mann in Sokode hatte mit einem Pfeilwurf eine alte Frau getötet, die zufällig des Weges kam. In der Verhandlung zeigte sich, dass er sich nicht nur keiner Schuld bewusst war, sondern dass auch die umstehenden Personen aus dem Ort den Jüngling feierten und große

---

[520] Sebald, Togo, S. 298 f.
[521] R. E. d. G. betr. die Bestrafung der Straftaten der Eingeborenen. Vom 11. Februar 1907, in: Landesgesetzgebung, S. 201 f.
[522] Ebd.
[523] Im Namen eines Fetischs, d.h. der bildlichen Verkörperung einer Gottheit, konnten Fetischpriester in vielen Stämmen Togos andere Menschen zu Gewalttaten anstiften oder Frauen zum Geschlechtsverkehr mit ihnen zwingen, wobei die Ehemänner für diesen „Dienst" noch zahlen mussten (vgl. Asmis, Stammesrechte Atakpame, S. 74-76). Beim „Fetischtrinken" wurde vor Gericht den streitenden Parteien ein giftiger Trank gereicht; nach allgemeiner Vorstellung behielt derjenige Recht, der sich übergeben musste (vgl. ebd., S. 85 f.).
[524] Landesgesetzgebung, S. 202.

Achtung vor seinem zielgenauen Treffer hatten. Auf die Frage des Bezirksleiters, wie dies rechtfertige, eine wehrlose Frau umzubringen, kam als Antwort, dass die Frau schon zu alt war um Kinder zu gebären oder Feldarbeit zu leisten, sie hatte also für die Gesellschaft keinen Wert mehr. Der junge Mann wurde letztlich in eine „Besserungssiedlung" verbannt.[525] Auch wenn man dieses Beispiel als spektakulären Einzelfall betrachten kann – deutlicher lässt sich kaum demonstrieren, wie stark europäische und afrikanische Moral- und Schuldvorstellungen voneinander abwichen.

Der „verbrecherische Wille" war für Zech ein wichtiges Indiz, welches das Strafmaß entscheidend beeinflussen konnte. Wo dieser Wille fehlte, musste nach der Vorstellung der Kolonialherren das Bewusstsein dafür anerzogen werden. Zu diesem Zwecke wurden in Togo „Besserungssiedlungen" errichtet, in die die Verurteilten – zum Teil mitsamt ihren Familien – verbannt wurden. Die Besserungssiedlungen gingen zwar nicht auf Zechs Initiative zurück, aber durch seinen Runderlass von 1909[526] machte er sie zu einer festen Institution der strafrechtlichen Praxis. Demnach sollten in diesen Siedlungen sowohl „Landstreicher und gewerbsmäßige Prostituierte, die die behördlichen Kontrollvorschriften nicht innehalten" interniert werden, wie auch „wegen Mordes oder anderer schwerer Straftaten Verurteilte [...], bei denen infolge ihres tiefen Kulturstandes ein eigentlich verbrecherischer Wille nicht vorhanden ist und dem gemäß die Todesstrafe oder eine langjährige Freiheitsstrafe nicht als angemessene Strafe gelten kann." Der Aufenthalt in der Siedlung hatte laut Zech den Zweck, dass die Sträflinge „wieder ihren heimatlichen Verhältnissen näher gebracht und wieder an ein geordnetes Leben und produktive Arbeit gewöhnt werden."[527]

Über die erste Besserungssiedlung Togos, die 1902 durch den Bezirksleiter von Atakpame, von Doering, gegründete Zwangssiedlung an der Chra,[528] veröffentlichte Rudolf Asmis, der die Siedlung im Jahr 1909 besucht hatte, einen Aufsatz in der Kolonialen Rundschau.[529] Darin stellt Asmis die Besserungssiedlungen als eine großartige Errungenschaft modernen Strafvollzugs dar und führt als Gründe, die gegen eine Bestrafung von Kapitalverbrechen mit dem Tode sprechen, an, dass der Schwarze „mit großer Gleichgültigkeit" in den Tod gehe, der Tod somit für ihn keine Bedeutung habe, und andererseits dem Land eine Arbeitskraft verloren gehe.[530] Die Verbannung aus der Heimat wirke jedoch für die Zurückbleibenden viel abschreckender als der Tod, da „der Neger Togos durchwegs ein ausgesprochenes Heimatgefühl" besitze und er es als schwerste Strafe

---

[525] Asmis, Kalamba, S. 126 f.
[526] R. E. d. G. betr. die Begründung von Besserungssiedlungen. Vom 23. Oktober 1909, in: Landesgesetzgebung, S. 208 f.
[527] Ebd.
[528] Die Siedlung lag im Bezirk Atakpame an der Kreuzung des Baches Chra mit der Handelsstraße von Lome nach Atakpame in der Nähe der späteren Eisenbahnlinie.
[529] Asmis, Besserungssiedlung.
[530] Ebd., S. 531. – Trotz dieser allgemein verbreiteten Meinung wurden in den deutschen Kolonien um ein Vielfaches mehr Todesurteile vollstreckt als im Reich (Kopp, Theorie und Praxis, S. 83).

empfinde, ein Leben fern der Verwandten und der Gräber der Angehörigen führen zu müssen.[531] In seinem Aufsatz schildert Asmis, dass die an der Chra angesiedelten Leute dort selbst das fruchtbare Land bebauten, dass sich ein Gefühl der Zusammengehörigkeit entwickelt habe und die Kriminalitätsrate nicht höher als anderswo sei. Kurzum – die Siedlung machte auf ihn „den Eindruck eines aufblühenden, zukunftsreichen Dorfes, voller Friedfertigkeit und Arbeitsamkeit."[532]

Ganz andere Erfahrungen schilderte in den achtziger Jahren Samuel Tiw (der allgemein nur „Amegam Sam" – „der alte Sam" genannt wurde), zum Zeitpunkt des Interviews der letzte Überlebende einer Gruppe von Leuten, die aus ihren Dörfern vertrieben und auf brutale Weise an die Chra deportiert worden waren.[533] Amegam Sam war keineswegs kriminell, vielmehr war in Folge eines Stammeskrieges eine deutsche Strafexpedition in sein Dorf eingerückt, hatte es niedergebrannt, die meisten Einwohner getötet und die Bevölkerung deportiert, wobei viele auf dem tagelangen Gewaltmarsch an die Chra umgekommen waren.[534] Sam lernte seit 1906 in der Besserungssiedlung bei den Missionaren der Norddeutschen Missionsgesellschaft Lesen und Schreiben – der Unterricht fand auf Ewe statt – und führte seitdem auch eine Art Tagebuch, in dem er wichtige Ereignisse in der Siedlung festhielt. Er berichtet, dass die Deutschen den Aufbau der Siedlung nur notdürftig unterstützten und sie ohne die Hilfe der Einwohner umliegender Dörfer kaum überlebt hätten. Die Gefangenen nannten die Siedlung „Wahala – Ort der Schmerzen".[535] Sie mussten hier hart arbeiten und trotzdem Hunger erleiden – wer das Lager verlassen wollte, wurde grausam gezüchtigt oder auf der Flucht erschossen.[536] Amegam Sam war noch in Folge kriegerischer Unterwerfungsmaßnahmen der deutschen Kolonialherren in die Chra-Siedlung gekommen; ab 1905 siedelte man hier nur noch Strafgefangene an. Somit wandelte sich die Funktion der Zwangssiedlung zu einem Straf- und Umerziehungslager für „Kriminelle", wobei die Einstufung als „kriminell" ganz in der Willkür der Kolonialverwaltung lag. Aus dem Erinnerungsbericht Amegam Sams geht hervor, dass die von den Insassen erlebte Realität massiv von dem abwich, was deutsche Kolonialbeamte veröffentlichten, und dass das geschönte Bild, welches gerne von deutscher Seite vermittelt wurde, mit größter Vorsicht zu genießen ist. Deutlich wird auch, dass mit diesen Lagern, die in allen Bezirken Togos errichtet wurden,[537] der weitverbreiteten Forderung der „Erziehung des Negers zur Arbeit" Rechnung getragen werden sollte. Hieraus erklärt sich auch, dass der Gouverneur Zech, wenngleich er nicht die Errichtung

---

[531] Asmis, S. 532.
[532] Ebd., S. 540.
[533] Simtaro, Le Togo Musterkolonie, S. 513-535.
[534] Ebd., S. 515-517.
[535] Grotesk mutet es an, dass das erste 1903 in der Besserungssiedlung geborene Kind den Namen „Wahala von Doering" erhielt (ebd., S. 533).
[536] Ebd., S. 521-523. Trotz dieser Erfahrungen finden sich bei Amegam Sam dennoch sogar Begeisterung und Liebe gegenüber den Deutschen; er vermochte zum Zeitpunkt des Interviews auch noch Lieder wie „Ich bin ein deutscher Knabe in Wahala" zu singen (ebd., S.534 f.).
[537] Sebald, Togo, S. 303.

des Lagers initiiert hatte, dieses „Modell" zum Maßstab für eine „neue Form" des Strafvollzugs machte. Denn sein wirtschaftliches und ideelles Ziel war ja eine kleinbäuerliche Agrargesellschaft mit arbeitsamen, sittlich gehobenen, aber auch nicht „überbildeten" Schwarzen mit einer kleinen farbigen Mittlerschicht unter der unumstrittenen Vorherrschaft einer weißen Elite. Durch Siedlungen wie hier an der Chra sollten „kriminelle Elemente", die aus einem „arbeitsscheue[n] Proletariat" hervorgegangen waren,[538] in diese „Mustergesellschaft" nach deutscher Vorstellung wieder zwangsweise integriert werden.[539]

5.5.3 Der gescheiterte Versuch einer Kodifikation des Eingeborenenrechts

Zur gleichen Zeit, als Zech im oben genannten Runderlass vom 11. Februar 1907 die erzieherische Funktion der Strafgesetzgebung formulierte, beauftragte er den ein Jahr zuvor an das Gouvernement versetzten Assessor Rudolf Asmis, eine Sammlung von Rechtsbräuchen der verschiedenen Stämme Togos anzulegen, und gleichzeitig das von den einzelnen Bezirksleitern praktizierte Recht aufzuzeichnen – mit dem Ziel, ein eigenes, den Verhältnissen des Landes und den Gewohnheiten der Bevölkerung angepasstes Strafgesetzbuch für Togo zu erlassen.[540] Ein einheitliches Strafgesetzbuch für Togo sei laut Zechs Zehnjahresplan für die Zukunft nötig, um „den Eingeborenen erhöhte Rechtsgarantien durch Kodifizierung des Eingeborenenstrafrechts zu schaffen."[541]

Dass Rechtsbräuche afrikanischer Völker gesammelt und die Ergebnisse dieser Untersuchungen veröffentlicht werden, war an sich nichts Neues. Bereits 1896 begann der Jurist Josef Kohler mit rechtsvergleichenden Untersuchungen in den deutschen Schutzgebieten.[542] Der Initiative von Felix Meyer, dem Begründer der „Vereinigung für vergleichende Rechtswissenschaft und Volkswirtschaftslehre", war es zu verdanken, dass im Mai 1907 der Reichstag einem Antrag zustimmte, der unter anderem vorsah, „das über das Eingeborenenrecht in den deutschen Schutzgebieten vorhandene Material zu sammeln und sichten und eine authentische Sammlung der Rechtsgebräuche [...] herstellen zu lassen."[543] Ziel der Aktion war es, die Denkweisen der fremden Völker nachvollziehen zu können, um die Kolonien besser zu beherrschen.[544] Dies entsprach vollkommen dem Bemühen Dernburgs, den kolonialen Beamtenapparat besser zu organisieren und auszu-

---

[538] R. E. d. G. betr. die Begründung von Besserungssiedlungen. Vom 23. Oktober 1909, in: Landesgesetzgebung, S. 208.
[539] Zu den Besserungssiedlungen vgl. auch Knoll, Togo under Imperial Germany, S. 68 und Erbar, Platz an der Sonne, S. 48 f.; speziell zur Sippenhaft Sebald, Togo, S. 305 f.
[540] Vgl. Erbar, Platz an der Sonne, S. 47 f.; Trotha, Entstehung von Recht, S. 335-345.
[541] BArch 1001/4235, Bl. 64.
[542] Vgl. Boin, Erforschung der Rechtsverhältnisse, S. 42-52.
[543] RT-Resolution Nr. 386, zit. nach: Ebd., S. 98.
[544] Ebd., S. 107.

bilden, was sich auch in der Gründung des Kolonialinstituts in Hamburg niederschlug.[545] Eine Kodifikation des Eingeborenenrechts war vom Reichskolonialamt nicht vorgesehen, die praktische Bedeutung der Materialsammlung beschränkte sich also auf das bessere „Kennenlernen" der unterworfenen „Naturvölker".

In Togo hatte Asmis im Auftrage Zechs die Untersuchungen schon begonnen, als der Reichstag noch über die Sammlung von Rechtsbräuchen in allen deutschen Schutzgebieten beriet. So verständigte man sich darauf, Togo von der allgemeinen Fragebogenaktion[546] auszuschließen, um die Arbeit von Asmis nicht zu beeinträchtigen.[547] Asmis ging es darum, ein Strafrecht für Togo, das sich aus der Rechtsprechung der Beamten einerseits und den „Verhältnissen und berechtigten Wünschen der diesem Rechte Unterworfenen" andererseits herleite, schriftlich zu fixieren.[548] Er und Zech teilten damit die Auffassung Felix Meyers, dass erst eine Kodifikation die erforderliche Rechtssicherheit bringe, „um eine kulturelle Fortentwicklung und Anpassung an europäische Rechtsansichten fördern zu können."[549] Asmis untersuchte bei seinen Reisen sowohl die traditionellen Stammesrechte, als auch das „Bezirksleiterrecht", also das Recht, das von den einzelnen, oft jahrelang dort tätigen Bezirksleitern gesprochen wurde. Über die Stammesrechte ließ er sich von als vertrauenswürdig geltenden Einheimischen, oftmals Häuptlingen, mündlich die Information geben, die er in juristische Kategorien einzuordnen versuchte. Noch im Laufe seiner Arbeit kam er zu dem Schluss, dass die Einführung eines einheitlichen Strafgesetzbuches für Togo möglich und durchführbar sei. Denn das seit etwa zehn Jahren in Anwendung befindliche Bezirksleiterrecht habe bereits erzieherisch und ausgleichend gewirkt und „die Auswüchse früherer Unkultur und Rechtlosigkeit beschnitten."[550] Als Ergänzung dazu diente die Sammlung der Eingeborenenrechte, die keine Gesetzeskraft erhalten, aber den Bezirksleitern und ihren Vertretern helfen sollten, sich mit den im jeweiligen Bezirk herrschenden traditionellen Rechtsanschauungen vertraut zu machen.[551]

Doch schon bald zeichnete sich ab, dass das Reichskolonialamt seinen Widerstand gegen eine Kodifikation in Togo ernst meinte; „it was thwarted by officials' fear of change, by the Colonial Office's innate conservatism, and by the entrenched bureaucratic inertia of the many."[552] Nachdem der Asmis-Bericht im Reichskolonialamt der Kritik eines Juristen

---

[545] Der Chef des RKA wollte dem verbreiteten Phänomen Abhilfe schaffen, dass in die Kolonien in erster Linie Personen gingen, die in Deutschland nichts werden konnten (ebd., S. 106).
[546] Das RKA schickte standardisierte Fragebögen an die Gouverneure, Bezirksleiter und sonstigen Verwaltungschefs in den Kolonien, die sich um die Erfassung der Rechtsbräuche selbst zu kümmern hatten.
[547] Boin, Erforschung der Rechtsverhältnisse, S. 121.
[548] Rudolf Asmis, Zur Kodifikation des Eingeborenenstrafrechts, in: Amtsblatt Togo, Jg. 2/15 (8.6.1907), S. 107-111, hier S. 107.
[549] Boin, Erforschung der Rechtsverhältnisse, S. 115.
[550] Rudolf Asmis, Zur Kodifikation des Eingeborenenstrafrechts, in: Amtsblatt Togo, Jg. 2/15 (8.6.1907), S. 107-111, hier S. 110.
[551] BArch R 1001/4235, Bl. 65 f.
[552] Knoll, Indigenous Law Code, S. 266.

unterzogen worden war, der in der Rechtspraxis der Bezirksleiter zahlreiche Verstöße gegen das Reichsstrafgesetzbuch festgestellt hatte,[553] schrieb Dernburg am 17. November 1908 an Zech: Die Kodifikation des Bezirksleiterrechts halte er für „durchaus unzweckmäßig". Asmis' Schilderung der Rechtsverhältnisse in den togoischen Bezirken sei nicht imstande, „einen günstigen Eindruck zu machen", ja vielmehr sei sie „geeignet der kolonialen Sache Abbruch zu tun", so dass nicht nur die Kodifikation, sondern selbst die bloße Publikation des Bezirksleiterrechts zu unterbleiben habe.[554] Dernburg war bestrebt zu verhindern, dass infolge einer Publikation das deutsche Kolonialrecht öffentlich in Frage gestellt werden könne. Damit wäre die deutsche Kolonialpolitik der Gefahr unterlaufen, dass früher oder später die „Apartheid-Gesellschaft" in Schutzgebieten grundsätzlich zur Debatte gestellt worden wäre.[555] Maßgeblichen Widerstand gegen eine Kodifikation leisteten nun auch die Bezirksleiter in Togo – oder wie es Sebald ausdrückt, der „Togoklüngel"[556] – Männer, die Asmis als zum Großteil „ausgesprochen starke und eigenwillige Persönlichkeiten"[557] bezeichnete, und die sich in ihrer persönlichen Macht und ihrer Ungebundenheit an geschriebene Gesetze in der Rechtssprechung beeinträchtigt sahen.[558] So wurden die Kodifikationspläne sowohl durch das Reichskolonialamt in Berlin als auch durch das Gouvernement in Lome eingestellt, als klar wurde, dass „ein Gesetzbuch, selbst wenn es noch so ungünstig für die Afrikaner ausgefallen wäre, ein Fortschritt gewesen wäre, weil sich die Afrikaner auf ein Gesetzbuch hätten berufen können."[559]

Die Arbeit von Rudolf Asmis sollte also weitgehend umsonst gewesen sein. Er selbst erfuhr von Dernburgs scharfer Absage an Zech nichts; ihm wurde lediglich mitgeteilt, dass Zech die Zeit noch nicht reif für eine Kodifikation sah. Seine Ausführungen zum Bezirksleiterrecht durfte er nie veröffentlichen,[560] die Stammesrechte wurden immerhin, versehen mit Kommentaren von Josef Kohler,[561] in der „Zeitschrift für vergleichende Rechtswissenschaft" publiziert.[562] Diese überarbeiteten Aufsätze betonen jedoch eher den völkerkundlichen als den juristischen Aspekt; Asmis schreibt unter anderem über die Geschichte von Orten, über Heirat und Ehe, Fetischpriester, Beschneidungsrituale und Macht und Einfluss der Häuptlinge. Er versucht dies weitgehend sachlich zu beschreiben und mit europäischen Rechtsvorstellungen zu vergleichen, wobei er die Rechtsbräuche weder als ursprüngliches „Naturrecht" idealisiert noch als rückständig deklassiert.

---

[553] Sebald, Togo, S. 316.
[554] Dernburg an Zech (Begleitakte 5006, Bl. 59-621), zit. nach: Sebald, Recht und Politik, S. 157.
[555] Sebald, Togo, S. 162.
[556] Vgl. ebd., S. 313.
[557] Asmis, Kalamba, S. 118.
[558] Vgl. Knoll, Indigenous Law Code, S. 263 f.
[559] Sebald, Recht und Politik, S. 165.
[560] Eine Publikation der Asmis'schen Aufzeichnungen wird derzeit von Peter Sebald und Harald Sippel vorbereitet.
[561] Kohler, Bemerkungen Akposso etc.; ders., Togorecht.
[562] Asmis, Stammesrechte Atakpame etc.

Die Auswertung der insgesamt in den Kolonien erworbenen Erkenntnisse über die Stammesrechte zog sich noch lange hin und wurde durch den Ersten Weltkrieg zunächst einmal abgebrochen. Erst 1929/30 konnten sie in einem zweibändigen Opus[563] veröffentlicht und kommentiert werden, wobei auch die Ergebnisse der Asmis-Untersuchungen Eingang fanden. Damit ist trotz zum Teil subjektiver Interpretationen „ein ernsthafter Versuch unternommen worden, Verständnis und Anerkennung für fremde Kulturen und ihre Rechte zu erzielen."[564] Praktische Bedeutung für die Rechtsprechung in den Kolonien sollten die Eingeborenenrechte jedoch nie bekommen.

Fragt man sich nach den Ursachen, warum gerade in Togo eine Kodifikation des Strafrechts beabsichtigt wurde, so lohnt es sich, nochmals einen näheren Blick sowohl auf Zech als auch auf Asmis zu richten. Dr. Rudolf Asmis (1879-1945) zählt zweifellos zu den interessanten Persönlichkeiten der deutschen Kolonialgeschichte. Der im vorpommerschen Mesekenhagen geborene Jurist und Geograph wurde 1906 von Zech an das Gouvernement in Lome geholt. Neben den Plänen zur Rechtskodifikation machte er sich einen Namen durch seine Tätigkeit bei der Landkommission, bei der er versuchte, Landrechte der Bevölkerung gegenüber Plantagenbesitzern zu verteidigen, was ihm den Ruf eines „défenseur des Noirs"[565] einbrachte. Nach seiner Rückkehr aus Togo 1912 war Asmis unter anderem im Kongo, in Australien, Siam und der Mongolei als Gesandter des Auswärtigen Amtes tätig; 1929-32 war er Mitglied der Deutschen Volkspartei, ab 1938 der NSDAP. Dass dieser hochintelligente Mann, der auch in der Kolonialadministration „neue Ideen und Anregungen zu Papier" brachte,[566] letztlich in verantwortlicher Position im Kolonialpolitischen Amt der NSDAP landete, lässt sich dadurch erklären, dass er bei der Verfolgung seiner Ideale in der Landkommission, bei der Kodifikation des Eingeborenenrechts und nicht zuletzt durch den endgültigen Verlust der Kolonien immer wieder enttäuscht worden war und sich daher dem Nationalsozialismus anpasste, um seine kolonialpolitischen Ziele eines Tages vielleicht doch noch verwirklichen zu können.[567] Nur am Rande zu erwähnen ist hier der Versuch von Asmis in den vierziger Jahren, die NS-Rassenlehre auf Afrika zu übertragen: Auch die farbige Rasse sollte in den wiederzuerlangenden deutschen Kolonien rein von fremdem Blut gehalten werden; er sprach sich gegen Christianisierung und Europäisierung aus und verlangte die Anerkennung des Volkstums und der „völkischen Eigenart" der Afrikaner.[568]

---

[563] Schultz-Ewerth/Adam, Eingeborenenrecht.
[564] Boin, Erforschung der Rechtsverhältnisse, S. 138.
[565] Ahadji, Asmis et Vietor, S. 43.
[566] Sebald, Recht und Politik, S. 158.
[567] Ahadji, Asmis et Vietor, S. 48 f.
[568] NS-Rassenlehre und Kolonialismus – Rudolf Asmis, Abteilungsleiter im Kolonialpolitischen Amt der NSDAP, über „deutsche Eingeborenenpolitik in den tropischen Kolonien", 1941, in: Gründer, Junges Deutschland gründen, S. 352-354.

Die Kodifikationspläne in Togo waren nicht seine eigene Initiative, aber „er hatte den Weitblick, der allen anderen deutschen Juristen in Togo mangelte."[569] Die Ablehnung der Kodifikationspläne durch Zech muss Asmis bitter enttäuscht haben. Denn noch 1907 hatte Zech deutlich gemacht, dass er voll und ganz hinter Asmis und seiner Feststellung, dass ein einheitliches Strafgesetzbuch bereits möglich und seine Anwendung durchführbar sei, stehe. Dies zeigt sich auch klar im Zehnjahresplan, in dem Zech zum Thema „Rechtsverhältnisse der Eingeborenen" die Ausführungen Asmis' auf zweieinhalb Seiten zitiert[570] und mit der abschließenden Bemerkung „Diese Ausführungen bilden das Programm, welches bei der Ausgestaltung der Rechtsverhältnisse der Eingeborenen einzuhalten sein wird"[571] vollkommene Übereinstimmung signalisiert. Das Verhältnis zwischen Asmis und Zech scheint grundsätzlich nicht beeinträchtigt worden zu sein; sonst hätte Asmis 30 Jahre später wohl kaum die Initiative ergriffen, eine Lebensbeschreibung über ihn in Angriff zu nehmen. Zech kann als eigentlicher Initiator der Kodifikationspläne angesehen werden. Er hatte wohl auch ein persönliches Interesse an einer gesetzlichen Regelung, „stießen doch seine zentralen Anweisungen oftmals ins Leere, weil die Bedingungen in den einzelnen Bezirken angeblich andere Entscheidungen erforderten."[572] Außerdem gab es gewissen „Druck von unten" aus der Bevölkerung, der sich auch daraus erklärt, dass durch die Grenzlage des Landes die andersartigen Verhältnisse in den Nachbarkolonien nicht unbekannt waren.[573] Auspeitschungen aufgrund geringfügiger Delikte gehörten in Lome zum Alltag; doch nur wenige Kilometer westlich der Stadtgrenze an der Goldküste waren Prügelstrafen verboten,[574] und es galt der Grundsatz: „The striking of a native involves a white man a fine of £ 5."[575] Zwar gab es auch dort ab den 1880er Jahren immer stärkere Tendenzen zur Rassendiskriminierung, doch waren diese bei weitem nicht so zementiert wie im deutschen Togo. So gab es in Gold Coast während der Zeit Zechs immerhin afrikanische Rechtsanwälte und sogar einige wenige farbige Beamte.[576] Wie dies auch in der Bevölkerung wahrgenommen wurde, zeigt sich deutlich in einer Petition, die angesehene farbige Einwohner von Lome im Mai 1914 an den Reichstag in Berlin sandten. Dort heißt es lapidar: „Bis jetzt ist keine [sic!] Recht, die Anarchie ist noch in Aktivität."[577]

---

[569] Sebald, Recht und Politik, S. 159.
[570] BArch R 1001/4235, Bl. 64-66. – Asmis betont darin die Vorteile seiner Kodifikation (größere Einfachheit und Übersichtlichkeit, Möglichkeit der schrittweisen Umsetzung durch vorübergehende Außerkraftsetzung einzelner Paragraphen für bestimmte Bezirke und Rechtsschutzgarantien für die „Eingeborenen"). Er verweist auch auf die zustimmende Haltung der meisten Bezirksleiter.
[571] Ebd., Bl. 66.
[572] Sebald, Recht und Politik, S. 164.
[573] Vgl. ebd., S. 163.
[574] Crowder, West Africa, S. 247. Das Verbot der Prügelstrafe galt allerdings nicht in allen britischen Kolonien in Afrika; im Gegensatz zur vergleichsweise humanen Praxis an der Goldküste durften z.B. in Nordnigerien auch Frauen körperlich gezüchtigt werden (ebd.).
[575] Calvert, German African Empire, S. 275.
[576] Vgl. Stoecker, Rassendiskriminierung, S. 82-84.
[577] An den Hohen-Reichstag Berlin, Lome, 12. Mai 1914, in: Sebald, Togo, S. 659-675, hier S. 675.

Die Kodifikation eines Strafrechts für die „Eingeborenen" wäre für Togo mit Sicherheit ein Fortschritt gewesen. Es hätte dazu geführt, dass die Rechtsverhältnisse klar definiert gewesen wären und jedermann sich auf gültiges Recht hätte berufen können. Andererseits diente die Kodifikation in entscheidender Weise zum Wohl der Kolonialherren, schließlich hatten diese großes Interesse daran, dass es in Togo nicht zu Aufständen wie wenige Jahre zuvor in Ost- oder Südwestafrika komme.[578] Grundlage für ein solches Gesetzeswerk, das soll hier noch einmal betont werden, wären nicht die althergebrachten Stammesrechte gewesen, sondern eine Rechtsprechung, die sich im Laufe von ein bis zwei Jahrzehnten etabliert hatte und die in den Händen einiger weniger Deutscher lag, die in der Regel keine juristische Ausbildung hatten und mehr ihr eigenes Gutdünken anstelle eines fixierten Gesetzes zum Maßstab ihres Handelns machten. Somit wird auch klar, warum die Bezirksleiter letztlich gegen eine Kodifikation opponierten: ohne sie konnten sie auch weiterhin und ohne schriftlich festgelegte Einschränkungen nach persönlichen Vorstellungen schalten und walten. Was Zech anbelangt, so kann man abschließend festhalten, dass er sich dem Chef des Reichskolonialamts fügte und widerstandslos in Kauf nahm, dass einer seiner bedeutungsvollsten Reformpläne kläglich scheiterte.

---

[578] Knoll, Indigenous Law Code, S. 265.

6 Zech als „Mustergouverneur"? – Versuch einer Bewertung

6.1 Zech im Spiegel seiner Zeitgenossen

„Nach meinem Dafürhalten war Graf Zech der tüchtigste Gouverneur, den die Kolonie Togo gehabt hat. Unter seiner umsichtigen, sparsamen und zielbewussten Führung nahm Togo einen ungeahnten Aufschwung", urteilte im Jahr 1941 der ehemalige Bezirksamtmann Gruner über seinen früheren Vorgesetzten.[579] Auch andere, die während seiner Amtszeit in Togo tätig waren, stellten ihm beste Zeugnisse dieser Art aus.[580] Ebenso wurde Zech in der kolonialen Presse in hohen Tönen gelobt. So heißt es in der Deutschen Kolonialzeitung zum Rücktritt Zechs 1910: „Die Kolonie verliert [...] einen ihrer eifrigsten Förderer, dessen große Verdienste um ihre wirtschaftliche Entwicklung dort unvergessen bleiben werden."[581] Und nach seinem Tod 1914 war dort zu lesen: „Selbstlos, unermüdlich in der Arbeit, vortrefflichen Charakters, von vornehmer Gesinnung und gewinnender Liebenswürdigkeit hat er sich nicht allein die Liebe und das Vertrauen seiner Beamten und der weißen Bevölkerung, sondern auch der Eingeborenen der Kolonie erworben."[582]

Diese Nachrufe können den Eindruck vermitteln, dass Zech unter all seinen Mitarbeitern und Untergebenen äußerst beliebt war und dass seine politischen Maßnahmen auch von allen Beamten mitgetragen wurden. Allerdings ist der Quellenwert dieser Aussagen begrenzt. Zum einen wurden sie zum Teil erst lange nach seinem Tod aufgeschrieben, als mit Sicherheit die ein oder andere negative Erinnerung vergessen war. Zum anderen galt es als nur allzu typisch für die deutsche Kolonialpolitik – nicht nur in Togo – dass sich die Beamten gegenseitig die besten Zeugnisse ausstellten. So hatte umgekehrt im Jahr 1905 Zech ein Führungszeugnis für Bezirksamtmann Gruner unterzeichnet, in dem jener als erfahrener, fähiger, von „lebhaftestem Interesse für die Verwaltung" und „Liebe zu seinem Bezirk" beseelter Schutzgebietsbeamter bezeichnet wurde.[583] Gruner war dabei vorgeworfen worden, dass er einen Mann mit „unglaublich[er] Brutalität" mit seinem Spazierstock misshandelt habe und einen weiteren, „weil er anderen Leuten nicht gefallen habe" erschießen habe lassen.[584] Auch für die Stationsleiter Dr. Kersting und Schmidt, die Farbige aus reiner Willkür oder nichtigen Anlässen getötet hatten, lagen Atteste vor, in denen sie als Musterbeispiele von „gewissenhaften, treuen und soliden Beamten"

---

[579] BArch N 2340/2, Bl. 56 (Gruner, Beitrag zum Lebensbild des Grafen Zech, 1941).
[580] Vgl. Asmis, Kalamba, S. 49, S. 130 und S. 136; Metzger, Unsere alte Kolonie Togo, S. 3 f.; Staubwasser, Zech, S. 1.
[581] DKZ vom 24.10.1910 (S. 877 f.).
[582] DKZ Dezemberausgabe 1914 (S. 555).
[583] Verhandlungen des Reichstags 1906, Bd. V, S. 4097 f. Dieses Attest wurde am 3. Dezember 1906 von Dernburg im Reichstag verlesen, wobei Zwischenrufe darauf hinweisen, dass die Abgeordneten dem guten Leumund Gruners keineswegs allen Glauben schenkten.
[584] Ebd., S. 4077 f. (Abgeordneter Ablaß, Sitzung am 1. Dezember 1906).

dargestellt wurden – was in den Kolonialdebatten des Reichstags 1906 „große Heiterkeit" auslöste.[585] Die Fähigkeit, sich Vertrauen und Zuneigung bei den „Eingeborenen" erworben zu haben, ist keine Besonderheit, die man allein Zech zuschrieb; vielmehr wurde diese Ehre von Verteidigern des Kolonialismus in stereotyper Weise selbst rechtskräftig verurteilten „Kolonial-Verbrechern" wie einem Carl Peters erwiesen.[586]

Etwas mehr Aussagekraft ist der Charakterisierung Zechs beizumessen, die von seinem Stellvertreter als Gouverneur, Adolph Schlettwein, stammt. Neben der Feststellung, dass Zech „anspruchslos und von gewinnender Freundlichkeit" und „immer [...] beherrscht" gewesen sei, hebt Schlettwein die Disziplin hervor, die sich Zech selbst auferlegte, aber auch von seinen Untergebenen einforderte: „Graf Zech verstand es, seine Mitarbeiter durch sein Vorbild zur äussersten Anspannung ihrer Kraft zu bringen." Er schildert ihn als „einen ungemein fleissigen und sehr genauen Arbeiter", der sowohl in landeskundlichen Kenntnissen wie auch in technischen Detailfragen, etwa beim Eisenbahnbau, bestens versiert war. Interessant ist zudem Schlettweins Feststellung, dass Zech im Gouvernement den „Daumen drauf" hielt und den Referenten wenig Spielraum für selbständige Entscheidungen ließ, den Bezirksleitern hingegen „grösste Freiheit und Selbständigkeit" einräumte.[587] Dies steht durchaus im Einklang mit der Selbsteinschätzung Zechs, der nach seinem Rücktritt offen legte, dass er den „Bezirksleiterpartikularismus" selbst „systematisch großgezogen und ausgenutzt" habe. Er begründete das unter anderem damit, dass die Beamten, die jahrelang an der Spitze eines Bezirks standen, durch den Wettbewerb zu mehr Leistung herausgefordert würden.[588] Vielleicht war es auch ein gutes Mittel, um ganz im Sinne des klassischen Grundsatzes „divide et impera" bei den einzelnen „Bezirksfürsten" kein Konkurrenzdenken gegenüber dem Gouverneur aufkommen zu lassen.[589]

Um ein klareres Bild von der Persönlichkeit Zechs zu gewinnen, lohnt sich des Weiteren ein Blick in die Tagebücher des preußischen Offiziers Valentin von Massow (1864-1899), der in den 1890er Jahren Kommandeur der Polizeitruppe von Togo und kurzzeitig Stationsleiter war. Im Gegensatz zu allen vorgenannten Zeitzeugen wirkt Massow aus dem Grunde glaubwürdiger, weil in seinen privaten Aufzeichnungen einen sehr offenherzigen Eindruck macht, etwa wenn er auf ein „gemeines Lügenpack im A[uswärtigen]

---

[585] Verhandlungen des Reichstags 1906, Bd. V, S. 4115 (Sitzung am 3. Dezember 1906).
[586] Zur Diskussion um die Rehabilitierung Peters' siehe u.a. ebd., S. 4106-4108, S. 4128, S. 4141-4143 und S. 4154 f.
[587] BArch N 2340/1, Bl. 40 f. (Manuskript Asmis, 1941, basierend auf einem Schreiben Schlettweins an Asmis vom 28. November 1939).
[588] Erbar, Platz an der Sonne, S. 50 f.
[589] Eine positive Meinung von Zech hatte auch der Bremer Kaufmann Johann Karl Vietor, der ansonsten im Zusammenwirken mit der Norddeutschen Missionsgesellschaft sich nicht scheute, Amtsmissbräuche und Beamtenwillkür in Togo anzuprangern (vgl. hierzu: Ahadji, Asmis et Vietor, S. 50-52). Die vergleichsweise friedlichen Verhältnisse in Togo hielt er 1906 unter anderem ausdrücklich für ein Ergebnis der „vorzüglichen Leitung unseres jetzigen Gouverneurs" (J.K. Vietor, Was tut unserer Kolonialpolitik jetzt not?, in: EPK, Materialien zur Hundertjahrfeier, S. 93-108, hier S. 97).

A[mt]", namentlich das „Schwein Danckelman", schimpft,[590] sich über die „Schweinebande" der Soldaten[591] oder die exzessive „Sauferei" seiner Kollegen echauffiert[592] oder sich über die „Patriotismus-Prahlerei" und das „Teutschtum" des Oberleutnants von Doering lächerlich macht.[593] Für den Grafen Zech hatte Massow hingegen sehr wohlwollende Worte übrig. Schon kurz nach ihrer ersten Begegnung notierte Massow: „Es ist dies ein Mann, zu dem ich mich sehr hingezogen fühle, trotzdem ich ihn erst seit vier Tagen kenne. Es ist aber ein vornehmer Mann, und das erklärt es. Von Erscheinung etwas über Mittelgröße, schlank mit vornehmen Gesichtsausdruck, wenn man ihn auch durchaus nicht als ‚handsome' bezeichnen kann. [Mit] starker Nase, hübsche dunkle Augen, spärlicher Bartwuchs, aber schönen Zähnen ist er ein außerordentlich ruhiger Mann, von ca. 30 Jahren, der erste hier in der Kolonie, der mich durch seine vornehmen Manieren und sein ganzes Wesen gleich bestach. Ich bin derartiges in letzter Zeit so wenig gewöhnt gewesen, daß es einen doppelt angenehm berührt, besonders wenn man den guten Dr. Gruner neben ihm begutachtet. Dr. Gruner ist noch buschmäßiger geworden, hat einen Riesenbart, ist aber sonst ganz der Alte."[594] Massow betont außerdem die Selbstgenügsamkeit und Anspruchslosigkeit Zechs, seinen Arbeitseifer, den er selbst unmittelbar nach einem schweren Anfall von Schwarzwasserfieber an den Tag legte, und die bereichernden Gespräche, die er mit ihm führen konnte.[595] Was Massow auch nicht ausspart, ist die nervliche Belastung, der sich Zech wohl schon in diesen frühen Jahren seines Kolonialdienstes ausgesetzt sah und die sich zeitweilig in Form von Krankheit, Verbitterung und „einer starken geistigen Depression" niederschlug.[596] In einem späteren Eintrag deutet Massow an, dass die freundschaftliche Zuwendung Zechs ihm gegenüber „nicht mehr dieselbe ist, wie er es mich hat glauben machen und ich dieselbe gehalten habe".[597] Damit ließe sich unter Umständen die Vermutung bestätigen, dass Zech kaum persönliche Freundschaften außerhalb des dienstlichen Rahmens pflegte und im Grunde genommen eher ein Einzelgänger war.

Ein ganz anderes Bild von den Persönlichkeit und Politik Zechs als die Erinnerungen und Aufzeichnungen anderer Kolonialoffiziere und Kolonialbeamten vermitteln die Berichte zum Thema „The Germans in Togoland", die in der von Afrikanern in Cape Coast (Goldküste) herausgegebenen Zeitung „The Gold Coast Leader"[598] und zum Teil auch in

---

[590] Massow, Tagebücher, S. 174 (Brief an seine Schwester vom 19. Juni 1897) und S. 380.
[591] Ebd., S. 300 und S. 305.
[592] Ebd., S. 102, S. 165, S. 373 usw.
[593] Ebd., S. 330.
[594] Ebd., S. 65 (Eintrag vom 24. Oktober 1896).
[595] Vgl. ebd., S. 73 (Eintrag vom 6. November 1896), S. 74 (Eintrag vom 15. November 1896) und S. 132-134 (Einträge vom 2./3. Februar 1897).
[596] Ebd., S. 74 (Eintrag vom 15. November 1896).
[597] Ebd., S. 318 (Eintrag vom 21. September 1898).
[598] Der Gold Coast Leader (GCL) steht in der Tradition der bereits seit Mitte des 19. Jahrhunderts existierenden, von Afrikanern herausgegebenen Periodika in der Goldküstenkolonie. Die Wochenzeitung wurde 1902 von den Rechtsanwälten Joseph Ephraim Caseley-Hayford und Attoh-Ahuma begründet und existierte bis 1929 (vgl. Sebald, Gold Coast Leader als Mobilisator, S. 109-112).

„The African Times and Orient Review" in London erschienen sind. Im Zeitraum von 1911 bis 1914 wurden im „Gold Coast Leader" 63 Artikel über Togo abgedruckt, in denen meist ein „Native of Aneho", dessen genaue Identität unbekannt blieb, über Missstände und Unterdrückung durch die Deutschen und Widerstand der Afrikaner in seinem Heimatland Togo berichtete, wobei auch bereits länger zurückliegende Ereignisse, eben auch aus der Amtszeit Zechs, dargestellt wurden.[599]

Zech wird hier als „ignorant man", als „lay man" bezeichnet,[600] ebenso als „narrow-minded"[601]; seine Politik wird „oppressive and despotic" genannt,[602] einmal ist sogar von „Graf Zech the monster"[603] die Rede. Solche negativen Urteile werden in diesen Texten zwar ebenso über andere frühere Gouverneure und noch viele weitere deutsche Kolonialbeamte ausgesprochen. Allerdings gibt es genauso Deutsche, die von den Berichterstattern positiv dargestellt werden. Laut Einschätzung des „Native of Aneho" gab es durchaus Kolonialbeamte, die sich für die Belange der Bevölkerung einsetzten – Zech zählt für ihn ganz klar nicht dazu: „Men like Horn, von Oertzen, Dr. Heim, Herr Hansen Oberleutnant von Roebern are wanted. Friends like Koehler, Graf Zech, His Highness Duke Adolf Friedrich of Mecklenburg, Dr. Kersting, Dr. Gruner, von Doering, von Seefried, Karl Mezger and a host of others are not wanted. The presence of these men who know no law, know not the difference between justice and injustice, do not enhance any respect for the Germans whether they be officials, missionaries, merchants or planters."[604] Den später als "grand législateur" titulierten Zech,[605] der ja mit seinen Kodifikationsplänen einen durchaus ernstzunehmenden Versuch machte, Rechtssicherheit für die gesamte Bevölkerung der Kolonie herzustellen,[606] zählt hier also ein „Eingeborener", der überdies sehr detaillierte Kenntnisse über Togo und das Deutsche Reich hatte, eindeutig zu den Vertretern des „Unrechts".[607] Auffälligerweise wird seinem Vorgänger Horn, dem die Schuld für den Tod eines Kochs gegeben wurde und der in diesem Fall immerhin in Deutschland rechtskräftig – wenn auch nur wegen Körperverletzung – verurteilt worden ist, „sympathy with the natives"[608] beschieden; Gouverneur Horn sei laut dem „Native of Aneho" nur mit Hilfe eines Komplotts aus Togo entfernt worden, „for the simple reason that he likes the blacks."[609] Ohne auf jene Vorgänge näher eingehen zu können, wird hier

---

[599] Vgl. Massow, Tagebücher, S. 114-118.
[600] GCL 13.9.1913 (The Germans in Togoland, by a Native of Aneho).
[601] African Times and Orient Review, November/Dezember 1913, S. 201-203 (German Atrocities in Togoland. By a Native of Aneho).
[602] GCL 20.-27.6.1914 (The Germans in Togoland, by a Native of Aneho).
[603] GCL 13.6.1914 (Gold Coast and German Togoland, by Quashi).
[604] GCL 5.9.1914 (The Germans in Togoland, by an Native of Aneho).
[605] Simtaro, Le Togo Musterkolonie, S. 142; vgl. Knoll, Togo under Imperial Germany, S. 61.
[606] Siehe Kap. 5. 5. 3.
[607] Zur Einschätzung der Rechtspraxis der Gouverneure ("lawlessness of the German law") siehe GCL 9.5.1914 (The Germans in Togoland, by a Native of Aneho).
[608] African Times and Orient Review, November/Dezember 1913, S. 201-203 (German Atrocities in Togoland. By a Native of Aneho).
[609] GCL 30.12.1911 (Gold Coast and German Togoland, by Quashi).

doch schnell deutlich, dass die Wertungen von Afrikanern oft ganz im Widerspruch zu dem standen, was in Kolonialkreisen als allgemeiner Konsens galt. Zech musste sich im Gegensatz zu Leuten wie Gruner, Kersting oder Horn nie vor einem Gericht oder vor der Öffentlichkeit in Deutschland für Misshandlungen oder andere Grausamkeiten rechtfertigen – man könnte also leicht den Eindruck eines „sauberen" Kolonialbeamten gewinnen. Und doch werden in den Berichten aus „German Togoland" einige Fälle erwähnt, die Zech doch in ein anderes Licht rücken.[610] Da wird zum Beispiel erzählt, dass der „paramount chief of Aneho" seines Amts enthoben und mit einer hohen Geldbuße bestraft wurde, weil sich ein entfernter Verwandter von ihm namens Abraham Gaba schriftlich beim Reichskolonialamt über die „barbarity of Zech's Government" beschwert hatte. Da Abraham Gaba, dem die Todesstrafe drohte, nach Dahomey flüchten konnte, ließ Zech an seiner Stelle den verwandten Häuptling bestrafen – immerhin nicht mit dem Tode. Gaba wurde nach Zechs Rücktritt rehabilitiert und kehrte nach Togo zurück, wobei das Gouvernement eingestand, dass Zech gegen die Anweisungen des Reichskolonialamts gehandelt hatte.[611] An anderer Stelle ist davon die Rede, dass Zech einen Mann mit 25 Schlägen und sechs Monaten Gefängnishaft bestrafte, weil er es auf dieselbe afrikanische Frau abgesehen hatte wie der Vertraute und langjährige Adjutant Zechs, Leutnant Adolf Freiherr von Seefried auf Buttenheim.[612] In einem mit „The Hottentot War and Deportation" überschriebenen Artikel[613] wird von 200 nach dem Hererokrieg aus Südwestafrika deportierten Nama-Soldaten („Hottentotten") berichtet, die in Lome Baumstämme transportieren mussten. Viele starben dort infolge des klimatischen Schocks, der erschöpfenden Arbeit und der völlig unzureichenden Versorgung. Als sich nun Mitglieder der Norddeutschen Mission und deren Pastor Carl Oswald um eine Linderung des Elends bemühten, indem sie Geld und Kleidung sammelten und beim Gouverneur freien Zugang zu den Kriegsgefangenen erbaten, verweigerte Zech die Erlaubnis, den Menschen irgendwelche Hilfe zukommen zu lassen. Nach Verhandlungen mit Pastor Oswald[614] wurde den Namas lediglich gestattet, den Gottesdienst in der evangelischen Kirche zu besuchen, doch schon eine Woche später verbot Zech strikt jeglichen Kontakt zwischen den gefangenen Soldaten und den Missionsangehörigen. Von den 200 Männern überlebten nur 60 die harte Fron in Togo; diese wurden schließlich nach Kamerun transportiert, wo sie Gerüchten zufolge alle gestorben sein sollen.

---

[610] Die Fälle werden hier so wiedergegeben, wie sie in den Zeitungen dargestellt wurden, da ein – durchaus lohnenswerter – Vergleich mit den aktenkundigen Fakten den Rahmen dieser Arbeit sprengen würde.

[611] GCL 30.8.1913 (The Germans in Togoland, by a Native of Aneho); GCL 21.3.1914 (The Germans in Togoland, by a Native of Aneho). Dieser Fall ist wohl auch neben vielen anderen Beschwerdepunkten in einer vom GCL unterstützten Petition an den Reichstag vom 12. Mai 1914 gemeint, in der von „Zech's Anarchie" die Rede ist (Wortlaut der Petition in: Sebald, Togo, 659-675, hier S. 672).

[612] GCL 13.6.1914 (Gold Coast and German Togoland, by Quashi).

[613] GCL 30.5.1914 (The Germans in Togoland, by a Native of Aneho).

[614] Diese Passage des Artikels ist in der British Library, wo der GCL fast vollständig gesammelt vorliegt, leider nicht vollständig erhalten.

Die Artikel des „Native of Aneho" oder „Quashi" stehen in Zusammenhang mit einer, von Sebald als „antikolonial" bezeichneten Protest- und Petitionsbewegung, die sich ab 1902 vor allem in der bürgerlichen Oberschicht der Küstenstädte neu formierte und die ihren Höhepunkt in den Jahren unmittelbar vor Ausbruch des Weltkriegs erlangte.[615] Da offenbar zahlreiche Bittgesuche und Beschwerden aller Art in anonymer Form bei den deutschen Kolonialbehörden eingingen, verordnete Zech 1907, dass, „wer für einen schreibensunkundigen Eingeborenen eine schriftliche Eingabe an Behörden des Schutzgebietes anfertigt", diese „mit seinem eigenen Namen unter Angabe seines Wohnortes zu unterzeichnen" habe.[616] Das Gouvernement konnte somit also gegebenenfalls mit Repressalien gegen die Urheber vorgehen, falls davon auszugehen war, dass sie nicht loyal genug zur deutschen Regierung standen. Als im Mai 1909 Angehörige der einheimischen Oberschicht von Lome die Anwendung gleichen Rechtes für Europäer und Afrikaner forderten, versuchte Zech hingegen aus seiner paternalistischen Haltung heraus derartige Bestrebungen zu unterbinden und die Bittsteller nur verbal zu maßregeln. In einer mahnenden Rede an seine schwarzen Untertanen betonte er die „Überlegenheit der weißen Rasse als Ganzem gegenüber der farbigen in kultureller Beziehung."[617] Zech verwies darauf, dass ja innerhalb der Rassenzugehörigkeit Gleichheit vor dem Richter und dem Gesetz bestünde und bezeichnete die Forderung der Einheimischen daher als unberechtigt.[618] In den Petitionen, die gerade in der letzten Phase der deutschen Herrschaft auch nach Berlin an den Reichstag und das Reichskolonialamt gerichtet wurden, wurde Zech im Gegensatz zu vielen anderen hohen Kolonialbeamten kaum wegen konkreter Vergehen angegriffen. Aber er wurde doch in einem Atemzug mit seinem Nachfolger Adolf Friedrich sowie mehreren anderen unbeliebten Kolonialherren zu den „Abnormitäts Beamten" gezählt, die aus dem Schutzgebiet zu entfernen seien.[619] Man kann davon ausgehen, dass Zech sich persönlich weniger zu Schulden kommen ließ als etwa ein Geo A. Schmidt, ein Hermann Kersting oder ein Adolf Friedrich zu Mecklenburg; von Zech sind immerhin keine Fälle überliefert, dass er Menschen zu Tode peitschen ließ oder minderjährige Mädchen vergewaltigt habe.[620] Doch davon abgesehen - aus der Lektüre der Artikel über Togo im „Gold Coast Leader" und in „The African Times and Orient Review" ergibt sich ein Bild von einem Gouverneur, der Verbrechen verübte, ohne sich dafür rechtfertigen zu müssen,[621] der den Afrikanern Land raubte,[622] willkürliche Urteile aussprach und keine Anzeichen von mitmenschlicher Regung

---

[615] Vgl. hierzu ausführlich Sebald, Togo, S. 526-581.
[616] Amtsblatt Togo 1907, S. 175, zit. nach: Sebald, Togo, S. 545.
[617] BArch R 1001/4775, Bl. 26, zit. nach: Sebald, Togo, S. 546.
[618] Sebald, Togo, S. 545-547.
[619] „Königliche Konsulat für Togo" an „Auswärtiges Amt Kolonial-Abteilung" vom 11. September 1913, abgedruckt in: Sebald, Togo, S. 649-651, hier S. 651.
[620] Vgl. hierzu Kap. 6. 3.
[621] Vgl. GCL 3.1.1914 (The Germans in Togoland, by a Native of Aneho).
[622] Vgl. African Times and Orient Review, November/Dezember 1913, S. 201-203 (German Atrocities in Togoland. By a Native of Aneho).

verspürte. Ohne hier nachprüfen zu können, inwieweit diese Anschuldigungen im Detail den Tatsachen entsprachen, sind sie dennoch den positiven Wertungen von „Kolonial-Kollegen" wie auch von Historikern, die in Zech ein Musterbeispiel für eine „sanfte" und „humane" Kolonialpolitik sehen, gegenüber zu stellen.

6.2 Julius Zech – Adliger, Soldat, Beamter und Ethnologe

Will man nun den Versuch machen, Zechs Persönlichkeit im historischen Kontext aus heutiger Sicht zu bewerten, so ist es nötig, noch einmal zusammenzufassen, in welchen Funktionen Zech auftrat. Er gehörte zunächst einmal einem Grafengeschlecht an. Wenngleich seine Familie keinem höheren Adel entstammte und wohl nicht sehr begütert war, könnte die Herkunft dennoch für seine politische Karriere und sein Wirken in Togo eine Rolle gespielt haben. Eine aristokratische Haltung, gerade gegenüber den untergebenen Afrikanern, lässt sich für Zech deutlich feststellen. Nur konnte eben gerade in den Kolonien auch ein einfacher Bauer oder Handwerker oder jemand, der in seinem Heimatland beruflich oder gesellschaftlich gescheitert war, zum „Aristokraten" werden, denn der rangniedrigste Weiße stand in deutschen Kolonien rechtlich und gesellschaftlich noch immer weit über dem ranghöchsten Schwarzen. Dass er sich trotzdem in seiner Art von so manchem seiner „Kameraden" in Togo unterschieden haben muss, betont wiederholt der Kolonialoffizier Massow. Er bezeichnet Zech als „Gentleman durch und durch und dabei von einer Selbstlosigkeit, die an das Unglaubliche grenzt".[623] Es ist durchaus möglich, dass eine solche „gentlemanlike" Art – um bei Massows Wortwahl zu bleiben – Zech gewissermaßen in die Wiege gelegt wurde. Nach all dem, was aus den vorhandenen Quellen hervorgeht, kann man davon ausgehen, dass er sich im persönlichen Umgang – zumindest gegenüber Weißen und farbigen „Respektspersonen" – im allgemeinen ruhig, zuvorkommend und diplomatisch verhielt, und dass er seine Politik auf Interessenausgleich und Konfliktminimierung ausrichtete.

Auf der anderen Seite war Zech auch durch und durch Soldat, und die Tatsache, dass er bereits als 12-jähriger im bayerischen Kadettenkorps militärisch geschult wurde, mag dazu sicher ihren Beitrag geleistet haben. So verständig und kompromissbereit sich Zech gegenüber anderen Europäern in der Kolonie zeigte, so sehr er auch grundsätzlich die Interessen der „Eingeborenen" (wenngleich natürlich aus seiner „kolonialherrlichen" Sichtweise) in seine Überlegungen einbezog, so rücksichtslos ging er als Offizier bei der Unterwerfung des Hinterlandes vor. Laut Gruner waren es „Zech´s Geschicklichkeit und Mut bei der Wahrung der deutschen Interessen gegenüber feindlichgesinnten Eingeborenen und französischen Expeditionen"[624] und „seine dabei bewiesene Kaltblütigkeit"[625], die

---

[623] Massow, Tagebücher, S. 73 (Eintrag vom 5. November 1896).
[624] BArch N 2340/2, Bl. 54 (Gruner, Erinnerungen an Graf von Zech, 1941).
[625] Ebd., Bl. 56 (Gruner, Beitrag zum Lebensbild des Grafen Zech, 1941).

besondere Bewunderung verdienten. Auf seinen Befehl hin wurden ganze Dörfer niedergebrannt, auch wenn sich das im Nachhinein als taktischer Fehlgriff erweisen sollte.[626] Obwohl die militärischen Maßnahmen in Togo begrenzt blieben, unterschied sich die koloniale Kriegsführung dort nicht wesentlich von der in Deutsch-Südwest- oder Ostafrika, wo zwischen Soldaten und Zivilisten nicht unterschieden wurde und in Europa theoretisch anerkannte Grundsätze der Kriegsführung überhaupt keine Beachtung fanden. Irgendeine Andeutung von Mitgefühl gegenüber dem Gegner, den Frauen und Kindern, die all ihr Hab und Gut verloren hatten, ist von Zech nicht überliefert. Möglicherweise sah Zech diesen Krieg gegen die Bevölkerung als notwendiges Übel an, vielleicht ähnlich wie es Massow in einem seiner Tagebücher festhielt: „Morgen geht es nach Napari, da wird es wohl wieder die alte Leier, Morden, Sengen, Brennen, anfangen. Gott sei's geklagt, aber leider muß es sein."[627] Es ist natürlich nicht auszuschließen, dass der von seiner Persönlichkeit her eher feinfühlige Julius Zech moralische Bedenken bei seinen Feldzügen gehabt haben könnte. Dies hätte er aber wohl falls überhaupt, höchstens seiner Mutter anvertraut, so dass sich hierüber seit der Vernichtung der Briefe nur noch Mutmaßungen anstellen lassen.

So wie Zech Soldat war, kann man ihn auch durch und durch einen Beamten nennen. Das ist zum einen daran zu erkennen, dass er Wert darauf legte, Dienstliches und Privates streng zu trennen. In seinen dienstlichen Aufzeichnungen blieben persönliche Eindrücke in der Regel außen vor, und umgekehrt sprach er im „Privatleben", zumindest im Familienkreis, kaum über den Kolonialdienst.[628] Seine Politik als Gouverneur ging immer primär von den Interessen und Ansprüchen der deutschen Verwaltung aus. Das hieß, dass oberstes Leitmotiv seiner Maßnahmen das wirtschaftliche Wohl der Kolonie war. Steuerarbeit, Branntweinzölle und Wegegebühren waren für die Kolonie, die sich selbst finanzieren musste, ebenso notwendig wie der gute Ruf, den sie zu verteidigen hatte. Die politischen Maßnahmen Zechs lassen sich durchaus als eine Art von „Schutzgebietspatriotismus" begreifen. Denn es ging zu seiner Zeit nicht mehr allein um die Frage, welchen Nutzen die Kolonie für das Deutsche Reich erbringe, sondern, wie sich Politik zum Nutzen dieser Kolonie Togo betreiben ließ. Der Gouverneur Zech war somit keineswegs nur Erfüllungsgehilfe des Reichskolonialamts, sondern versuchte, etwa in der Frage der Landpolitik oder des Eisenbahnbaus, die Belange Togos auch gegenüber den Kolonialinteressen des Reiches zu verteidigen.[629]

---

[626] Vgl. Sebald, Togo, S. 181.
[627] Massow, Tagebücher, S. 274 (Eintrag vom 3. März 1897).
[628] Dazu Zechs Schwägerin: „So umgänglich, so persönlich herzlich im Familienkreis Julius sich gab, so war er über seine dienstlichen Handlungen keineswegs mitteilsam, selbst, wie ich glaube, seiner Mutter gegenüber hätte er sich über ein Vorhaben, ehe es zum Entschluß gereift war, nicht geäußert." (BArch N 2340/1, Bl. 6, Mathilde von Zech an Asmis, 29. November 1939).
[629] Erbar, Platz an der Sonne, S. 306.

Ein Aspekt der kolonialen Tätigkeit muss hier noch erwähnt werden, und zwar der des Ethnologen. Zech ging mit einem immensen Forscherinteresse nach Togo. Obgleich er ethnologischer Laie war und seine Aufsätze keinen heutigen wissenschaftlichen Standards genügen würden, leisteten Kolonialoffiziere und -beamte wie Zech doch einen wichtigen Beitrag zur Entwicklung der wissenschaftlichen Völkerkunde.[630] Die Beschäftigung der deutschen Kolonialisten mit afrikanischen Sprachen und Kulturen war jedoch nicht selten mit einer Geringschätzung derselben verbunden, da sie primär als Relikte früherer primitiver Kulturstufen angesehen wurden, die sich anders als die europäische Zivilisation nicht zu einem höheren Stadium weiterentwickelt hatten.[631]

Zech führte, gerade in seiner Zeit in Kete-Kratschi, Notizhefte mit sich, in denen er, zum Teil nach vorgedruckten Wörterlisten, bisher unbekannte Sprachen erstmals schriftlich aufzeichnete und somit ins Deutsche übersetzbar machte.[632] Außerdem verfasste Zech im Jahr 1897 einen Aufsatz mit dem Titel „Analogien asiatischer Kultur in Togo und den Nachbargebieten"[633], wozu er von der Kolonialabteilung des Auswärtigen Amtes die Genehmigung zur Veröffentlichung in einer Fachzeitschrift erhielt.[634] Mit Hilfe von etwas fragwürdigen Argumenten (Analogien bei bestimmten Riten wie Beschneidung, Schlangenkultus und Menschenopfer; ebenso Zeiteinteilung nach der 7-Tage-Woche) versucht Zech nachzuweisen, dass bestimmte Stämme Togos wie zum Beispiel die Ewe vorderasiatischen Ursprungs seien. Diese Einschätzung, obgleich wissenschaftlich kaum ernst zu nehmen, passt wiederum gut zu Zechs vergleichsweise hoher Meinung von den Ewe im Gegensatz zu den „wilden" Stämmen im Norden Togos. Auch die fast 700 Photographien, die Zech in Togo anfertigte, zeigen sein ethnologisches Interesse. Bei einer Analyse der Bilder wurde festgestellt, dass sie fast durchwegs den damaligen „wissenschaftlichen Prinzipien" der Bildgestaltung folgten, und weder eine „dominante verzerrende Darstellung" aus der Sicht des Kolonialherren noch eine „schwärmerische Idealisierung" erkennbar ist.[635] Der „Photograph" Zech bemühte sich bei seinen Bildern von Menschen, Gebäuden, Arbeit und Alltagsleben in Togo um eine objektive und distanzierte Darstellung. Die Menschen sollten zwar nicht als „primitive Wilde" präsentiert werden, aber sie wurden auch nicht als Individuen, sondern als „eben nur als Verkörperung ihrer Kultur" vorgestellt.[636]

Wohl kann man davon ausgehen, dass die ethnologischen Arbeiten für eine koloniale Karriere sehr förderlich waren.[637] Jedoch lässt der Umfang des Materials darauf schlie-

---

[630] Vgl. Kleinert, Ein deutscher Blick, S. 45-53.
[631] Vgl. Norris, Umerziehung des Afrikaners, S. 114.
[632] Mehrere dieser Hefte befinden sich heute in der Bibliothek des Völkerkundemuseums München (Sign. Afr. 29a, Afr. 1715-1724, Allg. 1618).
[633] BArch N 2340/3, Bl. 40-61 (wahrscheinlich Abschrift von Asmis).
[634] Vgl. ebd., Bl.1 und Bl. 111. – Ob eine Veröffentlichung tatsächlich erfolgt ist, ließ sich nicht ermitteln.
[635] Kleinert, Ein deutscher Blick, S. 52.
[636] Ebd., S. 81.
[637] Kleinert, Ein deutscher Blick, S. 53.

ßen, dass Zech sich auch über karrieristisches Denken hinaus für die Völker Afrikas interessierte. Hier stellt sich natürlich die Frage, woher überhaupt Zechs koloniales Interesse kam. Asmis vermutet, dass dieses wahrscheinlich durch die Bekanntschaft mit dem hessischen und späteren Reichsminister Karl von Hofmann (1827-1910)[638] – er war ein Onkel von Julius Zechs Schwägerin Mathilde – entstanden sei, „der als stellvertretender Präsident der deutschen Kolonialgesellschaft die führenden Persönlichkeiten in der Kolonialbewegung kannte und mit dem jungen kolonialbegeisterten Graf Zech bald infolge der gemeinsamen Interessen durch ein starkes Band gebunden war."[639] Auch spielte der Afrikaforscher Karl Freiherr von Gravenreuth (1858-1891)[640] möglicherweise eine Rolle für Zechs Kolonialinteresse. Zech kannte den auf Schloss Affing bei Aichach ansässigen „Ostafrika-Helden", den er sehr verehrte und bewunderte, mit ziemlicher Wahrscheinlichkeit persönlich.[641] Er verfasste sogar eine biographische Arbeit über ihn, die jedoch, möglicherweise aufgrund persönlicher Bedenken Zechs, nicht veröffentlicht wurde. Ein Manuskript der Arbeit mit dem Vermerk „nicht veröffentlichen" befand sich noch während des Zweiten Weltkriegs im Besitz Mathilde von Zechs, über den weiteren Verbleib ist nichts bekannt.[642]

Horst Gründer bezeichnet Zech in seinem Übersichtswerk zum deutschen Kolonialismus als „katholischen bayerischen Grafen".[643] Das mag zwar auf seine Herkunft bezogen richtig sein, jedoch kann damit ein irreführender Eindruck von der Persönlichkeit des Kolonialpolitikers Zech entstehen. Zwar gab es die Verbundenheit zum bayerischen Königshaus und zur bayerischen Armee. Für die kolonialen Aktivitäten findet sich jedoch nirgends auch nur eine Andeutung, dass diese „bayerische Komponente" irgendeine Bedeutung gehabt hätte. Gleiches gilt für den Katholizismus. Mehr als dass Julius Zech katholisch getauft wurde, ist den Quellen nicht zu entnehmen. Im konkreten Zusammenwirken von Kolonialverwaltung und Kirche in Togo lässt sich überhaupt nicht feststellen, dass die Konfessionszugehörigkeit des Gouverneurs irgendwelche Auswirkungen etwa auf eine Bevorzugung der katholischen Mission gehabt hätte. Zech blieb hier Pragmatiker und betrachtete die Missionen allein aus dem Blickwinkel des Staatsbeamten. Auch eine Verbindung Zechs zum politischen Katholizismus lässt sich weder bestätigen noch widerlegen. Ein „Partei-Politiker" war er aber kaum, und wenn, ließe er sich in seiner wirtschaftsorientierten, imperialistischen und gesellschaftlich konservativen Haltung

---

[638] Kolonialllexikon Bd. II, S. 70.
[639] BArch N 2340/1, Bl. 30 (Manuskript Asmis, 1941); vgl. ebd., Bl. 7 (Mathilde von Zech an Asmis, 7. Januar 1949).
[640] Gravenreuth diente als Hauptmann in der Deutschen Ostafrika-Gesellschaft und bei der „Wissmann-truppe" und war an zahlreichen kriegerischen Maßnahmen in Deutsch-Ostafrika beteiligt; er fiel im Gefecht in Kamerun (Kolonialllexikon Bd. I, S. 751).
[641] Staubwasser, Zech, S. 1; BArch N 2340/1, Bl. 12 (Mathilde von Zech an Asmis, 5. Juni 1940)
[642] BArch N 2340/1, Bl. 4 (Mathilde von Zech an Asmis, 13. November 1939); ebd., Bl. 6 (Mathilde von Zech an Asmis, 26. November 1939). – Falls die Arbeit erhalten blieb, übernahm sie wahrscheinlich Mathildes einzige Tochter Hanna, die 1997 ohne Nachkommen verstarb (Genealogisches Handbuch Bd. 123, S. 636).
[643] Gründer, Geschichte der deutschen Kolonien, S. 135.

wohl noch am ehesten dem nationalliberalen oder freikonservativen Umfeld zuordnen. Auch dafür, dass Zech seine koloniale Tätigkeit im christlichen Sinne „missionarisch" aufgefasst hätte, fehlt jeder Beleg. Im Gegenteil schien er die traditionellen religiösen Bräuche so wenig wie möglich antasten zu wollen,[644] und noch viel weniger den Islam, was die Einrichtung eines Sperrgebiets in Nordtogo belegt.[645] Wie es der „Privatmann" Zech mit katholischer Kirche und Religiosität hielt, könnte er theoretisch allenfalls in den privaten Briefen an seine Mutter zum Ausdruck gebracht haben. Der „Gouverneur Zech" ließ sich davon in seinem Handeln nicht beeinflussen. Wenn aber der Historiker Smith versucht, Zech allein aufgrund seiner Konfessionszugehörigkeit mit dem Gouverneur von Ostafrika und Zentrumspolitiker Albrecht Freiherr von Rechenberg in Verbindung zu bringen und Zechs Politik als „affected by contemporary liberal Catholic social thought" bezeichnet,[646] so wird hier eine rein spekulative Interpretation vorgenommen, die jeglicher Quellenbasis entbehrt. Die Politik des Gouverneurs von Togo hätte ebenso gut die Politik eines protestantischen Preußen sein können und war nicht unbedingt eine antiklerikale, wohl jedoch eine laizistische Politik.

6.3 Zech als Repräsentant der deutschen Kolonialpolitik in der „Ära Dernburg"

Als Bernhard Dernburg im Jahr 1906 die Leitung der Kolonialabteilung im Auswärtigen Amt übernahm, war Zech seit eineinhalb Jahren offiziell Gouverneur. Dernburg reichte im Mai 1910 seinen Rücktritt ein;[647] nur fünf Monate später tat Zech als Gouverneur das Gleiche, wobei er die Kolonie schon seit längerem nicht mehr betreten hatte. Doch nicht nur die weitgehende Deckung ihrer Amtszeiten verbindet den 1865 geborenen Bernhard Dernburg mit dem 1868 geborenen Julius von Zech, auch in ihrem kolonialpolitischen Verständnis werden deutliche Parallelen greifbar.

Im Wahlkampf 1906/07 verbreitete Dernburg erstmals in Form von zahlreichen Reden und Schriften sein „Programm" einer neuen Kolonialpolitik vor einem breiten Publikum. Er verstand unter Kolonisation die Nutzbarmachung des Bodens, der Natur und der Menschen zugunsten der Wirtschaft der kolonisierenden Nation, welche zur Gegengabe ihrer höheren Kultur, sittlichen Begriffe und besseren Methoden verpflichtet sei. Im Vordergrund stand der wirtschaftliche Aspekt, nämlich eines Tages den Großteil des Rohstoffbedarfes für das Mutterland aus den Kolonien ziehen zu können. Er forderte

---

[644] Vgl. Massow, Tagebücher, S. 202 (Eintrag vom 17. September 1897). Massow kritisiert hier die seiner Meinung nach zu weit gehende Rücksichtnahme des Stationsleiters Zech gegenüber dem Fetischismus.
[645] Siehe Kap. 5. 4.
[646] Smith, Zech, S. 476.
[647] Hintergrund für Dernburgs Rücktritt, der selbst von seinen Kritikern bedauert wurde, war das Auseinanderbrechen des Bülow-Blocks 1909 und die parlamentarische Kontroverse um die koloniale „Diamantenpolitik" im Frühjahr 1910 (vgl. hierzu Schiefel, Bernhard Dernburg, S. 127-132).

weitgehende Selbstverwaltung für die einzelnen Schutzgebiete und den Ausbau der Verkehrswege mit dem Ziel, dass sich die Kolonien einst auch selbst finanziell tragen sollten. Neben der Wirtschaft gewann die „Eingeborenenfrage" an ideologischer Bedeutung. Nach den ersten „kolonialen Lehrjahren" sollte ein Umdenken bei Farmern, Kaufleuten und Beamten stattfinden und die bisherige Willkür und Selbstsucht der Kolonialherren einem tieferen Verständnis für die fremden Völker, ihre Bedürfnisse und ihre zivilisatorische Hebung Platz machen.[648]

Eine bedeutende Maßnahme Dernburgs war die „koloniale Finanzreform" von 1908. Dabei wurden die Aufwendungen für infrastrukturelle Maßnahmen von den laufenden Verwaltungskosten finanztechnisch getrennt. Die Mittel zum Bau von Eisenbahnen, Wegen und Verwaltungsgebäuden sollten nunmehr über „Kolonialanleihen" finanziert werden. Für deren Verzinsung und Tilgung haftete die jeweilige Kolonie selbst, während das Reich gegenüber dem Gläubiger die Bürgschaft übernahm. Da die Tilgung über einen langen Zeitraum (oft mehrere Jahrzehnte) erstreckt werden konnte, wurden sowohl die Reichsfinanzen als auch der Haushalt der Schutzgebiete entlastet. Damit förderte Dernburg den Bau der Eisenbahnen und die wirtschaftliche Lage in den Kolonien allgemein.[649] Dass in Togo ab 1908 die Hinterlandbahn nach Atakpame gebaut werden konnte, wäre ohne die Finanzreform Dernburgs, der selbst großes Interesse für den Bau von Kolonialbahnen zeigte und sogar eine Denkschrift über die Eisenbahnen Afrikas verfasste, kaum möglich gewesen.[650]

Auch in der Lösung des „Missionskonfliktes" und der Nachwirkungen der „Horn-Affäre", die Zechs erste Amtsjahre überschatteten, waren der Gouverneur und der Staatssekretär auf einer Linie.[651] Nach außen hin signalisierte Dernburg den Vorfällen nachzugehen, die Schuldigen zu bestrafen und darauf hinzuwirken, in Zukunft derartiges im Vorfeld zu unterbinden.[652] Dies tat er jedoch erst, nachdem Parlamentarier wiederholt auf Fälle von groben Misshandlungen und Willkürjustiz in Togo hingewiesen und der Regierung die Beteiligung an einem „Vertuschungssystem" vorgeworfen hatten.[653]

Dernburg traf in der Folgezeit einige Maßnahmen, um dem Ansehen der Kolonialpolitik abträgliche Vorfälle zu vermeiden. Aufgrund von wiederholten Vergewaltigungen

---

[648] Vgl. Schiefel, Bernhard Dernburg, S. 59-61.
[649] Erbar, Platz an der Sonne, S. 174.
[650] Vgl. ebd., S. 192.
[651] Siehe auch Kap. 5. 4 und 7. 1.
[652] Verhandlungen des Reichstags 1906, Bd. V, S. 4096-4103 (Sitzung am 3. Dezember 1906).
[653] So z.B. der linksliberale Abgeordnete Ablaß (ebd., Bd. I, S. 346, Sitzung am 15. Dezember 1905). – Gleichwohl gab Dernburg zu verstehen, dass er von Zeugenaussagen aus dem Munde von Afrikanern wenig hielt. So schilderte er vor dem Reichstag den Fall des Koches Mesa, der angeblich von Bezirksleiter Kersting umgebracht worden war, laut Auffassung Dernburgs aber an Schwarzwasserfieber gestorben und von Kersting gepflegt worden sei. Zu den von Farbigen bezeugten Anschuldigungen meinte Dernburg nur: „Und dann kommt diese Phantasie dieser halb Kinder, halb Narren und halb Wilden, die sagen: ‚wo ist der Koch geblieben? der Weiße hat ihn umgebracht.'" (ebd., Bd. V, S. 4100 [Sitzung am 3. Dezember 1906]).

minderjähriger Mädchen, wofür sich unter anderem der Stationsleiter Geo A. Schmidt in Atakpame verantworten musste,[654] verbot Dernburg per Erlass „die Aufnahme unerwachsener weiblicher Eingeborener, sei es als Dienerinnen, sei es in irgendwelcher anderen Eigenschaft in den Hausstand unverheirateter europäischer Beamter oder sonstiger Gouvernementsangestellter." Erwachsene farbige Frauen durften eingestellt werden, solange es keinen „Anlaß zu Anstoß und Ärgernis" gab. „Sofern in dieser Beziehung Mißstände hervortreten", empfahl Dernburg, „mit Strenge disziplinarisch einzuschreiten."[655] Auch wurde durch das Reichskolonialamt 1907 die körperliche Züchtigung gewissen Auflagen unterzogen: Es hatte ihr von nun an eine gerichtliche Verhandlung vorauszugehen, es war ein Protokoll und bei mehr als 15 Schlägen eine schriftliche Begründung anzufertigen; außerdem musste ein Arzt dem Vollzug der Strafe beiwohnen.[656] Um in der deutschen Öffentlichkeit ein positiveres Bild von den Schutzgebieten zu propagieren, wurde den Kolonialbeamten und -offizieren außerdem eingeschärft, dass sie nicht eigenmächtig Mitteilungen an die Presse weitergeben durften (die Skandale um Schmidt und Horn waren mittels eines deutschen Amtsvorstehers ans Tageslicht gekommen!). Anstelle neuer Skandalmeldungen hielt es Dernburg für wünschenswert, wenn die Beamten zur Aufnahme in das Kolonialblatt geeignete Aufsätze einreichten, namentlich „Abhandlungen ethnographischer und auch historischer Natur, welche für die Öffentlichkeit in Deutschland von Interesse sind."[657]

Was die Unternehmungen zur Konfliktentschärfung etwa im Fall der weiblichen Hausangestellten oder zur Propagierung eines positiven Bildes über die Kolonien anbelangt, so fanden diese nicht nur Zechs Zustimmung, sie ergänzten sich auch mit den Maßnahmen, die der Gouverneur in Togo traf.[658] Zech verband wie Dernburg ökonomische mit humanitären Motiven, wobei in der Regel die Ökonomie den Rahmen vorgab, in dem die „Eingeborenenpolitik" gewisse Spielräume hatte. Er förderte wie Dernburg eine Produktionsweise, die sich auf „Volkskulturen" stützte ebenso wie den Bau von Eisenbahnen zur wirtschaftlichen Durchdringung und Erschließung. Zech versuchte, die Missionen in ein koloniales Gesamtkonzept einzubeziehen und so im Zusammenspiel der Kräfte (gleichsam in einer eigenen binnenkolonialen Sammlungspolitik) eine friedliche Entwicklung

---

[654] Schmidt gab die sexuelle Beziehung zu seiner Hausangestellten namens Adjaro offen zu, hielt sich jedoch für keines Vergehens schuldig, da er das Mädchen nicht zum Geschlechtsverkehr gezwungen habe und er davon ausgegangen war, dass sie schon über 14 Jahre alt sei – sie war wahrscheinlich gerade einmal 12 (Erbar, Platz an der Sonne, S. 249-251). Auch dem späteren Gouverneur Adolf Friedrich zu Mecklenburg wurden sexueller Missbrauch von erst 10-12-jährigen Mädchen zur Last gelegt (Sebald, Togo, S. 556). Vgl. hierzu auch die 1907 erschienene Rechtfertigungsschrift des Stationsleiters (Schmidt, Schmidt gegen Roeren).

[655] E[rlaß] d[es] A[uswärtigen] A[mtes] K[olonial] A[bteilung] betr. das Verbot des Haltens unerwachsener weiblicher Eingeborener als Dienerinnen seitens der Gouvernementsangestellten. Vom 19. Januar 1907, in: Landesgesetzgebung, S. 365 f.

[656] Vf. d. R.K.A. betr. die Anwendung körperlicher Züchtigung als Strafmittel gegen Eingeborene der afrikanischen Sch. Vom 12. Juli 1907, in: Landesgesetzgebung, S. 202 f.

[657] E[rlaß] d[es] A[uswärtigen] A[mtes] K[olonial] A[bteilung] betr. Mitteilungen an die Presse. Vom 21. Februar 1907, in: Landesgesetzgebung, S. 366.

[658] Vgl. hierzu auch Kap. 7. 2.

Togos zu fördern, wobei die strikte Rassentrennung im Grundsatz zementiert werden sollte. Zech war für Dernburg an sich genau der „richtige Mann" in Togo; er erwies sich im Großen und Ganzen als zuverlässiger Mitstreiter in der Umsetzung seines „neuen" kolonialpolitischen Kurses.[659]

Von Zeit zu Zeit kam es allerdings auch zu Differenzen zwischen Dernburg und Zech. Eines dieser Konfliktfelder war die Rechtskodifikation. Dass Zech und Asmis in Togo über das Sammeln und Aufschreiben von Rechtsbräuchen hinausgingen und das Bezirksleiterrecht kodifizieren wollten, ging Dernburg eindeutig zu weit. Er hatte dabei das Problem vor Augen, sich möglicherweise vor kolonialkritischen Juristen dafür rechtfertigen zu müssen, dass in den Schutzgebieten allgemein anerkannte Rechtsgrundsätze außer Kraft gesetzt waren. Mit dem Verzicht auf eine Kodifikation, ja zunächst selbst auf eine Veröffentlichung des Rechts, das in der kolonialen Praxis Gültigkeit hatte, war es für das Reichskolonialamt leichter, guten Willen und Verständnis für die Rechtsbräuche der „Eingeborenen" zu demonstrieren, aber keine verbindlichen politischen Konsequenzen ziehen zu müssen. Während Zech innerhalb Togos Rechtssicherheit einführen wollte, blieben gemäß dem Willen Dernburgs die Kolonien eine juristische Grauzone, in der trotz aller rechtspolitischen Reformen die Jurisprudenz nicht mit den für das Mutterland verbindlichen Grundsätzen im Einklang stehen musste.[660]

Auch in der Auseinandersetzung um unrechtmäßigen Landerwerb durch die Deutsche Togo-Gesellschaft gingen die Vorstellungen Zechs über die des Reichskolonialamts hinaus. Dernburg schloss sich hierbei nicht der Auffassung Zechs, sondern der des DTG-Geschäftsführers Hupfeld an, der die Ausführungen der Landkommission unter Rudolf Asmis als „abwegig" bezeichnet hatte. Dernburg ließ Zech unmissverständlich wissen, dass er es für unnötig halte, die Kompetenzen der Landkommission zu erweitern und dass kein Grund bestehe, die Rechtsgültigkeit der von Hupfeld geschlossenen Verträge einer weiteren Überprüfung zu unterziehen.[661] Möglicherweise befürchtete der Kolonialstaatssekretär, dass eine radikale Zurückdrängung der Deutschen Togo-Gesellschaft weite Kreise ziehen könnte und die Existenzgrundlage von Plantagengesellschaften in anderen Kolonien aufs Spiel setzen würde. Dernburg war in dieser Frage also kaum ein Verfechter radikaler Veränderungen, sondern durchaus zu weitgehenden Zugeständnissen gegenüber Plantagenbesitzern wie Hupfeld bereit. Ebenso fand Zech keine Zustimmung bei Dernburg in der Forderung, angesehenen „Eingeborenen" der Küstenregion gewisse Vorrechte einzuräumen, die unter anderem in dem Recht bestanden hätten, auch von deutschen Beamten gesiezt zu werden.[662] Hier blieb also das Rassendenken bei dem liberalen Politiker in Berlin noch stärker ausgeprägt als bei dem Kolonialbeamten vor

---

[659] Vgl. Knoll, Togo under Imperial Germany, S. 61 f.
[660] Vgl. Sebald, Togo, S. 316; Wolter, Deutsches Kolonialrecht, S. 243 f.
[661] Erbar, Platz an der Sonne, S. 95.
[662] Vgl. Sebald, Togo, S. 546 f.

Ort, der sich durchaus bewusst war, dass sich in Togo eine Gesellschaft herausgebildet hatte, die mehr soziale Unterschiede als „schwarz" und „weiß" kannte.

In einem Punkt aber gingen Dernburgs Reformvorstellungen über die Zechs hinaus, und zwar bei den körperlichen Züchtigungen. Dernburg war sichtlich schockiert, als er auf seiner Afrikareise 1907 feststellen musste, dass in Daressalam fast jeder Weiße mit der Peitsche spazieren ging und sich das Recht herausnahm, „auf jedem beliebigen Schwarzen herumzuschlagen."[663] Die „einzige wesentliche Reform Dernburgs auf dem Gebiet des Strafrechts"[664] war somit der Erlass einer Verfügung, die die Prozedur der Prügelstrafe regelte und etwa die Anwesenheit eines Arztes und die Anfertigung eines amtlichen Protokolls beim Strafvollzug vorschrieb.[665] Dernburg hatte zuvor in Berlin die Darmstädter Bank geleitet und mit Kolonien nicht viel zu tun gehabt, während Zech wohl in dieser Hinsicht im jahrzehntelangen Militär- und Kolonialdienst gewiss „abgehärteter" war. Daher blieb für Zech die Prügelstrafe auch Bestandteil der kolonialen Realität; und er war nicht gewillt, sich aus Berlin sagen zu lassen, unter welchen Bedingungen er in seinem Schutzgebiet züchtigen lasse dürfe.[666]

Die Divergenzen zwischen Dernburg und Zech lagen zusammengefasst wohl in erster Linie an ihren unterschiedlichen Interessenlagen – Zech hatte die Entwicklung Togos, Dernburg die Gesamtheit der Kolonien und ihre Reputation vor Augen. So nimmt es nicht Wunder, dass Zech grundsätzlich bestrebt war, auch wieder Zuschüsse vom Reich zu bekommen, was Dernburg strikt ablehnte.[667] Die Prinzipien ihrer Politik blieben jedoch im Wesentlichen identisch. In vielen Fällen bedürfte es einer detaillierteren Untersuchung, welche Maßnahmen Zechs originär von ihm ausgingen und bei welchen er auf Weisungen aus dem Reichskolonialamt reagierte. Zech war aber mit Sicherheit kein bloßer „Erfüllungsgehilfe" seines Vorgesetzten Dernburg, schließlich hatte er ja schon vor Dernburgs Amtsantritt in Togo Reformmaßnahmen in Angriff genommen. Die koloniale Wirtschafts- und „Eingeborenenpolitik" ab 1907 wird zwar nicht zu Unrecht in erster Linie mit dem Namen Dernburg verbunden. Ungeachtet seines enormen persönlichen Einsatzes hatte der aber auch nicht völlig neue Prinzipien entworfen, sondern auf zahllose Anregungen aus der kolonialen Theorie und Praxis, zu denen mit Sicherheit auch die Politik des Gouvernements in Togo gehörte, zurückgegriffen.[668] Somit bedingten und beeinflussten sich der Gouverneur in Lome und der Staatssekretär in Berlin in vielfältiger Weise wechselseitig.

---

[663] Geheimer, gedruckter Bericht des Staatssekretärs Bernhard Dernburg, Nov.1907. Auszug, in: Müller, Kolonien unter der Peitsche, S. 74 f.
[664] Wolter, Deutsches Kolonialrecht, S. 221.
[665] Vgl. Kap. 5. 5. 2.
[666] Vgl. Sebald, Togo, S. 298 f.
[667] Knoll, Togo under Imperial Germany, S. 62.
[668] Vgl. Schiefel, Bernhard Dernburg, S. 61 und S. 140.

Auch die Parallele der Kolonialpolitik Zechs zu der von Wilhelm Solf (Staatssekretär im Reichskolonialamt 1911-18) wurde wiederholt festgestellt.[669] Solf, obgleich er die afrikanischen Völker für die „minderjährigen Rassen dieser Welt" hielt,[670] sprach sich in mehrfacher Anlehnung an Dernburg ebenfalls für ein „Selbstzweckrecht" der „Eingeborenen" aus,[671] für ihre moralische und intellektuelle Erziehung[672] und die „Umwandlung aus dem dunklen Erdteil in ein lebendiges Glied der Kulturgemeinschaft."[673] Die Behauptung, dass Zech mit seiner „eingeborenenfreundlichen" Land- und Rechtspolitik Grundlagen für die letzte Phase der deutschen Kolonialpolitik 1911-14 gelegt habe,[674] mag vielleicht seine Rolle überschätzen. Eher waren Dernburg, Solf und Zech ganz allgemein Vertreter einer Generation von Kolonialpolitikern, die nach der tiefgreifenden Krisenerfahrung von 1905/06 mit ihren Vorstellungen einer „aufgeklärten" Kolonialpolitik zum Zuge kamen. Die Ressource menschlicher Arbeitskraft zu schützen und der wirtschaftlichen Nutzung der Kolonien dienstbar zu machen, dies war das Hauptinteresse einer neuen Kolonial- und „Eingeborenenpolitik", „für die im Reich der Name Dernburgs, in Togo der des Grafen Zech stand."[675]

6.4 „Mustergouverneur" einer „Musterkolonie"?

„Was Graf Zech als Gouverneur hinsichtlich der Entwicklung unserer alten Kolonie Togo geleistet hat, ist wohl am besten durch die kurze Feststellung gezeichnet: Togo wurde durch seine Führung zur Musterkolonie in unserer vergangenen Epoche."[676] Stellungnahmen dieser Art, in denen Julius Zech mit dem Schlagwort „Musterkolonie" in Verbindung gebracht wurde, ja in denen man ihn als Begründer der „Musterkolonie" ansah, finden sich in indirekter oder expliziter Form in den Schriften ehemaliger Kolonialbeamter und Kameraden Zechs zuhauf.[677] Der Ruf der „Musterkolonie" ließ sich mit dem guten Ruf der Person Zechs immer wieder deutlich in Verbindung bringen. Die Tatsache, dass von Togo als „Musterkolonie" schon ein Jahr bevor Zech überhaupt den ersten Fuß nach Afrika setzte, die Rede war, blieb in dieser Wahrnehmung außen vor.[678] Die zielbewusste Leitung des Schutzgebiets durch Zech, seine Maßnahmen zur Förderung der Wirtschaft und der Finanzlage, selbst die Schulpolitik, die mehr ein furchtsames Hin- und Hertaktieren als eine geradlinige Reformpolitik war, oder seine Fähigkeiten in

---

[669] Vgl. Gann/Duignan, Rulers of German Africa, S. 83.
[670] Solf, Kolonialpolitik, S. 79.
[671] Ebd., S. 28.
[672] Ebd., S. 32 f.
[673] Ebd., S. 97.
[674] Smith, German Colonial Empire, S. 208.
[675] Erbar, Platz an der Sonne, S. 211.
[676] BArch N 2340/3, Bl. 115 (Karl Mezger [um 1940?]).
[677] Vgl. Asmis, Kalamba, S. 136; BArch N 2340/1, Bl. 24 (Manuskript Asmis 1941); Metzger, Unsere alte Kolonie Togo, S. 27; Staubwasser, Zech, S. 2; ähnlich auch Schmidt/Werner, Post, S. 103.
[678] Vgl. Kap. 7. 1.

„kluger menschenwürdiger Behandlung der Bewohner"[679] wurden als die Faktoren dargestellt, welche den Charakter der „Musterkolonie" ausmachen sollten. Der US-Historiker Woodruff D. Smith schreibt dazu treffend: „The public picture of Togo as Germany's efficiently governed Musterkolonie tended to merge after 1905 with that of Togo's most famous governor [...]. To some extent, the personification of Togo in Zech was an illusion fostered by propaganda, but it also possessed a certain amount of truth."[680]

Nicht von der Hand zu weisen ist aber der Vorwurf gerade von der marxistischen Geschichtsschreibung, dass Historiker wie Smith die Mythenbildung um die „Musterkolonie" weiterführten. Smith lobt Zech in höchsten Tönen als "self-conceived humanitarian"[681] und "possibly the most able of all the German governors"[682], wobei er mit Überlieferungen ehemaliger Kolonialbeamter oder der kolonialen Presse[683] nicht allzu kritisch umgeht. So kommt infolgedessen selbst Horst Gründer zu einer einseitig positiven Bewertung Zechs, wenn auch immerhin die falsche Behauptung, dass in der Stadtverwaltung von Lome schwarze Eliten in die Verantwortung miteinbezogen worden seien, in der neuesten Auflage der „Geschichte der deutschen Kolonien" revidiert wurde.[684] In einigen populärwissenschaftlichen Darstellungen und Zeitschriftenaufsätzen aus der Zeit des 100-jährigen Kolonialjubiläums 1984 in der Bundesrepublik wurde Zech ebenfalls als Begründer der „Musterkolonie" dargestellt.[685]

Im Gegensatz dazu kommt der marxistische Historiker Peter Sebald zu der Auffassung, dass der negativen Beurteilung Zechs durch die afrikanische Protestbewegung auch aus Sicht der Geschichtswissenschaft uneingeschränkt zuzustimmen sei. Als Belege hierfür führt er aktenkundliche Fälle an, in denen Zech sich etwa durch Imponiergehabe mit dem Maschinengewehr oder durch mehrmonatige Internierung von potentiellen „Aufständischen" Autorität verschaffte.[686] Zechs restriktive Maßnahmen, die eine „äthiopische Bewegung" unter den „Eingeborenen" verhindern sollten, und die sich unter anderem in einer Zensurverordnung für die „Eingeborenenpresse", in seiner Sprachenpolitik und in

---

[679] Staubwasser, Zech, S. 2. – Diese Einschätzung kann kaum auf eigener Anschauung beruhen, da Staubwasser selbst nie in Togo war.
[680] Smith, Zech, S. 475.
[681] Smith, German Colonial Empire, S. 68.
[682] Ebd., S. 139; vgl. ders., Zech, S. 489.
[683] Smith stützt sich in seinem Zech-Aufsatz fast ausschließlich auf diese Art von Quellen, jedoch im Gegensatz zu Sebald oder Erbar auf kein Aktenmaterial.
[684] Gründer, Geschichte der deutschen Kolonien, S. 135 – Die Formulierung „Für die Hauptstadt [...] *schuf* er eine Stadtverwaltung [...]" (so in der 1. Auflage von 1985) wurde durch „*plante*" ersetzt; vgl. hierzu Erbar, Platz an der Sonne, S. 36, Anm. 154.
[685] Steltzer, Die Deutschen und ihr Kolonialreich, S. 149. – Obgleich ein Kommunalrat für Lome in deutscher Zeit nie verwirklicht wurde, behauptet Steltzer ebenso wie Knoll (Knoll, Togo under Imperial Germany, S. 61), dass es in diesem drei weiße und zwei schwarze Mitglieder gegeben habe. Möglicherweise liegt hier eine Verwechslung mit der Steuerkommission vor, die Zech zur Feststellung der Steuerklassen für Lome eingerichtet hatte und in der tatsächlich „zwei angesehene Eingeborene" mit beratender Stimme hinzugezogen wurden (Sebald, Togo, S. 350). Vgl. auch Afrika-Post 7/1984, S. 16 f.; Wülker, Musterkolonie, S. 44 f.
[686] Vgl. Sebald, Togo, S. 542.

seinem Verhalten gegenüber der Petitionsbewegung niederschlugen,[687] überlagern daher das positive Bild, dass Zech nach außen hin transportierte, zur Gänze. Für Sebald war Zech daher alles andere als ein Reformer, „modernizer" oder „grand legislateur", sondern vielmehr ein „extremer Rassist"[688] und „der gleiche brutale Kolonialist [...] wie seine Kumpane"[689].

Ein Beitrag der Politik Zechs in Bezug auf die „Musterkolonie" lässt sich aber dennoch nicht leugnen. Zum einen bestand er in der Hinsicht, dass sich in der Zeit Zechs der Ruf Togos als „Musterkolonie" festigen konnte. Während aus anderen Kolonien Schreckensmeldungen von Aufständen ins Reich hereinbrachen, sorgte Togo ab 1905 kaum für negative Schlagzeilen, und selbst wenn, lagen die Ereignisse oft schon einige Zeit zurück. Darüber hinaus gab es aber auch reale Auswirkungen der Politik Zechs, die noch Jahrzehnte nachwirkten. Die drei Eisenbahnlinien Togos, deren Bau Zech mit persönlichem Einsatz vorangetrieben hatte, blieben bis heute kaum erweitert; lediglich die Hinterlandbahn wurde bis 1934 nach deutschen Plänen um 113 km nach Norden verlängert, Ende der siebziger Jahre kam noch eine reine Güterzugstrecke für den Phosphatabbau hinzu. Noch bis in die siebziger Jahre hinein waren Waggons aus der deutschen Kolonialzeit in Betrieb.[690] So stammt die Infrastruktur der heutigen Republik Togo, einschließlich des Straßennetzes, zu einem großen Teil aus deutscher Zeit.[691]

Auch die Landpolitik Zechs wirkte sich auf die weitere Entwicklung Togos aus. Dadurch, dass Zech eine Plantagenwirtschaft nur in geringem Umfang zuließ, konnte sich eine einigermaßen stabile und gesunde volkswirtschaftliche Struktur behaupten, die aus den jahrhundertealten Traditionen der kleinbäuerlichen Landwirtschaft und des Binnen- und Überseehandels erwachsen war. Der wirtschaftliche Aufschwung, der besonders in der Zeit Zechs stattfand und mit seinen Maßnahmen zusammenhing, wurde später zuweilen gar als „Wirtschaftswunder" bezeichnet.[692] Zech besaß zudem in wirtschaftlicher Hinsicht durchaus die Weitsicht, in langfristigen Dimensionen zu denken.[693] So dachte er in seinem Entwicklungsplan von 1907 bereits den Bau einer Hafenanlage anstelle der alten Landungsbrücke von Lome an, deren Fertigstellung seiner Meinung nach bis spätestens 1955 notwendig sei.[694] Tatsächlich wurde ab 1964 durch drei deutsche Firmen ein moderner Hochseehafen in Lome errichtet, dessen erste Ausbaustufe 1968 vollendet war.[695] Solche langfristigen Entwicklungen lassen sich zwar keinesfalls monokausal auf

---

[687] Vgl. Sebald, Togo, S. 545-548.
[688] Ebd., S. 546.
[689] Ebd., S. 215.
[690] Schroeter/Ramaer, Eisenbahnen, S. 111-115.
[691] Gründer, Geschichte der deutschen Kolonien, S. 131.
[692] So z.B. Adick, Bildung und Kolonialismus, S. 91 und S. 287.
[693] Vgl. Gründer, Junges Deutschland gründen, S. 100 f.
[694] BArch R 1001/4235, Bl. 17 f. – Zech dachte damals allerdings in erster Linie an die Errichtung einer neuen Küstenzentrale abseits der Hauptstadt.
[695] Radke, 100 Jahre Deutschland – Togo, S. 71.

die deutsche Herrschaft oder gar allein auf die Person Zech zurückführen. Dennoch kann man mit Recht behaupten, dass unter Zech bereits wichtige Grundlagen für die Wirtschaftsstruktur des modernen Staates Togo gelegt wurden.[696]

Zech war nach seinem Tode und bis in die moderne Historiographie hinein tatsächlich zu so etwas wie einem „Mustergouverneur" in der „Musterkolonie" avanciert. Bei der Lektüre der Quellen bekommt man freilich ein anderes Bild, das keineswegs ohne Widersprüche ist. Da sieht man zum einen den Patriarchen, dem die Sicherung der Lebensverhältnisse seiner „Untertanen" ein wichtiges Anliegen ist, auf der anderen Seite den furchtsamen Zauderer, der begonnene Reformansätze nicht zu Ende führt, der Angst hat vor einem politischen Einfluss der „Eingeborenen" auf die deutsche Verwaltung. Da ist der Ethnologe, der sich für fremde Völker und Kulturen interessiert und gleichzeitig der rassistische Nationalist, der ein strenges Apartheidregime aufbaut und der humanitäre Bedenken gegenüber wirtschaftlichen Notwendigkeiten beiseite schiebt. So gesehen erhält man schnell das vielschichtige Bild eines Beamten und „Landesherren", das nach heutigen Maßstäben kaum noch als „mustergültig" durchgehen würde. Da sich Zech fast nur durch seine politischen Maßnahmen, seine amtlichen Schreiben und aus der Sicht anderer fassen lässt, bleibt vieles von seiner Persönlichkeit dabei im Dunkeln. Als „mustergültig" ließe sich Zech eher in dem Sinne bezeichnen, dass er beispielhaft für die koloniale Herrschaft im wilhelminischen Zeitalter ist. Es ist nicht von der Hand zu weisen, dass sich Zech in vielen Punkten ganz ähnlich verhielt wie andere deutsche Kolonialbeamte in der Zeit zwischen 1900 und 1914. Gerade die eigentümliche Mischung aus paternalistischem Selbstverständnis, rassistischem Überlegenheitsgefühl und der Fremdwahrnehmung als unmenschlicher Despot lässt sich in abgestufter Form auch bei den Gouverneuren Theodor Leutwein in Südwestafrika (1894-1905),[697] Albrecht von Rechenberg in Ostafrika (1906-12),[698] Theodor Seitz in Kamerun (1907-10)[699] oder Wilhelm Solf (dem späteren Leiter des Reichskolonialamts) in Samoa (1900-11)[700] feststellen. Somit fällt Zech gar nicht so sehr aus dem Rahmen, wie es auf den ersten Blick erscheinen mag, sondern kann durchaus als typischer Vertreter der deutschen Kolonialherrschaft an sich betrachtet werden.

Unter Umständen ließe sich Zech auch noch in die Generation der „Wilhelminer" einordnen, wenngleich der 1868 geborene streng genommen nicht mehr in die von Martin Doerry hypothetisch erfasste Generation der „Übergangsmenschen" (Geburtsjahrgänge

---

[696] Die marxistisch-leninistische Geschichtsschreibung stellte nichtsdestotrotz zuweilen auch die genau entgegengesetzte These auf, so z.B. Nußbaum, Musterkolonie, S. 99: Demnach hätten die Deutschen „ihr gerüttelt Maß Schuld daran, dass die heutige Republik Togo zu den industriell besonders zurückgebliebenen […] zählt."
[697] Vgl. Gründer, Geschichte der deutschen Kolonien S. 113-118.
[698] Vgl. ebd., S. 163-166.
[699] Vgl. ebd., S. 150.
[700] Vgl. ebd., S. 181-187.

1853-65) passt.[701] Doch eine Kombination der Mentalitätsmerkmale Autoritätsfixierung, Assimilation, Harmonieorientierung und Aggressivität, wie sie Doerry definiert,[702] findet sich durchaus auch bei Zech. Seine Autoritätsfixierung manifestiert sich in der Betonung der weißen Autorität und in seinem prinzipiellen Schwarz-Weiß-Denken hinsichtlich der „Behandlung der Eingeborenen"; damit verbunden strebt er ein harmonisches Verhältnis zwischen weißen Herren und schwarzen Untertanen an. Als eindeutig aggressiv ist das „entschlossene" Verhalten des Stationsleiters und Offiziers gegenüber „Unbotmäßigkeiten und Aufständen" einzustufen;[703] und in der Kaisertreue und Deutschtümelei ließe sich unter Umständen das Assimilationsstreben eines bayerischen Katholiken dingfest machen.

---

[701] Vgl. Doerry, Übergangsmenschen, S. 41 f.
[702] Vgl. ebd., S. 29 und S. 155-176.
[703] Vgl. ein ähnliches Beispiel aus dem Schutzgebiet Kamerun (ebd., S. 172 f.).

7 Der Mythos „Musterkolonie"

7.1 Togo als Renommierobjekt des wilhelminischen Reiches

Am 10. November 1894 war in der „Kölnischen Volkszeitung" über das Schutzgebiet Togo Folgendes zu lesen: „Unsere Musterkolonie, die sich aus den winzigsten Anfängen und fast ohne Reichszuschuß aus eigenen Zolleinnahmen stattlich entwickelte, hat uns im Gegensatz zu Kamerun, Südwest- und Ostafrika bisher nicht die allerleisesten Sorgen bereitet. Es ist niemals deutsches [!] Blut geflossen."[704] Dieser Artikel gilt allgemein als ältester Nachweis der Bezeichnung „Musterkolonie" für Togo. Bevor hier untersucht wird, welche Rolle die „Musterkolonie" in der politischen Propaganda spielte, muss zunächst der Frage nachgegangen werden, was dieser Begriff bedeutete. Wie der Artikelschreiber deutlich macht, gehörte zur „Musterkolonie" zuallererst der wirtschaftliche Nutzen für das Reich. Togo war die einzige deutsche Kolonie in Afrika, die aufgrund des minimalen Beamtenapparats, der sparsamen Verwaltung und der wirtschaftlichen Entwicklung ohne Zuschüsse aus dem Reich auskam und durch Zoll- und Steuereinnahmen all ihre Ausgaben – dazu gehörten auch mit ganz wenigen Ausnahmen sämtliche Beamtengehälter – decken konnte.[705] Lediglich in der Zeit von 1899 bis 1902 erhielt Togo einen Reichszuschuss zum Bau der Landungsbrücke in Lome und der Küstenbahn.[706]

Als zweites Element der „Musterkolonie" kam die friedliche Entwicklung hinzu. Bis 1894 gab es tatsächlich so gut wie keine kriegerischen Auseinandersetzungen zwischen der Kolonialmacht und den Völkern des Landes, aus dem einfachen Grund, weil sich die tatsächliche Herrschaft der Deutschen auf den schmalen Küstenstreifen beschränkte. Die Feldzüge der folgenden Jahre konnten diesem friedlichen Bild keinen Abbruch tun; das Kampfgeschehen blieb immer regional beschränkt, oft nur auf einzelne Dörfer begrenzt und drang kaum an die deutsche oder internationale Öffentlichkeit. In der Zeit nach 1900 blieb es in Togo im Gegensatz zu den schweren Auseinandersetzungen zwischen Kolonialmacht und Bevölkerung in Deutsch-Südwestafrika und Deutsch-Ostafrika ruhig und friedlich; einzelne spätere „lokale Unbotmäßigkeiten" konnten – mit wenigen Ausnahmen – „ohne jegliches Blutvergießen unterdrückt" werden.[707] Gerade in der Zeit Zechs untermauerten die Ergebnisse der deutschen Verwaltungspraxis hinsichtlich Infrastruktur, wirtschaftlicher Entwicklung und Reformansätzen Togos allgemein guten Ruf.[708] Dabei wurde jedoch in der offiziellen Berichterstattung die bereits lange vor der Kolonialzeit

---

[704] Zit. nach: Peter Sebald, Togo 1884-1900, in: Stoecker, Drang nach Afrika, S. 69-78, hier S. 71.
[705] Vgl. Laumann, Historiography of German Togoland, S. 196.
[706] Erbar, Platz an der Sonne, S. 199.
[707] Jahresbericht 1909/10, S. 92.
[708] Vgl. Adick, Bildung und Kolonialismus, S. 91; Ahadji/Ali, Widerstand und Kollaboration, S. 66; Gründer, Junges Deutschland gründen, S. 100 f.; Tunis, Spurensuche, S. 555.

einsetzende soziokulturelle Entwicklung der westafrikanischen Küstenregion außer Acht gelassen; ihre Einwohner wurden mehr oder minder zu bloßen Objekten der Kolonialherrschaft degradiert und die wirtschaftliche Entwicklung allein als Verdienst der deutschen Herrschaft hingestellt.[709]

Dass die Realität in Togo oft nicht mit dem übereinstimmte, was in Deutschland über Togo berichtet wurde, war selbst einem Kolonialoffizier wie Valentin von Massow in der Zeit der Eroberung des Hinterlandes bewusst. In deutlichen Worten schrieb Massow 1897 an seine Mutter: „Die Art und Weise, wie Togo vom A. A. behandelt wird, ist geradezu unerhört, und das kommt bloß von der gemeinen Lügen-Politik des früheren Direktori Kayser[710], die dahin strebte, daß nie irgend etwas Nachteiliges über Togo an die Öffentlichkeit kommen sollte, da Togo die Musterkolonie sein sollte, die gesund und friedlich wäre und sich aus eigenen Mitteln erhält. Was in Ost-, Südwest-Afrika, ja auch noch in Kamerun geschieht, das kommt alles in die Zeitungen, da braucht bloß einmal ein junger Leutnant in Ostafrika einen Räuber zu bestrafen und man wird ellenlange Artikel und Berichte im Kolonial-Blatt finden, aber über Togo kommt nie etwas herein und deswegen werden auch Zechs und meine Berichte nicht veröffentlicht werden [...]."[711] An seine Schwester ging ein Brief mit den resignierenden Worten: „Ich habe sehr gearbeitet, habe mein Bestes körperlich und geistig daran gesetzt und wäre wirklich einmal glücklich, wenn das alles etwas nützen sollte. Offen gestanden aber glaube ich es nicht. Der deutsche Michel bleibt der deutsche Michel, wir werden uns Frankreich und England gegenüber wieder einmal als die Dummen und alle Frechheiten einstecken beweisen [es ging dabei um die noch nicht festgelegten Grenzen zwischen den Kolonialmächten, Anm. d. Verf.] und warum?: Aus purer Angst und Feigheit vor dem Reichstag, der bis dato immer mit falschen Vorspiegelungen über Togo beruhigt wird, denn man sagt: Togo sei gesund, Togo sei friedlich, Togo erhielte sich aus eigenen Mitteln, kurz: Togo sei die Glanz-Kolonie. Es ist aber das gerade Gegenteil. Togo ist ungesund, die Bewohner frech, aufsässig [...] und der Etat für Togo reicht kaum für die standesgemäße Bewirtschaftung der Küstengegend, geschweige denn zur Betreibung einer Hinterlandpolitik, wo wir mit England und Frankreich, die beide alles für ihre Kolonien tun, zusammengeraten."[712] Und in einem Tagebucheintrag aus der gleichen Zeit setzte er noch drauf: „O, man möchte dreinschlagen mit eiserner Faust, den Leuten selbst und dem deutschen Volk einmal die Wahrheit gellend in die Ohren rufen, wie es wirklich bestellt ist und wie die Allgemeinheit an der Nase herumgeführt wird."[713]

Diese Schilderung eines frustrierten Offiziers, dem die Sparwut des Auswärtigen Amtes wohl ebenso zu schaffen machte wie die tropischen Lebensumstände, wirft somit ein

---

[709] Vgl. Sebald, Togo, S. 245.
[710] Paul Kayser war 1890-96 „Dirigent" (ab 1894 „Direktor") der Kolonialabteilung des Auswärtigen Amts.
[711] Massow, Tagebücher, S. 176 (Brief an seine Mutter vom 2. Juli 1897).
[712] Ebd., S. 170 f. (Brief an seine Schwester vom 30. Mai 1807).
[713] Ebd., S. 179 (Eintrag vom 15. Juli 1897).

ganz eigenes Bild auf die tatsächlichen Verhältnisse in der „Renommierkolonie"[714], die ungeachtet dessen immer mehr zu einem „Werbeplakat" für die deutsche Kolonialmacht wurde.[715] Inwieweit der Begriff „Musterkolonie" im Auswärtigen Amt „erfunden" wurde, wie es Massow andeutete, lässt sich nicht rekonstruieren. Zweifelsohne aber konnte der propagandistische Begriff für die „Weltpolitik" des Deutschen Reiches mehrere Aufgaben erfüllen. Zunächst einmal diente die „Musterkolonie" dem nationalen Prestige, das unter der Regentschaft von Kaiser Wilhelm II. – man denke nur an die Tirpitz'sche Flottenpolitik – immer mehr an Bedeutung gewann. Wenngleich die mit der Niederschlagung des Hereroaufstands etwas in Verruf geratene Siedlerkolonie Deutsch-Südwestafrika wohl als einzige eine tatsächlich deutsche Prägung für sich behaupten konnte, rückte auch für Togo die national-imperiale Dimension immer mehr in den Vordergrund.[716] So äußert Trierenberg 1914 im Schlusswort zu seinem Togobuch folgende Gedanken zur „Musterkolonie": „Und ihre Bewohner sind deutsch, urdeutsch in ihrem Denken und Fühlen geworden. Allenthalben hört man deutschen Sang und deutschen Klang, und das eifrigste Bestreben jedes Eingeborenen geht dahin, die deutsche Sprache möglichst vollkommen zu beherrschen." Es bestehe „kein Zweifel, daß die Eingeborenen von Togo eng mit der deutschen Regierung verknüpft sind, daß sie stolz darauf sind, dem Deutschen Reiche anzugehören, und daß sie für alle Zukunft treu zur deutschen Regierung stehen werden."[717]

Die Bedeutung der „Musterkolonie" nach außen, also gegenüber den anderen europäischen Kolonialmächten, könnte man als weniger vorrangig ansehen. Dies änderte sich aber nach 1919, als sich deutsche Kolonialrevisionisten in ihrer Agitation gegen die „koloniale Schuldlüge" von Versailles immer wieder auf die „Musterkolonie" beriefen.[718] Aber dennoch, ganz unerheblich war es für das Reich sicher nicht, was in der immer angespannteren internationalen Lage vor dem Ersten Weltkrieg in England oder Frankreich über die deutschen Kolonien gedacht und verbreitet wurde.[719] Der Einfluss einer internationalen Öffentlichkeit spielte hierbei eine nicht unerhebliche Rolle; man denke nur an die „Kongogräuel" in der „Privatkolonie" des belgischen Königs Leopold II., die in ganz Europa für erhebliches Aufsehen sorgten. Das dermaßen negative Renommee des „Kongostaates" lief letztlich mit darauf hinaus, dass der König die Kolonie 1908 an den belgischen Staat verkaufen musste. Ohne pauschal bewerten zu wollen, welche Koloni-

---

[714] Sebald, Togo, S. 242.
[715] Ahadji/Ali, Widerstand und Kollaboration, S. 81.
[716] Vgl. Kundrus, Moderne Imperialisten, S. 9.
[717] Trierenberg, Togo, S. 202 f.
[718] Siehe Kap. 7. 3.
[719] Laut Crowder, West Africa, richteten Frankreich und England bis 1914 bewundernde Blicke auf Togo (S. 242), was so pauschal formuliert jedoch etwas unwahrscheinlich ist. In Großbritannien finden sich neben zahlreichen zeitgenössischen Darstellungen, die die deutsche Kolonialherrschaft eindeutig negativ darstellen, auch einige, die trotz allerlei Kritik auch einiges an Bewunderung für Togo übrig haben, so z.B. Calvert, German African Empire, S. 215-283. Vgl. hierzu Laumann, Historiography of German Togoland, S. 199-201.

almacht „besser" oder „schlechter" mit ihrem überseeischen Besitz umging, gilt: Entscheidend war in der Regel nicht die Situation vor Ort, da die meisten Ereignisse außerhalb Togos gar nicht zur Nachricht wurden, sondern der internationale Ruf, den sich eine Kolonie und damit die jeweilige Macht erwarb.

Für die deutsche Innenpolitik kam der „Musterkolonie" Togo noch eine weitere Bedeutung hinzu. Der Kolonialismus des Deutschen Reiches wurde ja seit seinen Anfängen keineswegs von allen politischen Kräften mitgetragen. Vielfach verzeichnete man großes, als „Kolonialmüdigkeit" bezeichnetes Desinteresse in der Bevölkerung,[720] ein Phänomen, dem Kolonialausstellungen oder die Tätigkeit der Deutschen Kolonialgesellschaft entgegenwirken sollten. Nichtsdestotrotz blieb das koloniale Interesse meist auf bildungs- und besitzbürgerliches Publikum beschränkt.[721] Darüber hinaus gab es auch im Reichstag eine starke Opposition gegen die Kolonialpolitik des Auswärtigen Amtes bzw. des Reichskolonialamts. Die Verhandlungen über den Etat der Schutzgebiete nutzten Volksvertreter als Vehikel, um mit dem Hinweis auf Missstände in den Kolonien und deren Vertuschungsversuche durch die Regierung die Funktion des Reichstages und der Parteien als Kontrollorgane aufzuwerten.[722] Im Gegensatz zur Bismarckzeit lehnte unter der Kanzlerschaft von Bülow und Bethmann Hollweg zwar kaum eine Partei die Kolonialpolitik grundsätzlich ab, nicht einmal die Mehrheit der Sozialdemokraten. Dennoch lautete es 1906 in der Zentrumsfraktion des Reichstags im Zusammenhang mit neu bekannt gewordenen Skandalen aus Togo: „Wenn diesen Zuständen, die ich geschildert, nicht bald ein Ende gemacht wird, dann hat man sich in seinem Gewissen ernstlich zu fragen, ob man noch einen Pfennig für die Kolonien bewilligen könne."[723] Dass es ausgerechnet in deutschen Kolonien zu Rebellionen gekommen war, bestätigte die Ansicht nicht nur der parlamentarischen Kolonialkritiker, dass im Umgang mit den dortigen Bewohnern vieles falsch gelaufen war und dass Deutschland jetzt die Früchte einer verfehlten Kolonialpolitik erntete.[724]

Von Befürwortern der Regierungspolitik wurde in den Reichstagssitzungen immer wieder auf die positive Entwicklung in Togo hingewiesen, so der Freikonservative Otto Arendt: „Meine Herren, was die Kolonie Togo betrifft, so können wir nur den Wunsch aussprechen, daß die Entwicklung so weitergehen möge wie bisher. Sie ist ja nach vielen Richtungen hin unsere Musterkolonie: sie hat sich aus eigenen Mitteln erhalten, sie bedarf keines Reichszuschusses, und die ganze Entfaltung der Arbeit und der Kultur berechtigt zu den besten Hoffnungen."[725] Der Nationalliberale Hermann Paasche,

---

[720] Vgl. Kundrus, Moderne Imperialisten, S. 34-36.
[721] Vgl. Soénius, Koloniale Begeisterung, S. 111 und S. 114-117; Kundrus, Moderne Imperialisten, S. 32.
[722] Vgl. Kundrus, Moderne Imperialisten, S. 31 f.
[723] Verhandlungen des Reichstags 1906, Bd. V, S. 4114 (Abgeordneter Roeren [Zentrum], Sitzung am 3. Dezember 1906).
[724] Vgl. Kundrus, Moderne Imperialisten, S. 38.
[725] Verhandlungen des Reichstags 1906, Bd. III, S. 2224 (Sitzung am 23. März 1906).

zugleich Vizepräsident des Reichstags, propagierte in wirtschaftlicher Hinsicht ein Nebeneinander von Plantagen- und Volkskulturen und wies auf das Vorgehen der Landkommission unter Zech hin. Er zollte dem Vorgehen der Kolonialverwaltung alle Anerkennung, dass „hier in verständiger Weise ein Ausgleich [...] zwischen den berechtigten Interessen der Togogesellschaft und den Interessen der Eingeborenen" geschaffen worden sei.[726] Dies hinderte zwar Kolonialkritiker wie Hermann Roeren nicht daran, auf eine ganze Reihe von Unmenschlichkeiten gerade in der „Musterkolonie" hinzuweisen. Doch das „Image" dieses Schutzgebiets konnte die Kritik schnell relativieren, indem von der Gegenseite argumentiert wurde, dass solche Vorfälle dort sehr unwahrscheinlich seien. So behauptete wiederum Arendt: „Der Fall in Togo [Konflikt zwischen Mission und Verwaltung, Anm. d. Verf.] ist ein ganz vereinzelter, Gott sei Dank! Gerade in Togo, wo es keine Schutztruppe gibt, wo nur wenige Polizeisoldaten vorhanden sind gegenüber einer sehr zahlreichen Bevölkerung, die auf einer höheren Kulturstufe steht als z.B. in Kamerun, gerade da kann ich mir nicht vorstellen, daß derartige Überschreitungen, wie sie hier vorgebracht sind, überhaupt denkbar wären."[727] Auch die finanzielle Entwicklung Togos bot der kolonialen Propaganda in der Heimat ein gewichtiges Argument gegen den von Kolonialkritikern erhobenen Vorwurf, dass der deutsche Überseebesitz nur aus kostspieligen und unrentablen Prestigeobjekten bestehe.[728] Dass Togo für die deutsche Wirtschaft insgesamt so gut wie bedeutungslos war – innerhalb des deutschen Kolonialhandels stand es mit einem Anteil von 7,8 % vor Neuguinea an vorletzter Stelle[729] – wurde dabei nur allzu gerne außer Acht gelassen.

Aus dem Genannten darf jedoch nicht der voreilige Schluss gezogen werden, dass im kolonialen Diskurs Togo eine allzu große Rolle gespielt hätte. Nach dem ersten Eindruck kann man davon ausgehen, dass detailliertes Wissen über die Kolonie im Reich bei den Wenigsten, selbst unter den Kolonialinteressierten, verbreitet war; über lange Zeit wurde über Togo auch im Auswärtigen Amt mehr oder minder hinweggesehen.[730] Eine Vorstellung von Togo als „Musterkolonie" darf jedoch als allgemein geläufig angenommen werden, da dieses Schlagwort auch in mehreren zeitgenössischen Büchern über die deutschen Kolonien belegt ist.[731] Es konnte dabei sogar andere Konnotationen als die von der Reichsregierung gewünschten beinhalten: So wehrte sich 1909 ein anonymer Autor in der Zeitung „Handels-Nachrichten" gegen die „in den deutschen Kolonien besonders blühende Paragraphenherrschaft und Bevormundung" (Hintergrund war wohl das Streben der deutschen Siedler in Südwestafrika nach weitgehenderen Selbstverwaltungsrechten). „Daß es auch ohne Bevormundung geht, zeigt das kleine Togo, wo der Gouverneur keine

---

[726] Verhandlungen des Reichstags 1906, Bd. III, S. 2223 (Sitzung am 23. März 1906).
[727] Ebd., Bd. V, S. 4103 (Sitzung am 3. Dezember 1906).
[728] Erbar, Platz an der Sonne, S. 309 f.
[729] Gründer, Geschichte der deutschen Kolonien, S. 137.
[730] Knoll, Togo under Imperial Germany, S. 160.
[731] Vgl. Laumann, Historiography of German Togoland, S. 197-199.

Verordnung erlässt, ohne daß die Vertretung der weißen Bevölkerung zugestimmt hat, und wo der Gouverneur Anregungen aus der Bevölkerung nach Möglichkeit folgt."[732] Abgesehen davon, dass sich kaum ein Weißer in Togo dauerhaft niederließ, passt diese Einschätzung kaum zur tatsächlich nur marginalen Bedeutung des Gouvernementsrats und der doch sehr eigenständigen Politik des Gouverneurs und der Bezirkschefs. Aber offenbar hat man hier einfach das Image der „Musterkolonie" zum Zweck der Propagierung eigener Vorstellungen von Kolonialverwaltung instrumentalisiert. Togo wurde somit in Bereichen als mustergültig angesehen, wo diese Mustergültigkeit kaum noch in Bezug zur Realität stand.

7.2 Finanzplanung und „Imagepolitik" unter Zech

Die deutsche Kolonialbewegung, das Reichskolonialamt, die „kolonialfreundlichen" Parteien des Bülow-Blocks, das Deutsche Reich an sich – sie hatten ihre „Musterkolonie", mit der sich ihre kolonialen Vorstellungen, Methoden und Ziele rechtfertigen ließen. Im fernen Afrika sah die Situation ganz anders aus. Hier mussten nämlich viele Erwartungen erfüllt werden, um den guten Ruf Togos aufrechtzuerhalten. Es ist anzunehmen, dass viele Kolonialbeamte wie auch Zech unter großem Druck standen, gute Ergebnisse zu liefern und ja keine negativen Schlagzeilen herauszufordern.

Zunächst einmal betraf dieser Druck die finanzielle Seite. In einem Schreiben an Zech betonte Kolonialstaatssekretär Dernburg noch 1910 im Zusammenhang mit dem Eisenbahnbau: „Daß Togo in Zukunft wieder einen Reichszuschuß erhält, ist ausgeschlossen. Für alle Schutzgebiete wird das Ziel der finanziellen Selbständigkeit erstrebt; daß ein Schutzgebiet, das es bereits erreicht hat, wieder vom Reich unterstützt wird, geht nicht an."[733] Es verwundert daher nicht, dass etwa in den Rechnungsjahren 1912/13 für den Haushalt der Kolonie zwar ein Überschuss verzeichnet werden konnte, bei dem aber Ersparnisse aus früheren Jahren einberechnet waren.[734] Somit galt es, wie Zech selbst zu bedenken gab, keineswegs als gesichert, dass sich Togo selbst finanziell tragen konnte, mochte das statistische Ergebnis auch noch so positiv aussehen. Zech rechnete bereits 1907 in seinem Zehnjahresplan auf die Mark genau vor, welche Ausgaben bis 1920 auf die Verwaltung zukommen würden und welche Einnahmen zu erwarten seien, wobei er ab 1911 von einem dauerhaften Überschuss ausging.[735] Um aber auch ab 1920 einen ausgeglichenen Haushalt zu erzielen – ab diesem Jahr sollten die für den Bahnbau gewährten Anleihen getilgt werden – müssten neue Einnahmequellen erschlossen werden. Konkret dachte Zech daran, einen Ausfuhrzoll für Kautschuk zu erheben und die

---
[732] BArch R 150/F, FA 1/218, Bl. 70 (Ausschnitt aus den „Handels-Nachrichten" vom 24.9.1909).
[733] Dernburg an Zech, 6. Mai 1910 (BArch R 1001/4491, Bl. 341), zit. nach: Sebald, Togo, S. 233.
[734] Zech, Entwicklung Togos, S. 84.
[735] BArch R 1001/4235, Bl. 72.

Steuerarbeit langfristig ganz in eine allgemeine Geldsteuer umzuwandeln; außerdem erwartete er Gewinne aus dem noch zu erschließenden Bergbau in Bangjeli.[736]

Togo zahlte seinen guten Ruf mit dem Preis, dass dringend notwendige staatliche Investitionsmaßnahmen, wie etwa der Bau von Krankenhäusern, ausblieben,[737] worunter in erster Linie die indigene Bevölkerung zu leiden hatte. Anstatt dessen wurde von der Kolonialverwaltung aus alles dafür getan, das Ansehen der Kolonie nach außen hin zu sichern. Deutlich zeigt sich dies zum Beispiel am Vorgehen Zechs gegenüber den Missionen. Um weitere Skandale wie unter Gouverneur Horn in der Presse und im Reichstag zu vermeiden, wurde unter der Regierung Zechs peinlich darauf geachtet, die Missionen nicht zu provozieren.[738] Dies bedeutete keineswegs eine klare Haltung des Gouvernements gegen Amtsmissbräuche und unmenschliches Verhalten von Beamten; im Vordergrund stand die „Beendigung der leidigen Missionsaffäre"[739]. Dabei versuchte Zech, die Kontrollmöglichkeiten der Kirchen möglichst gering zu halten. Unter diesem Gesichtspunkt wird auch deutlich, warum er 1907 den Norden Togos für die Mission sperren ließ. Mag der Gedanke sicher eine Rolle gespielt haben, keinen Religionskonflikt zwischen Christen und Muslimen herauszufordern, so bestand ebenso die berechtigte Befürchtung, dass neue Missionare ins Hinterland kommen könnten, um, wie es ein anonymer evangelischer Pastor formulierte, „dort ein wenig die Deckel von den Töpfen zu heben."[740]

Als Projekt, das dem Renommee Togos dienen konnte, lässt sich durchaus auch die unter Zech geplante Landesausstellung in Togo einordnen. Nachdem bereits 1907 eine Landwirtschaftsausstellung in Palime stattgefunden hatte, wollte die Schutzgebietsverwaltung 1910 einen „Überblick über den wirtschaftlichen und kulturellen Stand des Landes" vermitteln, wobei auch die katholische Mission mit einer eigenen Abteilung vertreten sein sollte.[741] Eine Landesausstellung hätte nicht nur der Wirtschaft innerhalb Togos Nutzen bringen können, sie hätte auch in der kolonialen Presse und darüber hinaus in der deutschen und internationalen Öffentlichkeit Beachtung gefunden. Das Projekt, das wahrscheinlich von Bezirksleiter von Doering initiiert und von Zech aufgegriffen wurde, scheiterte jedoch an den Finanzen: Das Reichsschatzamt in Berlin war nicht bereit, Zuschüsse zur Verfügung zu stellen.[742]

Natürlich ließen sich theoretisch viele politischen Maßnahmen der Zeit Zechs als reine „Imageprojekte" betrachten. Man könnte durchaus Massenimpfungen gegen Pocken, den

---

[736] BArch R 1001/4235, S. 73-75.
[737] Erbar, Platz an der Sonne, S. 199; Gärtner, Togo, S. 19.
[738] Vgl. Erbar, Platz an der Sonne, S. 251.
[739] Zech an Kolonialabteilung (BArch 1001/3918, Bl. 4), zit. nach: Erbar, Platz an der Sonne, S. 254.
[740] Vertraulicher Bericht eines unbekannten Missionars der Norddeutschen Missionsgesellschaft vom 31. Dezember 1907 (Staatsarchiv Bremen 7,1025; 8/5); zit. nach: Erbar, Platz an der Sonne, S. 283.
[741] Amtsblatt Togo, Jg. 4, Nr. 49 (20.11.1909), S. 350 f.
[742] Ebd., Nr. 54 (25.12.1909), S. 375.

Eisenbahnbau ins Hinterland oder die Kodifikation eines Eingeborenenstrafrechts unter diesem Gesichtspunkt sehen. Eine Reduzierung auf das „Renommee" würde jedoch der Tatsache nicht gerecht, dass gerade Zech Pragmatiker war und dass für ihn und wohl für die ganze Verwaltung Togos die reelle Entwicklung des Landes und sein materieller Nutzen klare Priorität gegenüber einer imaginären „Musterkolonie" hatte. Festzuhalten bleibt aber, dass in jeder Hinsicht der Gedanke eine Rolle spielte, dass Togo „Musterkolonie" war und es auch bleiben musste. Chronischer Geldmangel der Verwaltung, fehlende Investitionen und die Furcht den guten Ruf zu verlieren waren die Schattenseite dieser Medaille.[743]

7.3 Tradierung der „Musterkolonie" nach 1914 – ein Ausblick

Von der „Musterkolonie Togo" war auch nach dem Ende der deutschen Kolonialherrschaft noch häufig die Rede, und es lassen sich durchaus Kontinuitäten feststellen, wie dieser Mythos bis in die jüngste Vergangenheit hinein tradiert wurde. Gleichwohl gilt zu bedenken, dass die Zielsetzungen und Strategien, die sich mit diesem propagandistischen Begriff verbanden, nicht zu allen Zeiten dieselben waren und sich in ihrer Komplexität nur unzureichend mit einem einfachen Wandel vom Kolonialismus zum „Neokolonialismus" erklären lassen.[744] Ein kurzer Streifzug durch die lange Zeit vom Ersten Weltkrieg bis zur Wiedervereinigung soll hier zeigen, wer zu welchen Zeiten und mit welchem Zweck in Deutschland, Togo oder anderswo von einer „Musterkolonie Togo" spricht. Der Umgang mit der „Musterkolonie" lässt sich dabei aus deutscher Sicht ganz grob in eine kolonialrevisionistische Phase vom Ersten bis zum Ende des Zweiten Weltkriegs und die Phase des Ost-West-Gegensatzes bis zu Beginn der neunziger Jahre einteilen. Für Togo ließe sich eine historische Zäsur mit der Erlangung der Unabhängigkeit 1960 setzen, da dieses Datum auch der Verwendung des Begriffs „Musterkolonie" enormen Auftrieb brachte.

Zu Apologeten der „Musterkolonie" wurden zunächst einmal Deutsche, die selbst noch in Togo tätig waren und die das Ziel verfolgten, auf eine kolonialpolitische Revision des Versailler Vertrages hinzuwirken und den kolonialen Gedanken im deutschen Volk aufrechtzuerhalten.[745] Gerade der letztgenannte Aspekt sollte zum großen Teil durch Literatur über Togo erfolgen, die sich bis zum Ende des Dritten Reiches in Deutschland großer Beliebtheit erfreute. Dies geschah zunächst einmal in mehr oder weniger wissenschaftlichen Abhandlungen, wie etwa in einer knappen, 1924 erschienenen finanztechni-

---

[743] Vgl. Erbar, Platz an der Sonne, S. 310.
[744] Vgl. Sebald, Neokolonialismus, S. 553.
[745] Oftmals verstanden sich diese kolonialrevisionistischen Schriften als Antwort auf Veröffentlichungen aus dem Ausland, insbesondere aus England, in denen die deutsche Kolonialherrschaft als besonders unmenschlich gebrandmarkt wurde (vgl. Laumann, Historiography of German Togoland, S. 199 f.).

schen Studie von Regierungsrat Karl Gärtner, früherer Finanzdirektor in Togo.[746] Gärtner betont die wirtschaftliche Bedeutung der Schutzgebiete als „erfolgreiche Stützpunkte des deutschen Handels"; daher dürfe keine Gelegenheit versäumt werden, „um gegen den Raub zu protestieren", zumal die Deutschen auch von den treu gebliebenen Togoern „mit Sehnsucht als Befreier erwartet" würden.[747] Immerhin gibt Gärtner – wohl aus eigener Erfahrung – kritisch zu bedenken, dass aufgrund des Status als „Musterkolonie", die ohne Zuschuss auskommen musste, in Togo „manche notwendige wirtschaftliche Maßnahme zurückgestellt worden" war.[748] Zu einer umfassenden Abhandlung über das Schutzgebiet fühlte sich später auch Zechs einstiger Forstexperte Metzger berufen.[749] Auch er propagiert das Bild von den „damals geschaffenen idealen Zustände[n]"[750] in der „Musterkolonie",[751] in der rund eine Million Menschen „in Wohlwollen und Nachsicht, zwar in Strenge, aber nicht durch Härte erzogen" worden und den Deutschen immer noch „in Dankbarkeit treu ergeben" seien.[752] Zwar nicht in Togo, dafür immerhin in Kamerun als Kolonialbeamter tätig war Geheimrat August Full, der eine Monographie über Togo verfasste, die zum 50. Jahrestag des ersten Schutzvertrags in der Reihe „Koloniale Fragen im Dritten Reich" erschien.[753] Die Erfolge der deutschen Kolonialpolitik werden den Kolonialpraktiken der Mandatsmächte meist in Schwarz-Weiß-Manier gegenüber gestellt. Mit dem Verweis auf die Treue derer „die sich immer noch als ‚Deutsch-Togoländer' bekennen und den Glauben an unsere Rückkehr festhalten", erhebt der Autor die Forderung an die Deutschen, „Treue mit Treue zu vergelten."[754]

Die Reihe vergleichbarer Stellungnahmen zur „Musterkolonie" in kolonialrevisionistischen Texten und Büchern aus der Weimarer Zeit und des Dritten Reiches ließe sich noch weiter fortsetzen. Erwähnenswert ist, dass sie auch in die Belletristik Eingang fanden.[755] Zu nennen sind hier beispielsweise die in den zwanziger Jahren erschienenen Togo-Romane „Unvergessenes Land" und „Die heiße Not" von Werner von Rentzell[756] oder die Familiengeschichte „Rodenkampp Söhne" von Nathanael Jünger, die der Kaufmannsfamilie Vietor ein literarisches Denkmal setzte.[757] Daneben gibt es aber auch Kinderbücher über Togo, verfasst von Sophie Spieß, Gattin eines Pastors der Norddeutschen Missions-

---

[746] Gärtner, Togo.
[747] Ebd., S. 27 f.
[748] Ebd., S. 19.
[749] Metzger, Unsere alte Kolonie Togo. Vgl. Kap. 5. 2. 4.
[750] Ebd., S. 99.
[751] Vgl. ebd., S. 27 f., S. 97-99, S. 129 f.
[752] Ebd., S. 25. Geradezu zynisch klingt es, dass Metzger im selben Zusammenhang die Teilung des Landes nach dem Weltkrieg als „rücksichtslos" bezeichnet, da man die Togoer nicht um ihre Meinung gefragt hätte.
[753] Full, Fünfzig Jahre Togo.
[754] Ebd., S. 276.
[755] Ausgiebig befasst sich die literaturwissenschaftliche Arbeit von Oloukpona-Yinnon, Unter deutschen Palmen, mit der vor 1945 massenhaft verkauften, seitdem aber in Vergessenheit geratenen Gattung der Kolonialbelletristik am Beispiel der „Musterkolonie Togo".
[756] Vgl. Oloukpona-Yinnon, Unter deutschen Palmen, S. 200-219.
[757] Ebd., S. 220.

gesellschaft,[758] Singspiele für Kinder[759] und einige Kolonialgedichte bis hin zu literarisch weniger bedeutungsvollen Liedumdichtungen wie „O Togoland, o Togoland, wie treu sind deine Völker" (zu singen auf die Melodie von „O Tannenbaum"). Mag ein solcher Liedtext auch heute eher amüsant erscheinen, die politische Zielrichtung wird klar, wenn man sich dessen letzte Strophe ansieht: „O Völkerbund, o Völkerbund, es kann beim Raub nicht bleiben!"[760]

Einer näheren Betrachtung wert erscheint noch der Erzähler, Übersetzer und Dramatiker Richard Küas, der selbst als erster Amtsvorsteher von Lome und später in Kamerun im Kolonialdienst tätig gewesen war. Küas lässt sich mit seinen zahlreichen Veröffentlichungen als „Eckpfeiler der deutschen Kolonialliteratur über Togo, ja der deutschen Kolonialliteratur schlechthin"[761] bezeichnen. Er erzählt beispielsweise in seinen 1939 erschienenen „Togo-Erinnerungen", zahlreiche unterhaltsame Anekdoten, die nicht immer gänzlich glaubwürdig erscheinen und ein gemischtes Bild aus Abenteuern und exotischer Idylle vermitteln, wobei die Schwarzen meist in despektierlicher Weise dargestellt werden.[762] Küas übt zwar einerseits Kritik am Kolonialismus, besonders wenn sich dieser als brutal und unmenschlich erweist,[763] er vermittelt aber auch den Eindruck, dass die Schwarzen die Kolonialherrschaft freiwillig angenommen hätten[764] und die „Kolonisation in Togo mit sanfter Gewalt stattgefunden" habe.[765] In den „Togo-Erinnerungen" versucht der Autor zu zeigen, „dass Togo eine Schöpfung der Deutschen ist – und deshalb auch deutsch bleiben soll";[766] er zeichnet ein schöngefärbtes Bild der Kolonie in nostalgischer Erinnerung an „die sonnengeküßte Parklandschaft Togos und seine dunklen Sonnenkinder, die Eweer."[767] Spätestens mit diesen „Erinnerungen" wurde „Togos idyllisches Bild als deutsche Musterkolonie im kollektiven Bewusstsein der Deutschen fest verankert."[768] Deutlich wird bei all diesen Werken auch, wie der Begriff „Musterkolonie" einen Bedeutungswandel oder vielmehr eine Bedeutungserweiterung erfuhr. Es ging hier nicht mehr allein darum, dass die wirtschaftliche Prosperität Togo „musterhaft" machte – in der verklärten Erinnerung war Togo auch musterhaft geworden bezüglich des Verhältnisses zwischen Deutschen und Afrikanern. Entgegen der „kolonialen Schuldlüge" sollte nun Togo als Beispiel dienen für eine Kolonie, in der zwischen

---

[758] Vgl. Oloukpona-Yinnon, Unter deutschen Palmen, S. 232 f.
[759] Ebd., S. 230-232.
[760] Erich Sembritzki, „Germanias Töchter", abgedruckt in: Deutsche Kolonialklänge und Grenzmarkengesänge, S. 6 f., zit. nach: Oloukpona-Yinnon, Unter deutschen Palmen, S. 254 f.
[761] Oloukpona-Yinnon, Unter deutschen Palmen, S. 147.
[762] Küas, Togo-Erinnerungen. Zu Küas und seinem Werk vgl. Oloukpona-Yinnon, Unter deutschen Palmen, S. 142-198.
[763] Z.B. in seinem bereits 1907 entstandenen Drama „Götzen" (vgl. Oloukpona-Yinnon, Unter deutschen Palmen, S. 157-161).
[764] Z.B. im Roman „Vom Baum der Erkenntnis" von 1910/11 (vgl. Oloukpona-Yinnon, Unter deutschen Palmen, S. 175).
[765] Oloukpona-Yinnon, Unter deutschen Palmen, S. 196.
[766] Ebd., S. 189.
[767] Küas, Togo-Erinnerungen, S. 242.
[768] Oloukpona-Yinnon, Unter deutschen Palmen, S. 190.

weißen Herren und schwarzen Untergebenen Eintracht und Zufriedenheit herrschte. Dass das Togo der Küas-„Erinnerungen" ein Togo war, dass es in der Realität nie gegeben hatte, muss hier nicht mehr eigens werden.

Die Bedeutung der Literatur für die Tradierung des „Musterkolonie-Mythos" ist laut Oloukpona-Yinnon nicht zu unterschätzen. In der Tat war „die deutsche Kolonisation in Togo kein Ruhmesblatt", aber es waren auch nicht unbedingt die tatsächlichen Leistungen, sondern „die idealen Vorstellungen der Kolonialdeutschen", die in Deutschland und darüber hinaus „das mythische Bild der ‚Musterkolonie' geprägt und verbreitet" haben.[769] So nimmt es nicht Wunder, dass einseitig positive Wertungen aus Sicht der Kolonialherren Eingang in die Geschichtswissenschaft fanden. Schließlich gab es wenig schriftliche Quellen von den kolonisierten Völkern selbst, und die offiziellen Akten des Reichskolonialamts lagerten zunächst in Moskau, ehe sie 1956 ins Zentrale Staatsarchiv nach Potsdam gelangten.[770]

Aus dieser Situation heraus wird deutlich, dass die Überlieferungslage vorhandene weltanschauliche Unterschiede verstärkte und die Kolonialgeschichtsschreibung in der Bundesrepublik und in der Deutschen Demokratischen Republik zu sehr unterschiedlichen Ergebnissen kam. Laumann, der ebenso die angelsächsische Literatur über Togo im Blickfeld hat, unterscheidet daher folgende drei Strömungen unter den Historikern, die sich seit 1945 mit der „Musterkolonie" auseinandersetzen.[771] „Neo-Imperialisten" wie in der Bundesrepublik Josef Schramm und Karlheinz Graudenz oder Peter Duignan und Lewis H. Gann in den USA betonen die Aspekte der Entwicklung und des Fortschritts durch den Kolonialismus, wobei die Phänomene von Gewalt und Unterdrückung gern in den Hintergrund gerückt werden. Einseitige Wertungen aus dem Munde von Kolonialisten werden dabei gern ohne allzu große Quellenkritik weiter tradiert.[772]

Die Gegenposition nehmen marxistische Autoren wie Manfred Nußbaum, Helmuth Stoecker und Peter Sebald (allesamt aus der DDR) oder der Ghanaer Ansa Asamoa ein, die es sich zur Aufgabe machen, die Mythen des Imperialismus zu widerlegen. Eine dabei häufig verwendete Methode besteht darin, Fakten in eklektischer Weise herauszunehmen, um gleichzeitig propagandistisches Material gegen die „imperialistische" Geschichtsschreibung und die „neokolonialistische" Politik des Westens vorzuweisen. Bestes Beispiel hierfür ist die kleine, in journalistischer Manier gehaltene Schrift „Togo – eine Musterkolonie?", die dem deutschen Kolonialismus jeden Ansatz zur Reform abstreitet. Hier heißt es etwa, dass „die Kolonialherren im Grunde nichts für eine gesunde ökonomische Entwicklung des Landes taten",[773] ein Pauschalurteil, dem gerade im Falle Zechs

---

[769] Oloukpona-Yinnon, Unter deutschen Palmen, S. 328.
[770] Laumann, Historiography of German Togoland, S. 207.
[771] Ebd., S. 204.
[772] Z. B. speziell zu Zech: Steltzer, Die Deutschen und ihr Kolonialreich, S. 149; Gann/Duignan, Rulers of German Africa, S. 81-83.
[773] Nußbaum, Musterkolonie, S. 99.

widersprochen werden muss. Verallgemeinernd lässt sich sagen: Gerade die DDR-Historiographie verwendete den Begriff der „Musterkolonie", um deutlich zu machen, dass Togo für sie eine „Anti-Musterkolonie" war.[774]

Eine differenziertere Haltung, die Laumann als „liberal" bezeichnet, findet sich bei Autoren wie Arthur Knoll in den USA, Ralph Erbar in Deutschland oder Amétépé Yawovi Ahadji in Togo. Diese versuchen in der Regel ohne Voreingenommenheit an die deutsche Kolonialzeit in Togo heran zu gehen und die Kolonialpolitik nicht mit heutigen Maßstäben sondern aus ihrer Zeit heraus zu bewerten. Doch auch hier ist die Gefahr nicht ausgeschlossen, dass Zeugnisse der Kolonialherren zu unkritisch zu betrachtet werden und dadurch auch wieder das Image der „Musterkolonie" indirekt propagiert wird.[775] Allgemein ist noch berücksichtigen, dass ein beachtlicher Teil gerade der bundesdeutschen Togo-Literatur nicht von Historikern, sondern Wissenschaftlern anderer Fachrichtungen verfasst wurde.[776]

Abgesehen von diesen wissenschaftlichen Abhandlungen gibt es aber auch Presseberichte und populärwissenschaftliche Darstellungen, in denen koloniale Wertungen wie die der „Musterkolonie", zuweilen auch als „Musterländle unter den Besitzungen des Kaiserreichs" bezeichnet,[777] eins zu eins übernommen wurden, um „positive" Anknüpfungspunkte für ein wirtschaftliches und politisches Engagement der Bundesrepublik in Togo zu liefern.[778] So lautete der Titel einer Ausstellung zum hundertjährigen Jubiläum des ersten Schutzvertrages, die 1984 in Bonn stattfand, „100 Jahre Deutschland – Togo. Schutzherrschaft einst – Partnerschaft heute". In dem zugehörigen Ausstellungskatalog,[779] ebenso wie im Katalog zur großteils identischen Münchner Ausstellung „100 Jahre Freundschaft Deutschland – Togo"[780] überwiegt klar ein positives Bild sowohl von der deutschen Vergangenheit als auch von der Situation Togos unter Eyadema. Der Präsident wird dabei auch mit folgenden Worten zitiert: „Die Deutschen haben uns eigentlich das

---

[774] Auf die Vorwürfe des „Neokolonialismus" gegenüber der Außenpolitik der Bundesrepublik kann in diesem Zusammenhang nicht näher eingegangen werden. Zu berücksichtigen bleibt freilich die Tatsache, dass beide deutsche Staaten ihre eigene Afrikapolitik betrieben und der Kalte Krieg als globales Phänomen auch in Afrika ausgetragen wurde (vgl. Cornevin, Geschichte der deutschen Kolonisation, S. 98).

[775] Z.T. bei Gründer, Geschichte der deutschen Kolonien, S. 127-138 (Kapitel Togo); speziell zu Togo: Diehn, Kaufmannschaft; Knoll, Togo under Imperial Germany (die erste wissenschaftliche Monographie über deutsche Kolonialherrschaft in Togo); Smith, Zech (vgl. Kap. 6. 4).

[776] Z.B. Adick, Bildung und Kolonialismus (Pädagogik); Avornyo, Deutschland und Togo (Soziologie / Staats- und Völkerrecht); Trotha, Koloniale Herrschaft (Soziologie).

[777] So die Allgäuer Zeitung Kempten im April 1975 anlässlich der 50-Jahr-Feier des Deutsch-Togobunds, zu der Allgäuer Volksmusikgruppen nach Togo reisten, zit. nach: Simtaro, Le Togo Musterkolonie, S. 1001.

[778] Ein interessanter Untersuchungsgegenstand wäre in diesem Zusammenhang die Presseberichterstattung zur Unabhängigkeit Togos, zu Herzog Adolf Friedrich zu Mecklenburg und zum Togobesuch Heinrich Lübkes 1966; vgl. hierzu: Bayerisch-Togoische Gesellschaft, Deutschland und Togo, S. 152-160; Sebald, Des Kaisers Kolonialgouverneur; ders., Togo, S. 636.

[779] Radke, 100 Jahre Deutschland – Togo.

[780] Bayerisch-Togoische Gesellschaft, Deutschland und Togo.

Arbeiten beigebracht, und viel davon ist hängengeblieben".[781] Eine geradezu paradiesische Vorstellung von Togo hat offensichtlich auch Hans Germani, Korrespondent der Tageszeitung „Die Welt", der Togo als „die Schweiz Schwarzafrikas" bezeichnet, wo mit Eyadema ein „kluger Präsident", ja „fast ein schwarzer Preuße", regiere, der das Land „vorsichtig modernisiert" habe.[782]

In einem Festakt im Bonner Museum Koenig wurde 1984 der „hundertjährigen Freundschaft" gedacht, wobei Staatsminister Jürgen Möllemann die entwicklungspolitische Zusammenarbeit mit Togo würdigte und seiner Freude Ausdruck verlieh, dass die deutsche Kolonialherrschaft „von den Togoern heute als Beitrag zur Entstehung ihrer eigenen Nation verstanden wird."[783] In diese Richtung stoßen auch mehrere Beiträge im Umfeld des Jubiläums in Presse[784], Fernsehen[785] und auf dem Buchmarkt[786]. Im Sammelband „Hundert Jahre Afrika und die Deutschen" betont Heinz-Dietrich Ortlieb die „positiven, aber unvollkommenen Leistungen" der europäischen Kolonialherrschaft,[787] aufgrund derer sich Togo „zur deutschen Musterkolonie entwickelt" habe.[788] Gabriele Wülker schließt ihren Beitrag über die „Musterkolonie an Afrikas Westküste" mit den Worten: „Ihr guter Ruf besteht nicht zu unrecht" – mit ausdrücklichem Hinweis auf das Wirken des Gouverneurs Julius Zech, der mit seinen Rechtsreformen, seiner Haushaltspolitik und Maßnahmen zur „Hebung des wirtschaftlichen und gesundheitlichen Niveaus" eine „pragmatische Verwaltung" etabliert habe, die „in mancher Hinsicht mit Praktiken der heutigen Entwicklungspolitik verglichen werden" könne.[789]

Unter dem Vorzeichen des Ost-West-Konflikts ist auch die Togo-Politik von Franz Josef Strauß in den siebziger und achtziger Jahren zu sehen. Ausgehend von freundschaftlichen Kontakten zum Rosenheimer Fleischfabrikanten Josef März, der seit 1969 in Togo eine Rinderfarm betrieb,[790] gelang es Strauß, Togo zu einer Art „Domäne bayerischer Außen-

---

[781] Zit. nach: ebd., S. 152.
[782] Togo-Journal 2/1981, S. 5 f. – Im Februar 2005 veröffentlichte „Die Welt" – im Gegensatz zu SZ und taz – zum Tod Eyademas anstelle solcher Huldigungen nur mehr knappe dpa-Meldungen, allerdings ohne Hinweis auf die Gräueltaten Eyademas gegenüber Oppositionellen.
[783] Afrika-Post 11/1984, S. 5 f.
[784] Vgl. Sebald, Togo, S. 745, Anm. 159.
[785] Zur ARD-Fernsehdokumentation „Des Kaisers schwarze Untertanen" (3./11. Juni 1984), in der Togo als „Musterfall einer friedlichen und ökonomisch tragfähigen Kolonialpolitik" präsentiert wird und die damalige Politik als „Basis der heutigen guten deutsch-togolesischen Beziehungen" bezeichnet wird siehe Afrika-Post 7/1984 sowie Sebald, Togo, S. 744 f., Anm. 158.
[786] Steltzer, Die Deutschen und ihr Kolonialreich (vgl. dazu auch Afrika-Post 3-4/1984, S. 24-35 und 11/1984, S. 7 f.). – Beispiele für eine gegensätzliche, den Kolonialismus ablehnende Position im „Jubiläumsjahr" finden sich in den Heften der Entwicklungspolitischen Korrespondenz (z.B. explizit zur „Musterkolonie": Gatter, Deutsch und musterhaft) und im Sammelband Hinz, Weiß auf Schwarz.
[787] Ortlieb, Kolonialismus als Legende, S. 51.
[788] Ebd., S. 48. – Bei Ortlieb bricht zudem noch die alte koloniale Vorstellung der inferioren, „unmündigen" Völker Afrikas durch, die – ein Vierteljahrhundert nach der Entkolonialisierung – nicht erwarten sollten, „Wohlstand auf eine billige Tour erwerben" zu können, sondern sich auf einen langen Weg des Leidens einzustellen hätten, um Fortschritt zu erlangen, „so wie unsere Vorfahren es für uns erlitten haben" (ebd., S. 49).
[789] Wülker, Musterkolonie, S. 44 f.
[790] Vgl. Afrika-Post 8/1984, S. 18 und Togo-Journal 2/1981, S. 20.

politik"[791] zu machen, was freilich vom Auswärtigen Amt eher „mit Unbehagen verfolgt" wurde.[792] Strauß unterhielt darüber hinaus ein sehr persönliches Verhältnis zu Eyadema, der als treuer Verbündeter gegen den Kommunismus galt.[793] Im Rückgriff auf koloniale „Erinnerungen" in Togo wurde in den damit zusammenhängenden Publikationen wiederholt von der langen freundschaftlichen Tradition zwischen Deutschland und Togo und zur historischen „Untermauerung" immer wieder von der „Musterkolonie"[794] gesprochen. Inwieweit hierfür auch die Person Zechs als bayerischer Offizier instrumentalisiert wurde, ließ sich nicht ermitteln.[795] Strauß wusste als Organisationen zur Unterstützung seiner eigenmächtigen, kaum von irgendeiner staatlichen Stelle mitgetragenen Wirtschafts- und Entwicklungspolitik die 1977 als Ableger der „Hanns-Seidel-Stiftung" gegründete „Eyadema-Stiftung" und die „Bayerisch-Togoische Gesellschaft" hinter sich.[796] Der letztgenannte, noch heute existierende gemeinnützige Verein mit Sitz in München hatte sich die „Vertiefung der traditionellen deutsch/togoischen Freundschaft" zum Ziel gesetzt.[797]

Interessant ist, dass sich die Bayerisch-Togoische Gesellschaft als Nachfolgerin einer Organisation versteht, die wohl Anfang der zwanziger Jahre von Exil-Togoern an der britischen Gold Coast unter dem Namen „Bund der deutschen Togoländer" (auch „Deutsch-Togobund") gegründet worden war.[798] Diese Vereinigung bildete den Kern einer germanophilen Bewegung von Togoern, die „keine deutschen Agenten oder Marionetten waren",[799] sondern Personen, die noch in der deutschen Kolonialzeit etwa in ihrer Funktion als Verwaltungsangestellte oder Lehrer von den Deutschen profitiert hatten, aber durch die Übernahme der Kolonie durch Briten und Franzosen jene Positionen aufgeben mussten.[800] Diese „Germanophilen" sprachen in der Regel gut, zum Teil

---

[791] Afrika-Post 8/1984, S. 16.
[792] Ebd., S. 18.
[793] Vgl. Togo-Journal 2/1981, S. 6 und S. 25. – Ähnlich wie Deutschland hatte auch Togo mit der Volksrepublik Benin ein kommunistisches Nachbarland.
[794] Z.B. Togo-Journal 2/1981, S. 3.
[795] In einem Beitrag in der „Abendschau" des Bayerischen Fernsehens am 30. November 2004 über ein Togo-Hilfsprojekt einer oberbayerischen Gemeinde (das allem Anschein nach mit der Bayerisch-Togoischen Gesellschaft in Verbindung steht) wurde zumindest kurz auf den Bayern Zech Bezug genommen.
[796] Vgl. Radke, 100 Jahre Deutschland – Togo, S. 57; Bayerisch-Togoische Gesellschaft, Deutschland und Togo, S. 165-168.
[797] Neue Satzung der Bayerisch-Togoischen Gesellschaft e.V., abgedruckt in: Togo-Journal 2/1981, S. 28. – Im Vorstand saßen 1981 unter anderem Strauß und Eyadema, als Beiratsmitglieder fungierten damals beispielsweise der bayerische Verkehrsminister Anton Jaumann, der Europaabgeordnete Otto von Habsburg, der Unternehmer Josef März und als Werbeberater für das Fernsehen der Journalist Franz Schönhuber (ebd., S. 1).
[798] Ausführlich zum Deutsch-Togobund Simtaro, Le Togo Musterkolonie, S. 393-467. – Zur Umwandlung des Bundes zur Bayerisch-Togoischen Gesellschaft in den siebziger Jahren vgl. ebd., S. 558 f. (Interview mit Pastor Erhart K. Paku, Kpalime).
[799] Stoecker, Germanophilie und Hoffnung auf Hitler, S. 495.
[800] Ein vergleichbares Phänomen waren in Deutsch-Ostafrika die ehemaligen Schutztruppensoldaten (Askari), die noch jahrzehntelang den Deutschen „die Treue hielten"; zu einer kaum wahrgenommenen germanophilen Bewegung in Kamerun vgl. Stoecker, Germanophilie und Hoffnung auf Hitler, S. 496-498.

fließend Deutsch, machten sich daher die Pflege der deutschen Sprache und Kultur in Togo zur Aufgabe, strebten aber auch politisch eine Wiederherstellung der deutschen Kolonialherrschaft an. Mit Petitionen an den Völkerbund versuchten sie die Weltöffentlichkeit auf Grausamkeiten der Franzosen aufmerksam zu machen.[801] Die Deutschfreundlichkeit dieser Togoer ging so weit, dass der führende Kopf der Bewegung, der evangelische Pastor Paku, in der dreißiger Jahren offen mit dem Nationalsozialismus sympathisierte[802] oder dass der Bund in den fünfziger Jahren ernsthaft den Anschluss Togos als 11. Bundesland an die Bundesrepublik forderte.[803] Der unter französischer Herrschaft massiv unterdrückte Deutsch-Togobund hatte sicher weder großen Rückhalt in der Bevölkerung – bestand er doch aus Angehörigen einer „Elite" – noch gab es in Deutschland zu irgendeiner Zeit Kreise, die die politischen Forderungen der Kolonisierten wirklich ernstnahmen.[804] Dennoch diente die Existenz der Bewegung deutschen Kolonialapologeten als Beleg für die „Deutschtreue" ihrer früheren Untertanen und die „Musterhaftigkeit" des deutschen Kolonialregimes.[805] So wurden beispielsweise in einem 1926 erschienenen „deutschen Kolonialbuch" Auszüge aus Briefen von „Togonegern" abgedruckt, mit denen den deutschen Lesern glaubhaft gemacht werden sollte, dass „das ganze Togoland deutsch gesinnt" sei und dass die Bevölkerung nichts sehnlicher als die Rückkehr der Deutschen erwarte.[806]

Der „Deutsch-Togobund" leistete einen ganz entscheidenden Beitrag dazu, dass die „Erinnerung" an die „Musterkolonie" – und zwar die Erinnerung eben dieser Elite! – auch in Togo wachgehalten und weitergetragen wurde. Da die Kolonialmacht Frankreich sich nie großer Beliebtheit in Togo erfreuen konnte, wurde im Laufe der Jahrzehnte die deutsche Herrschaft zunehmend – gleichsam als „gute alte Zeit" – glorifiziert. Die „Bitterkeit gegen die Mandatsmacht Frankreich wandelte sich also in eine Sympathie für die vormalige Kolonialmacht Deutschland um."[807]

Nach der Loslösung von Frankreich wurde für Togo die Bundesrepublik auch in wirtschaftlicher Sicht zunehmend interessanter. Daher lobte der erste Präsident Olympio bereits zur Unabhängigkeitsfeier in Anwesenheit des Herzogs Adolf Friedrich zu Mecklenburg die Deutschen, die als erste den Togoern die Wohltaten des modernen Lebens (Straßen, Eisenbahnen, Medizin und Schulen) gebracht und so Togo in den „main steam

---

[801] Decalo, Historical Dictionary, S. 75.
[802] Vgl. Simtaro, Le Togo Musterkolonie, S. 425-428; Brief von Pastor Erhart K. Paku an Bezirksleiter a. D. Dr. Hans Gruner vom 12. März 1939, abgedruckt in: Simtaro, Le Togo Musterkolonie, S. 445 f.; Stoecker, Germanophilie und Hoffnung auf Hitler, S. 496.
[803] Togo-Journal 2/1981, S. 5.
[804] Die einzige nachgewiesene materielle Unterstützung aus Deutschland war ein besonders starker Rundfunkempfänger, den das Reichspropagandaministerium dem Bund schenkte, um die Reden Hitlers auch in Afrika empfangen zu können (Stoecker, Germanophilie und Hoffnung auf Hitler, S. 496).
[805] So z.B. Herrmann, Togos Weg.
[806] Zache, Deutschlands koloniale Ehrentafel, S. 244 f.
[807] Oloukpona-Yinnon, Unbewältigte koloniale Vergangenheit, S. 432.

of world affairs" geführt hätten.[808] Dabei spielte es vielfach gar keine Rolle mehr, wer eine Straße oder ein Gebäude tatsächlich gebaut hatte – was alt und einigermaßen beständig aussieht, gilt bis heute für viele Togoer automatisch als „deutsch".[809] Die Regierung des unabhängigen Staates war zu allen Zeiten an einem guten Bild von den Deutschen im Lande interessiert, sowohl unter dem als „extrem deutschfreundlich"[810] geltenden Sylvanus Olympio als auch unter dem „Strauß-Freund" Eyadema.[811] Es wurde somit seit 1960 bewusst vermieden, die deutsche koloniale Vergangenheit [...] zu dramatisieren."[812] Eine ernsthafte Auseinandersetzung mit der eigenen Geschichte fand in Togo nicht statt, nicht zuletzt aus dem politischen Grund heraus, die für das kleine Land nach der Unabhängigkeit wichtigen Beziehungen zur Bundesrepublik nicht zu belasten.[813] Kolonialkritische wissenschaftliche Literatur über Togo, die in der Regel aus der Feder von deutschen Historikern stammte – man denke an die Bücher von Sebald und Erbar – hatte daher auch kaum eine Chance, in Togo in den öffentlichen Diskurs zu gelangen, da offensichtliche Zensurmaßnahmen Übersetzungen ins Französische verhinderten.[814]

Der Begriff der „Musterkolonie" wurde in Togo zu einem Synonym für die Zeit von 1884 bis 1914, zum Teil auch speziell für die Jahre nach der „Befriedung" des Landes (1900-1914)[815] – togoische Schüler in den achtziger Jahren lernten die deutsche Zeit als „Le Musterkolonie" kennen. Für die heute existierende togoische Nation, die ja ein Produkt der willkürlichen Grenzziehung unter der deutschen Herrschaft ist, wurde die „Musterkolonie" zu einem Baustein ihres nationalen Selbstverständnisses. Erhart K. Paku vom „Bund der deutschen Togoländer" drückte das in einem Interview 1981 folgendermaßen aus: „Dank der deutschen Regierung [gemeint ist die koloniale Verwaltung, Anm. d. Verf.] ist Togo geworden, was Togo nun ist. Jetzt kann man sagen, daß Togo nicht nur

---

[808] Speech made at independence, quotation kindly supplied by Dr. B. W. Hodder, zit. nach: Crowder, West Africa, S. 242. – Auch der US-Amerikaner Crowder charakterisiert in seinem Kapitel „Togo, the model colony" (S. 241-251) Togo aufgrund der Innovationen und Leistungen der Deutschen uneingeschränkt als „Musterkolonie".
[809] Vgl. Norris, Umerziehung des Afrikaners, S. 204.
[810] Bayerisch-Togoische Gesellschaft, Togo und Deutschland, S. 149.
[811] Die Deutschfreundlichkeit dieser Staatsmänner erklärt sich dabei jedoch nicht aus ihrer Familiengeschichte: Die Olympios gehörten zu jenen Leuten, die Petitionen gegen Amtsmissbräuche etwa des Gouverneurs Adolf Friedrich zu Mecklenburg verfassten. Eyadema stammte aus dem im Norden ansässigen Kabre-Volk, welches zur Kolonialzeit in zahlreiche Kämpfe mit der Kolonialherrschaft verstrickt war und das von den zivilisatorischen Maßnahmen der Kolonialzeit weitestgehend ausgeschlossen blieb. Doch auch hier greift die These, dass die Antipathie der politisch Unselbständigen gegen Frankreich in eine Sympathie für Deutschland umschlug. Etwas aus dem Rahmen fällt hier der obgleich seiner deutschen Herkunft als eher frankophil geltende Nicolas Grunitzky, was nicht heißen soll, dass in seiner Amtszeit ein kritisches Bild von den Deutschen vorgeherrscht hätte.
[812] Oloukpona-Yinnon, Unbewältigte koloniale Vergangenheit, S. 431.
[813] Vgl. ebd., S. 432.
[814] Ebd., S. 436 f.
[815] Vgl. Decalo, Historical Dictionary, S. 126, S. 147.

eine Musterkolonie war, sondern ist auch eine Musternation in Afrika."[816] Die Leiden der Bevölkerung unter den Deutschen wurden oftmals bagatellisiert oder gar ins Positive gewendet,[817] deutlich wiederum bei Paku in seiner Ansprache zur 50-Jahr-Feier des Deutsch-Togobundes 1975: „Jeder Togolese, der die Deutschen kennt, auch wenn er einmal 25 auf den Asch [sic!] gekriegt hatte, sagt mit Stolz: [...] Die Deutschen sind menschenfreundlich, sie sind die echten Europäer!"[818] Des Weiteren gab es in den achtziger Jahren auch einen Verein der deutsch-togoischen „Mischlinge", die – ungeachtet der Tatsache, dass Mischlingskinder in der Togokolonie keineswegs privilegiert waren und unter dem Herzog zu Mecklenburg nicht einmal deutsche Familiennamen tragen durften[819] – voll Stolz die Erinnerung an ihre deutschen Vorfahren wach zu halten und die Beziehungen zwischen Togo und Deutschland zu fördern gedachten.[820] Die Verherrlichung der deutschen Zeit blieb jedoch keineswegs auf solche verhältnismäßig kleinen und politisch unbedeutenden Gruppen beschränkt. Eine „kuriose Sympathie zu der ehemaligen Kolonialmacht",[821] verbunden mit der Überzeugung, „dass die Deutschen ‚strenge, aber gute und gerechte Kolonialherren' gewesen waren" bildete gegen Ende des 20. Jahrhunderts in Togo „einen – man möchte fast sagen nationalen – Konsens",[822] wobei natürlich zu beachten ist, dass es in einem diktatorischen Regime wie dem von Eyadema kaum möglich war öffentlich Gegenpositionen zu beziehen. Einen Beitrag für das positive Bild von den „Djamas" in Togo mag zudem geleistet haben, dass sich die immerhin 40 % der togoischen Bevölkerung, die sich zum Christentum bekennen, bewusst sind, dass es die Deutschen waren, die ihnen als erste das Evangelium vermittelten.[823] Aber selbst bei den kaum missionierten Völkern aus dem Norden Togos, die viel unter der deutschen Herrschaft gelitten hatten, wurde in der Erinnerung die Schuld an Zwangsarbeit und Unterdrückung vielfach einheimischen Kollaborateuren und nicht den Deutschen selbst zugeschoben, und teilweise wandelten sich schmerzliche Erinnerungen auch in Stolz um. So meinte ein Interviewpartner bei der Befragung Simtaros um 1980:

---

[816] Simtaro, Le Togo Musterkolonie, S. 554. - Die Verklärung der deutschen Zeit verknüpft sich bei Paku mit dem Stolz auf den Fleiß des eigenen Volkes. Aufgrund der von den Deutschen übernommenen Arbeitsmethoden hält Paku die Togoer für „die besten Arbeiter" an der „ganzen Westküste von Afrika" (ebd., S. 555).
[817] Vgl. Simtaro, Le Togo Musterkolonie, S. 171.
[818] Begrüßungsansprache Pakus vom 20.4.1975 (Manuskript im Privatarchiv von E. K. Paku, Kpalime), zit. nach: Simtaro, Le Togo Musterkolonie, S. 454. Vgl. Brief Pakus an die Redaktion der Allgäuer Zeitung, Kempten, vom 15. Mai 1974, abgedruckt in: ebd., S. 977-981.
[819] Vgl. Sebald, Kolonialregime und Mischlinge, S. 116.
[820] Oloukpona-Yinnon, Unbewältigte koloniale Vergangenheit, S. 433; Simtaro, Le Togo Musterkolonie, S. 888.
[821] Oloukpona-Yinnon, Unbewältigte koloniale Vergangenheit, S. 431.
[822] Ebd., S. 432.
[823] In besonderer Weise trifft dies natürlich für die Ewe zu, die den deutschen Missionaren – noch lange vor der eigentlichen Kolonisation – nicht nur die Übersetzung der Bibel, sondern überhaupt die Verschriftlichung ihrer Sprache verdankten.

„Wir haben zusammen mit den Djama eine Riesenarbeit geleistet: Wir haben dem heutigen sozio-ökonomischen Fortschritt den Weg bereitet!"[824]

Die Legende von der „Musterkolonie" erfüllte also zu verschiedenen Zeiten unterschiedliche Funktionen: zur Legitimierung gegenüber Kolonialkritikern im wilhelminischen Kaiserreich, als Argument gegen die „Kolonialschuldlüge", zur historischen Untermauerung eines – je nach Sichtweise entwicklungspolitischen oder neokolonialistischen – Engagements deutscher Politiker in Togo und nicht zuletzt zur nationalen Sinnstiftung eines ehemaligen Kolonialvolks. Auf Deutschland bezogen kann man durchaus die Vermutung äußern, dass mit dem Tod Strauß', dem Ende der deutschen Teilung und der Einstellung der Entwicklungshilfeleistungen für Togo die „Musterkolonie" in Vergessenheit geraten ist. In der Berichterstattung der großen Tageszeitungen Anfang 2005 waren Hinweise auf die frühere deutsche Kolonie nur noch am Rande zu finden – Aussagen nach dem Motto „Togo war die deutsche Musterkolonie" suchte der Verfasser ebenso vergeblich wie Huldigungen auf den verstorbenen Despoten.

---

[824] Zit. nach: Lauber, Deutsche Architektur, S. 28.

8 Resümee

Julius Graf von Zech auf Neuhofen (1868-1914) war der längstamtierende Gouverneur des deutschen Schutzgebiets Togo. Sein Dienst in der Kolonialtruppe zur Unterwerfung des Landes und als Stationsleiter sowie seine Zeit als Bezirksamtmann von Klein Popo und Kanzler des Gouverneurs bildeten die Basis für den Aufstieg des jungen bayerischen Offiziers zum höchsten Beamten innerhalb der Kolonie. Die Karriere Zechs verlief bis 1910 geradlinig. Als 25-jähriger Leutnant reifte in ihm der Entschluss, in die Kolonien zu gehen; seit der Kommandierung nach Togo blieb er dort, auch wenn er am Anfang eine andere Kolonie bevorzugt hätte. Über die Persönlichkeit Zechs lassen sich vielfach nur Vermutungen anstellen; er blieb offiziell Junggeselle, hatte ein besonders inniges Verhältnis zu seiner Mutter und kämpfte wohl Zeit seines Lebens mit gesundheitlichen und psychischen Problemen, die er nach außen hin meist unterdrückte. Mit nur 42 Jahren quittierte er, wohl für viele in seiner Umgebung überraschend, den Dienst und erlangte die Versetzung in den vorzeitigen Ruhestand. Nur wenige Jahre später nahm sein Leben im Ersten Weltkrieg ein vorzeitiges Ende.

Zechs politische Verdienste in seiner Zeit als Gouverneur liegen in erster Linie in der Wirtschaftspolitik begründet. Er schaffte es durch steigende Handelsbilanzen und einen ausgeglichenen Haushalt, den Ruf Togos als „Musterkolonie" aufrecht zu erhalten und zu festigen. Die Grundlage für eine prosperierende Wirtschaft sah er in der Produktionsweise der „Volkskulturen" und der Durchsetzung der Geldwirtschaft in der gesamten Kolonie. Dabei musste er jedoch auch Rückschläge in Kauf nehmen wie die fehlgeschlagenen Versuche, eine Ackerbauschule zu etablieren oder den Baumwollanbau als neue „Volkskultur" einzuführen. Gegenüber dem unrechtmäßigen Landerwerb der Deutschen Togo-Gesellschaft konnte er sich ebenfalls nicht vollständig durchsetzen, wie auch sein Versuch, ein einheitliches Strafgesetzbuch für Togo einzuführen, an Widerständen aus Berlin und aus der Kolonie selbst scheiterte.

Gegenüber der indigenen Bevölkerung des Landes hielt Zech bei einer paternalistischen Selbstwahrnehmung an einem restriktiven Kurs fest. Er pochte vor allem mit einer kulturell-rassistischen, dagegen kaum sozialdarwinistischen Argumentation auf die strikte Trennung der Rassen. Lockerungen in Richtung einer Aufwertung der Farbigen waren für ihn höchstens in einer unbestimmten Zukunft, wenn die Togoer die nötige „Reife" erlangt hätten, denkbar. Auch wenn Zech grundsätzlich seine Aufgabe darin sah, die Lebensverhältnisse der Bevölkerung gegen wirtschaftliche Ausbeutung und rechtliche Unterdrückung zu schützen (etwa durch die Einstellung einer Landkommission oder eines Arbeiterkommissars beim Bahnbau), zeigte er selbst in konkreten Fällen gegenüber Individuen oftmals gnadenlose Härte. Man kann davon ausgehen, dass der Offizier Zech große Angst vor einer Emanzipation der „Eingeborenen" hatte und dieser mit Härte begegnete. Diese manifestierte sich jedoch weniger als Ausbruch von Willkür, den man in Kolonialkreisen gern als „Tropenkoller" entschuldigte, sondern als Ausdruck eines rein utilitaristischen Denkens in Bezug auf das Wohl der gesamten Kolonie. So stand der wirtschaftliche Nutzen klar über humanitären Bedenken, die Aufrechterhaltung von Ruhe, Ordnung und Sicherheit über dem Recht des Einzelnen auf körperliche Unversehrtheit. Mit dieser Grundeinstellung kann Zech als „Kind seiner Zeit" gesehen werden. Er erweist sich sowohl als Repräsentant der wilhelminischen Epoche als auch einer in erster Linie ökonomisch begründeten Form einer „rationalen" Kolonialpolitik unter Kolonialstaatssekretär Bernhard Dernburg. Dabei muss aber klar betont werden, dass er kein „Erfüllungsgehilfe" dieser Kolonialpolitik war, sondern sehr wohl eigene Akzente setzte und eigene Initiativen ergriff – teilweise auch zum Missfallen des Reichskolonialamts. Dem Schutzgebiet Togo drückte Zech so bis in Detailfragen wie dem Streckenverlauf der Hinterlandbahn seinen Stempel auf.

Gleichwohl bleiben Widersprüche in der Persönlichkeit Zechs vorhanden, die sich nicht so ohne weiteres klären lassen. Die Meinungen über Zech aus dem Munde anderer Kolonialbeamten könnten kaum gegensätzlicher zu denen stehen, die afrikanische Berichterstatter im „Gold Coast Leader" oder der „African Times and Orient Review" veröffentlichten. Obgleich es in der Geschichtsschreibung zu Togo Tendenzen gibt, einer Einschätzung Glauben zu schenken und die jeweils andere außer Acht zu lassen, sollten in dieser Studie die Widersprüche nicht beseitigt, sondern bewusst ohne allzu viele Wertungen nebeneinander gestellt werden. Zech kann aus dem Blickwinkel der Forschung heutzutage weder als „Vorbild eines deutschen Gouverneurs"[825] noch als „monster"[826] bezeichnet und nur aus seiner Zeit und seinem Umfeld heraus verstanden werden. Weder eine Charakterisierung als philanthropischer Kolonialist noch als hemmungsloser Unterdrücker wird seiner Persönlichkeit gerecht.[827] Doch der Versuch einer Klassifizierung und Definition stößt bald an Grenzen, nicht zuletzt aufgrund des bedauerlichen Umstands, dass sich so gut wie keine persönlichen Zeugnisse von Zech erhalten haben. Eine einzige erhaltene Postkarte an seine Eltern von 1903, auf der er „Gedanken beim Anblick der Wendelsteingruppe" in leidlich poetischer Form zum Ausdruck brachte,[828] bleibt ebenso wie die Nachricht von seinem „native wife", deren Tod auf einer Expedition er verschuldete,[829] ein isoliertes Bruchstück, das sich nur mit viel Phantasie in das Gesamtbild einer komplexen historischen Persönlichkeit einfügen lässt.

Für die Geschichte Togos ist Julius Zech zweifellos von Bedeutung, auch wenn es natürlich primär die „Djama" im Allgemeinen als einzelne Persönlichkeiten sind, die sich im nationalen Bewusstsein der Togoer festgesetzt haben. Wichtige Maßnahmen, die zur Entwicklung von Staatlichkeit und zu einem Zusammenwachsen der verschiedenen

---

[825] BArch N 2340/3, Bl. 109 (Manuskript Asmis, ca. 1941).
[826] GCL 13.6.1914 (Gold Coast and German Togoland, by Quashi).
[827] Vgl. Erbar, Platz an der Sonne, S. 304 f.
[828] BArch N 2340/3, Bl. 124.
[829] African Times and Orient Review, Nov.-Dez. 1913, S. 201-203.

Ethnien innerhalb der Kolonie führten – man denke nur an die Eisenbahnen – fallen genau in die Amtszeit Zechs. Möglicherweise wäre diese Entwicklung unter einem anderen Gouverneur ähnlich verlaufen, doch ein gewisser Weitblick in wirtschaftlicher und rechtlicher Hinsicht kann doch als spezifische Stärke Zechs bewertet werden, die beileibe nicht jeder deutsche Kolonialbeamte vorzuweisen hatte.

In Bezug auf die deutsche Geschichte unterliegt die koloniale Epoche zwar immer noch einer gewissen Marginalisierung, aber gerade Veröffentlichungen aus neuerer Zeit sowie die Berichterstattung im Zusammenhang mit dem 100. Jahrestag des Herero-Nama-Aufstands deuten auf ein gestiegenes Interesse und einen offeneren Umgang der Deutschen mit ihrer wenn auch nur kurzen Vergangenheit als Kolonialmacht hin. Togo als kleinste und „friedlichste" afrikanische Kolonie spielt hierbei freilich nur eine geringe Rolle. Und doch bietet Zech einen interessanten Zugang zu verschiedenen Fragestellungen in der Kolonialgeschichtsforschung. Das Konzept einer systematischen „Entwicklung zur Ausbeutung", gerade unter Dernburg lässt sich hier ebenso aus dem Blickwinkel Togos beleuchten wie die Funktion der Kolonien als „Laboratorien der Moderne", die in den Experimenten der Schlafkrankheitsärzte deutlich wird. Darüber hinaus kann die Beschäftigung mit der „Musterkolonie" auch neue Erkenntnisse in Bezug auf koloniale Rückwirkungen im Mutterland hinsichtlich eine kolonialen Diskurses erbringen.

Anknüpfungspunkte zur „Musterkolonie" finden sich so zahlreich, dass diesem Schlagwort über das Biographische weit hinausgehender Platz in dieser Untersuchung eingeräumt wurde. Auch wenn der Begriff bereits in den 1890er Jahren nachweisbar ist, lässt sich dennoch erkennen, wie seine Verbreitung mit der Politik des „Mustergouverneurs" in Verbindung steht. Nach einhelliger Meinung der Zeitgenossen Zechs war Togo tatsächlich „die deutsche Musterkolonie"; was die Lebensverhältnisse etwa der Bahnarbeiter in Togo oder die Behandlung der Schlafkrankheitspatienten anbelangt, kommt man nicht über den Eindruck hinweg, dass Togo alles andere als eine „Musterkolonie" war. Doch aus heutiger Sicht erscheint es „müßig, die Verwaltung in Togo als vorbildlich zu loben oder als unmenschlich zu verdammen. Für beide Erscheinungsformen der deutschen Kolonialherrschaft lassen sich ohne Mühe zahlreiche Belege in den Quellen finden, doch werden beide Seiten jeweils für sich allein genommen der Wirklichkeit nicht gerecht."[830] Dieser abschließenden Einschätzung Ralph Erbars über die Verwaltungs- und Wirtschaftsgeschichte Togos zwischen 1884 und 1914 kann auch in Bezug auf Zech klar zugestimmt werden. Ambivalenz und Widersprüchlichkeit, Gegensätze zwischen Selbst- und Fremdwahrnehmung, zwischen nach außen propagiertem Bild und inneren Verhältnissen – dies bleibt als Eindruck haften für die Politik des Gouverneurs Julius Zech wie auch darüber hinaus für das historische Phänomen kolonialer Herrschaft im Allgemeinen.

---

[830] Erbar, Platz an der Sonne, S. 310.

Quellen- und Literaturverzeichnis

1. Archivalien und unveröffentlichte Quellen

- Bayerisches Hauptstaatsarchiv München – Abt. IV Kriegsarchiv OP 18737 (Personalakt Zech)
  (BayHStArch OP 18737)

- Bundesarchiv Berlin-Lichterfelde N 2340/1-4 (Nachlass Zech)
  (BArch N 2340/ 1-4)

- Bundesarchiv Berlin-Lichterfelde R 150 F/FA 1/218 (25-jähriges Jubiläum des Schutzgebiets Togos 1909)
  (BArch R 150 F/FA 1/218)

- Bundesarchiv Berlin-Lichterfelde R 1001/4235, Bl. 16-75 (Julius Zech an RKA, Programm für eine planmäßige Entwicklung des Schutzgebietes innerhalb der nächsten 10 Jahre, 26. Mai 1907)
  (BArch R 1001/4235)

- Valentin von Massow (Kommandeur der Polizeitruppe und Bezirksleiter in der deutschen Kolonie Togo), Mit Maschinengewehr und Militärkapelle. Die Eroberung von Nordtogo 1896 – 1899. Tagebücher und Briefe, herausgegeben von Peter Sebald (Manuskript von Peter Sebald, 17.09.2004)
  (Massow, Tagebücher)

- Anton von Staubwasser, Dem Andenken Julius Grafen von Zech (maschinenschriftliches Manuskript, verfasst am 17.2.1933) in: Staatliches Museum für Völkerkunde München Bibliothek-Signatur Afr. 1721: Max K. Feichtner, Bearbeitung (und Briefwechsel) von Graf Julius von Zechs Nachlass (Mappe 2)
  (Staubwasser, Zech)

- The Germans in Togo 1884-1914. Articles in „The Gold Coast Leader" (GCL), Cape Coast , Gold Coast Colony, [and "The African Times and Orient Review, London", Erg. d. Verf.] written by Africans from Togo (colleted by Peter Sebald) [Manuskript]
  (Gold Coast Leader; African Times and Orient Review)

2. Gedruckte Quellen und Quellensammlungen

- Amtsblatt für das Schutzgebiet Togo, Jahrgänge 1 (1906) – 5 (1910)
  (Amtsblatt Togo)

- Rudolf Asmis, Die Besserungssiedlung an der Chra (Schutzgebiet Togo). Ein Beitrag zur Lehre vom Strafvollzug in den Kolonien, in: Koloniale Rundschau. Monatsschrift für die Interessen unserer Schutzgebiete und ihrer Bewohner 1911 / Heft 9, S. 529-540
  (Asmis, Besserungssiedlung)

- Ders., Die Stammesrechte des Bezirks Atakpame (Schutzgebiet Togo), in: Zeitschrift für vergleichende Rechtswissenschaft 25 (1911), S. 67-130
  (Asmis, Stammesrechte Atakpame)

- Ders., Die Stammesrechte der Bezirke Misahöhe, Anecho und Lome-Land (Schutzgebiet Togo), in: Zeitschrift für vergleichende Rechtswissenschaft 26 (1911), S. 1-133
  (Asmis, Stammesrechte Misahöhe)

- Ders., Die Stammesrechte des Bezirks Sansane-Mangu (Schutzgebiet Togo), in: Zeitschrift für vergleichende Rechtswissenschaft 27 (1912), S. 71-128
  (Asmis, Stammesrechte Sansane-Mangu)

- Deutsche Kolonialzeitung. Organ der Deutschen Kolonialgesellschaft (Berlin), Jahrgänge 1903-1910, 1914.
  (DKZ)

- Die deutschen Schutzgebiete in Afrika und der Südsee 1909/10. Amtliche Jahresberichte, herausgegeben vom Reichs-Kolonialamt, Berlin 1911
  (Jahresbericht 1909/10)

- Franz Giesebrecht (Hrsg.), Die Behandlung der Eingeborenen in den deutschen Kolonien. Ein Sammelwerk, Berlin 1898
  (Giesebrecht, Behandlung der Eingeborenen)

- Horst Gründer (Hrsg.), „...da und dort ein junges Deutschland gründen". Rassismus, Kolonien und kolonialer Gedanke vom 16. bis zum 20. Jahrhundert, München 1999
  (Gründer, Junges Deutschland gründen)

- Adolf Hitler, Sämtliche Aufzeichnungen 1905-1924, hrsg. von Eberhard Jäckel zusammen mit Axel Kuhn (Quellen und Darstellungen zur Zeitgeschichte, Bd. 21), Stuttgart 1980
  (Hitler, Aufzeichnungen)

- Josef Kohler, Bemerkungen zum Bericht von Asmis über die Akposso und Atakpame, in: Zeitschrift für vergleichende Rechtswissenschaft 25 (1911), S. 131-139
  (Kohler, Bemerkungen Akposso)

- Ders., Bemerkungen zu dem Bericht von Asmis über die Rechte von Misahöhe, Anecho und Lome, in: Zeitschrift für vergleichende Rechtswissenschaft 26 (1911), S. 134-142
  (Kohler, Bemerkungen Misahöhe)

- Ders., Bemerkungen zu den Stammesrechten von Sansane-Mangu, in: Zeitschrift für vergleichende Rechtswissenschaft 27 (1912), S. 129-134
  (Kohler, Bemerkungen Sansane-Mangu)

- Ders., Das Togorecht, in: ebd., S. 135-141
  (Kohler, Togorecht)

- Ludwig Külz, Blätter und Briefe eines Arztes aus dem tropischen Deutsch-Afrika, Berlin 1906
  (Külz, Blätter und Briefe)

- Die Landesgesetzgebung des Schutzgebietes Togo. Geordnete Zusammenstellung der in Togo geltenden Gesetze, Verordnungen, Verfügungen, Erlasse und Bekanntmachungen einschliesslich der wichtigeren öffentlichrechtlichen Verträge und der Satzungen der in Togo tätigen Kolonialgesellschaften. Zum dienstlichen Gebrauch herausgegeben durch das Kaiserliche Gouvernement von Togo, Berlin 1910
  (Landesgesetzgebung)

- Fritz Ferdinand Müller, Kolonien unter der Peitsche, Berlin (Ost) 1962
  (Müller, Kolonien unter der Peitsche)

- Wilhelm Heinrich Solf, Kolonialpolitik. Mein politisches Vermächtnis, Berlin 1919
  (Solf, Kolonialpolitik)

- Stenographische Berichte über die Verhandlungen des Reichstags. XI. Legislaturperiode. II. Session 1906/06 [5 Bände und 8 Anlagenbände], Berlin 1906
  (Verhandlungen des Reichstags 1906)

- Süddeutsche Zeitung, München. 7.2., 8.2., 10.2., 21.2. und 28.2.2005
  (SZ)

- Die Tageszeitung, Berlin. 7.2., 22.3.2005
  (taz)

- Julius Graf Zech auf Neuhofen, Über die Entwicklung Togos in den Jahren 1912 und 13, in: Jahrbuch über die deutschen Kolonien VII (1914), S. 72-87
  (Zech, Entwicklung Togos)

- Ders., Vermischte Notizen über Togo und das Togohinterland, in: Mittheilungen von Forschungsreisenden und Gelehrten aus den Deutschen Schutzgebieten 11 (1898), S. 89-161
  (Zech, Vermischte Notizen)

3. Literatur vor 1945

- Rudolf Asmis, Kalamba na M'Putu. Koloniale Erfahrungen und Beobachtungen, Berlin 1942
  (Asmis, Kalamba)

- Albert Frederick Calvert, The German African Empire, London 1916
  (Calvert, German African Empire)

- August Full, Fünfzig Jahre Togo. Mit einem Vorwort des Vorsitzenden der Wissenschaftlichen Kommission der Deutschen Kolonialgesellschaft Staatssekretär a.D. Dr. Brugger und einem Geleitwort des letzten deutschen Gouverneurs von Togo Adolf Friedrich, Herzog zu Mecklenburg, (Schriftenreihe der Deutschen Kolonialgesellschaft), Berlin 1935
  (Full, Fünfzig Jahre Togo)

- Karl Gärtner, Togo. Finanztechnische Studie über die Entwicklung des Schutzgebietes unter deutscher Verwaltung, Darmstadt 1924
  (Gärtner, Togo)

- Richard Küas, Togo-Erinnerungen, Berlin 1939
  (Küas, Togo-Erinnerungen)

- Oskar F. Metzger, Unsere alte Kolonie Togo, Neudamm 1941
  (Metzger, Unsere alte Kolonie Togo)

- Martin Schlunk, Die Schulen für Eingeborene in den deutschen Schutzgebieten (Abhandlungen des Hamburgischen Kolonialinstituts Bd. XVIII), Hamburg 1914
  (Schlunk, Schulen für Eingeborene)

- Geo Schmidt, Schmidt gegen Roeren. Unter dem kaudinischen Joch. Ein Kampf um Recht und Ehre, Berlin 1907
  (Schmidt, Schmidt gegen Roeren)

- Willi Schmidt und Hans Werner (Hrsg.), Geschichte der Deutschen Post in den Kolonien und im Ausland, Leipzig 1939
  (Schmidt/Werner, Post)

- Heinrich Schnee (Hrsg.), Deutsches Kolonialexikon (3 Bände), Leipzig 1920
  (Koloniallexikon)

- Erich Schultz-Ewerth und Leonhard Adam (Hrsg.), Das Eingeborenenrecht. Sitten und Gewohnheitsrechte der Eingeborenen der ehemaligen deutschen Kolonien in Afrika und in der Südsee, Bd. II: Togo, Kamerun, Südwestafrika, Die Südseekolonien. Stuttgart 1930
  (Schultz-Ewerth/Adam, Eingeborenenrecht)

- Georg Trierenberg, Togo. Die Aufrichtung der deutschen Schutzherrschaft und die Erschließung des Landes, Berlin 1914
  (Trierenberg, Togo)

- Wilhelm Voigt, Die Entwicklung der Eingeborenenpolitik in den deutschen Kolonien. Ein Beitrag zur Bekämpfung der kolonialen Schuldlüge [Gießen 1927]
  (Voigt, Eingeborenenpolitik)

- Hans Zache, Deutschlands koloniale Ehrentafel. Über 100 Anerkennungen aus Feindes- und Freundesmund für die deutsche Kolonialbetätigung. Ist Deutschland unwürdig und unfähig Kolonien zu besitzen?, in: Ders. (Hrsg.), Die deutschen Kolonien in Wort und Bild (Reprint; Originaltitel: Das deutsche Kolonialbuch. Zweite vermehrte und verbesserte Auflage, Berlin – Leipzig 1926), Augsburg 2003, S. 228-248
  (Zache, Deutschlands koloniale Ehrentafel)

4. Literatur nach 1945

- Christel Adick, Bildung und Kolonialismus in Togo. Eine Studie zu den Entstehungszusammenhängen eines europäisch geprägten Bildungswesens in Afrika am Beispiel Togos (1850-1914), (Studien zu Gesellschaft und Bildung Bd. 6), Weinheim – Basel 1981
  (Adick, Bildung und Kolonialismus)

- Dies., Bildungsstatistiken zum deutschen kolonialen Schulwesen und ihre Interpretation, in: Peter Heine und Ulrich van der Heyden, Studien zur Geschichte des deutschen Kolonialismus in Afrika. Festschrift zum 60. Geburtstag von Peter Sebald, Pfaffenweiler 1995, S. 21-42
  (Adick, Bildungsstatistiken)

- Afrika-Bulletin Bonn (Hrsg.), Togo. Die Geschichte eines afrikanischen Staates von der Vergangenheit bis zur Gegenwart, Bühl-Baden 1961
  (Afrika-Bulletin, Togo)

- Yawovi A. Ahadji, Rudolf Asmis et Johan Karl Vietor: deux défenseurs des Noirs au Togo?, in: Peter Heine und Ulrich van der Heyden, Studien zur Geschichte des deutschen Kolonialismus in Afrika. Festschrift zum 60. Geburtstag von Peter Sebald, Pfaffenweiler 1995, S.43-58
  (Ahadji, Asmis et Vietor)

- Amétépé Yawovi Ahadji und Napo Ali, Widerstand und Kollaboration. Die Reaktionen auf die deutsche Besetzung in Togo, in: Deutsche Afrika-Stiftung (Hrsg)., Togo seit der Berliner Konferenz 1884-1984. Ein deutsch-togolesisches Geschichtsseminar vom 19. bis 21. März 1984 an der Universität von Lomé [Bonn 1984], S. 66-82.
  (Ahadji/Ali, Widerstand und Kollaboration)

- Raphael Quarshie Avornyo, Deutschland und Togo (1847-1987), (Diss., Schriften zum Staats- und Völkerrecht Bd. 30), Frankfurt a. Main 1989
  (Avornyo, Deutschland und Togo)

- Bayerisch-Togoische Gesellschaft (Hrsg.), 1884-1984 Togo und Deutschland. Freundschaft mit Tradition. Handbuch zur Jubiläumsausstellung „100 Jahre Freundschaft Deutschland – Togo" der Bayerisch-Togoischen Gesellschaft im Bayerischen Hauptstaatsarchiv München vom 9. April bis 31. Mai 1984, Mittenwald 1984
  (Bayerisch-Togoische Gesellschaft, Deutschland und Togo)

- Margitta Boin, Die Erforschung der Rechtsverhältnisse in den „Schutzgebieten" des Deutschen Reiches (jur. Diss.), (Münsteraner Studien zur Rechtsvergleichung, Bd. 19), Münster 1996
  (Boin, Erforschung der Rechtsverhältnisse)

- Robert Cornevin, Geschichte der deutschen Kolonisation, eingeleitet und übersetzt von Hans Jenny, Goslar 1974
  (Cornevin, Geschichte der deutschen Kolonisation)

- Michael Crowder, West Africa under Colonial Rule, Evanston 1968
  (Crowder, West Africa)

- Samuel Decalo, Historical Dictionary of Togo. Third Edition, (African Historical Dictionaries, No. 9), London ^{3}1996
  (Decalo, Historical Dictionary)

- Constantin Dichtel, Zur Genealogie und Familiengeschichte der Grafen von Zech auf Neuhofen, in: Blätter des Bayerischen Landesvereins für Familienkunde 33. Jg. (1970), Band XI, Heft 7, S. 247-267
  (Dichtel, Genealogie der Grafen von Zech)

- Otto Diehn, Kaufmannschaft und deutsche Eingeborenenpolitik in Togo und Kamerun von der Jahrhundertwende bis zum Ausbruch des Weltkrieges. Dargestellt unter besonderer Berücksichtigung des Bremer Afrikahauses I.K.Vietor, (phil. Diss.) Hamburg 1956
  (Diehn, Kaufmannschaft)

- Martin Doerry, Übergangsmenschen. Die Mentalität der Wilhelminer und die Krise des Kaiserreichs, Weinheim – München 1986
  Doerry, Übergangsmenschen

- Jost Dülffer, Deutschland als Kaiserreich (1871-1918), in: Martin Vogt (Hrsg.), Deutsche Geschichte. Von den Anfängen bis zur Gegenwart, 4., erw. Aufl. Stuttgart – Weimar 1997, S. 517-615
  (Dülffer, Deutschland als Kaiserreich)

- Wolfgang U. Eckart und Meike Cordes, „People too wild"? – Pocken, Schlafkrankheit und koloniale Gesundheitskontrolle im Kaiserlichen „Schutzgebiet" Togo, in: Martin Dinges und Thomas Schlich (Hrsg.), Neue Wege in der Seuchengeschichte, Stuttgart 1995, S. 175-206
  (Eckart/Cordes, People too wild)

- Fatima El-Tayeb, Schwarze Deutsche. Der Diskurs um „Rasse" und nationale Identität 1890-1933, Frankfurt a. Main 2001
  (El-Tayeb, Schwarze Deutsche)

- Entwicklungspolitische Korrespondenz (Hrsg.), Deutscher Kolonialismus – Materialien zur Hundertjahrfeier 1984, Hamburg 1983
  (EPK, Materialien zur Hundertjahrfeier)

- Ralph Erbar, Ein „Platz an der Sonne"? Die Verwaltungs- und Wirtschaftsgeschichte der deutschen Kolonie Togo 1884-1914, (Diss., Beiträge zur Kolonial- und Überseegeschichte Bd. 51), Stuttgart 1991
  (Erbar, Platz an der Sonne)

- Cornelia Essner, Der Kampf um das Kolonialgericht oder Kolonialgesetzgebung als Verfassungsproblem, in: Historische Mitteilungen 5 (1992), S. 78-95
  (Essner, Kolonialgericht)

- Lewis H. Gann und Peter Duignan, The Rulers of German Africa 1884-1914, Stanford 1977
  (Gann/Duignan, Rulers of German Africa)

- Frank Thomas Gatter, Deutsch und musterhaft. Vom gewöhnlichen Kolonialismus zum gewöhnlichen Neokolonialismus, in: Entwicklungspolitische Korrespondenz 4 / 1984. Togo 1884-1984. Der gewöhnliche Kolonialismus, S. 5-7.
  (Gatter, Deutsch und musterhaft)

- Genealogisches Handbuch des Adels, hrsg. von der Stiftung Deutsches Adelsarchiv Bd. 123 (Gräfliche Häuser Bd. XVI), Limburg a.d. Lahn, 2000, S. 635-637 (Zech auf Neuhofen)
  (Genealogisches Handbuch Bd. 123)

- Horst Gründer, Geschichte der deutschen Kolonien, Paderborn u.a. 5., verb. u. erg. Aufl. 2004
  (Gründer, Geschichte der deutschen Kolonien)

- Ders., Kolonialismus und Marxismus. Der deutsche Kolonialismus in der Geschichtsschreibung der DDR, in: Alexander Fischer und Günther Heydemann (Hrsg.), Geschichtswissenschaft in der DDR, Bd. 2: Vor- und Frühgeschichte bis Neueste Geschichte (Schriftenreihe der Gesellschaft für Deutschlandforschung Bd. 25/II), Berlin 1990, S. 671-709
  (Gründer, Kolonialismus und Marxismus)

- Ders., Kulturkampf in Übersee. Katholische Mission und deutscher Kolonialstaat in Togo und Samoa, in: Archiv für Kulturgeschichte 69 (1987), S. 453-472
  (Gründer, Kulturkampf)

- Ders., „Neger, Kanaken und Chinesen zu nützlichen Menschen erziehen" – Ideologie und Praxis des deutschen Kolonialismus, in: Thomas Beck u.a. (Hrsg.), Überseegeschichte. Beiträge der jüngeren Forschung, Festschrift anläßlich der Gründung der Forschungsstiftung für vergleichende europäische Überseegeschichte 1999 in Bamberg, Stuttgart 1999, S. 254-266
  (Gründer, Neger Kanaken und Chinesen)

- Helmut Herrmann, Togos Weg zur Freiheit. Togoländer haben Deutschland nicht vergessen, in: Zeitschrift für Geopolitik in Gemeinschaft und Politik 30 (1959) / 10, S. 41 f.
  (Herrmann, Togos Weg)

- Ulrich van der Heyden, Das brandenburgische Kolonialabenteuer unter dem Großen Kurfürsten, in: Ulrich van der Heyden und Joachim Zeller (Hrsg.), Kolonialmetropole Berlin. Eine Spurensuche, Berlin 2002, S. 15-18.
  (van der Heyden, Das brandenburgische Kolonialabenteuer)

- Manfred O. Hinz, Helgard Patemann und Armin Meier (Hrsg.), Weiß auf Schwarz. 100 Jahre Einmischung in Afrika. Deutscher Kolonialismus und afrikanischer Widerstand, Berlin (West) 1984
  (Hinz, Weiß auf Schwarz)

- Martina Erika Kleinert, Ein deutscher Blick. Ethnologische Analyse der Photographien des Grafen Julius von Zech, Gouverneur von Togo, Göttingen 2004 (Magisterarbeit; unveröffentlichtes Manuskript)
  (Kleinert, Ein deutscher Blick)

- Arthur J. Knoll, An Indigenous Law Code for the Togolese. The Work of Dr. Rudolf Asmis, in: Rüdiger Voigt und Peter Sack (Hrsg.), Kolonialisierung des Rechts. Zur kolonialen Rechts- und Verwaltungsordnung (Schriften zur Rechtspolitologie, Bd. 10), Baden-Baden 2001, S. 247-269
  (Knoll, Indigenous Law Code)

- Ders., Togo under Imperial Germany 1884-1914. A case Study in Colonial Rule, Stanford 1978
  (Knoll, Togo under Imperial Germany)

- Thomas Kopp, Theorie und Praxis des deutschen Kolonialstrafrechts, in: Rüdiger Voigt und Peter Sack (Hrsg.), Kolonialisierung des Rechts. Zur kolonialen Rechts- und Verwaltungsordnung (Schriften zur Rechtspolitologie, Bd. 10), Baden-Baden 2001, S. 71-93
  (Kopp, Theorie und Praxis)

- Achim Kratz, „Ich bin ein deutscher Schwarzer", in: Afrika-Post 7/1984, S. 16-23
  (Afrika-Post 7/1984)

- Gesine Krüger, Kriegsbewältigung und Geschichtsbewußtsein. Realität, Deutung und Verarbeitung des deutschen Kolonialkriegs in Namibia 1904 bis 1907 (Kritische Studien zur Geschichtswissenschaft Bd. 133), Göttingen 1999
  (Krüger, Kriegsbewältigung)

- Birthe Kundrus, Moderne Imperialisten. Das Kaiserreich im Spiegel seiner Kolonien, Köln 2003
  (Kundrus, Moderne Imperialisten)

- Wolfgang Lauber (Hrsg.), Deutsche Architektur in Togo 1884-1914. Ein Vorbild für ökologisches Bauen in den Tropen. Deutsche und togoische Architekten und Wissenschaftler dokumentieren die Bauten der deutschen Epoche in Togo-Westafrika: Eine Teamarbeit des Fachbereichs Architektur an der Fachhochschule Konstanz am Bodensee mit Unterstützung des Deutschen Auswärtigen Amtes in Bonn, Stuttgart 1993
  (Lauber, Deutsche Architektur)

- Dennis Laumann, A Historiography of German Togoland, or The Rise and Fall of a „Model Colony", in: History in Africa 30 (2003), S. 195-211
  (Laumann, Historiography of German Togoland)

- Edward Graham Norris, Die Umerziehung des Afrikaners. Togo 1895-1938, München 1993
  (Norris, Umerziehung des Afrikaners)

- Manfred Nußbaum, Togo – eine Musterkolonie?, Berlin (Ost) 1962
  (Nußbaum, Musterkolonie)

- Adjaï Paulin Oloukpona-Yinnon, Unbewältigte koloniale Vergangenheit. Problematik der Aufarbeitung der deutschen Kolonialzeit in Togo, in: Wilfried Wagner u.a. (Hrsg.), Rassendiskriminierung, Kolonialpolitik und ethnisch-nationale Identität. Referate des 2. Internationalen Kolonialgeschichtlichen Symposiums 1991 in Berlin (Bremer Asien-Pazifik Studien Bd. 2), Münster – Hamburg 1992, S. 430-438.
  (Oloukpona-Yinnon, Unbewältigte koloniale Vergangenheit)

- Ders., Unter deutschen Palmen. Die „Musterkolonie" Togo im Spiegel deutscher Kolonialliteratur (1884-1944), Frankfurt a. Main 1998
  (Oloukpona-Yinnon, Unter deutschen Palmen)

- Heinz-Dietrich Ortlieb, Kolonialismus als Legende und Wirklichkeit. Ein Zerrbild, das eigenständige Leistung verbaut, in: Wolfgang Höpker (Hrsg.), Hundert Jahre Afrika und die Deutschen, Pfullingen 1984, S. 46-52
  (Ortlieb, Kolonialismus als Legende)

- Jürgen Osterhammel, Kolonialismus. Geschichte – Formen – Folgen, München ³2001
  (Osterhammel, Kolonialismus)

- Heinz Radke, 100 Jahre Deutschland – Togo. Schutzherrschaft einst – Partnerschaft heute (Begleitbuch zur Jubiläumsausstellung), Bonn 1984
  (Radke, 100 Jahre Deutschland – Togo)

- Achim Remde, Nostalgisch verklärte Jahrhundertfeier, in: Afrika-Post 8/1984, S. 16-19
  (Afrika-Post 8/1984)

- Axel T. G. Riehl, Der „Tanz um den Äquator". Bismarcks antienglische Kolonialpolitik und die Erwartung des Thronwechsels in Deutschland 1883 bis 1885, Berlin 1993
  (Riehl, Tanz um den Äquator)

- Peter Sack, Grundzüge der Rechts- und Verwaltungsordnung im deutschen Kolonialreich, in: Rüdiger Voigt und Peter Sack (Hrsg.), Kolonialisierung des Rechts. Zur kolonialen Rechts- und Verwaltungsordnung (Schriften zur Rechtspolitologie, Bd. 10), Baden-Baden 2001, S. 41-68
  (Sack, Rechts- und Verwaltungsordnung)

- Werner Schiefel, Bernhard Dernburg 1865-1937. Kolonialpolitiker und Bankier im wilhelminischen Deutschland, (Beiträge zur Kolonial- und Überseegeschichte Bd. 11) Zürich – Freiburg im Breisgau [1974]
  (Schiefel, Bernhard Dernburg)

- Herbert Schroeder, Bonn feiert 100 Jahre Togo-Deutschland, in: Afrika-Post 11/1984, S. 5-7
  (Afrika-Post 11/1984)

- Helmut Schroeter und Roel Ramaer, Die Eisenbahnen in den einst deutschen Schutzgebieten: Ostafrika, Südwestafrika, Kamerun, Togo und die Schantung-Eisenbahn damals und heute – German colonial railways, Krefeld 1993
  (Schroeter/Ramaer, Eisenbahnen)

- Michael Schubert, Der schwarze Fremde. Das Bild des Schwarzafrikaners in der parlamentarischen und publizistischen Kolonialdiskussion in Deutschland von den 1870er bis in die 1930er Jahre (Beiträge zur Kolonial- und Überseegeschichte Bd. 86), Stuttgart 2003
  (Schubert, Der schwarze Fremde)

- Peter Sebald, Auf deutschen Spuren in Lome. Ein Stadtführer, o.J., o.O.
  (Sebald, Auf deutschen Spuren)

- Ders., Des Kaisers Kolonialgouverneur – des Bonner Staates Repräsentant: Herzog Adolf Friedrich zu Mecklenburg, in: Institut für Internationale Beziehungen Berlin (Ost), Deutsche Außenpolitik IX. Jahrgang (1964), Heft 4, S. 326-329
  (Sebald, Des Kaisers Kolonialgouverneur)

- Ders., Kolonialregime und Mischlinge. Das Beispiel der deutschen Kolonie Togo 1884-1914, in: Wilfried Wagner u.a. (Hrsg.), Rassendiskriminierung, Kolonialpolitik und ethnisch-nationale Identität. Referate des 2. Internationalen Kolonialgeschichtlichen Symposiums 1991 in Berlin (Bremer Asien-Pazifik Studien Bd. 2), Münster – Hamburg 1992, S. 108-118.
  (Sebald, Kolonialregime und Mischlinge)

- Ders., Recht und Politik im kolonialen Westafrika, in: Rüdiger Voigt und Peter Sack (Hrsg.), Kolonialisierung des Rechts. Zur kolonialen Rechts- und Verwaltungsordnung (Schriften zur Rechtspolitologie, Bd. 10), Baden-Baden 2001, S. 157-166
  (Sebald, Recht und Politik)

- Ders., Rezension zu Paul Friedländer und Gertraud Liebscher, Neokolonialismus in der Krise, Berlin: Staatsverlag der Deutschen Demokratischen Republik 1978, 208 S., in: asien, afrika, lateinamerika 6 (1978), Heft 3, S. 552-554.
  (Sebald, Neokolonialismus)

- Ders., „The Gold Coast Leader" als Mobilisator nationalen Denkens in Westafrika, in: asien, afrika, lateinamerika [Berlin] 16 (1988), H. 1, S. 108-119.
  (Sebald, Gold Coast Leader als Mobilisator)

- Ders., Togo 1884-1914. Eine Geschichte der deutschen Musterkolonie auf der Grundlage amtlicher Quellen (Studien über Asien, Afrika und Lateinamerika Bd. 29), Berlin (Ost) 1988
  (Sebald, Togo)

- Ders., Zur Rolle militärischer Gewalt bei der Errichtung und Ausweitung der deutschen Kolonialherrschaft in Togo, in: Militärgeschichte 26 (1987), (hrsg. vom Deutschen Institut für Militärgeschichte Potsdam), S. 223-234.
  (Sebald, Militärische Gewalt)

- Dadja Halla-Kawa Simtaro, Le Togo „Musterkolonie". Souvenir de l'Allemagne dans la Société Togolaise (Diss.), Aix en Provence – Marseille 1982
  (Simtaro, Le Togo Musterkolonie)

- Harald Sippel, Typische Ausprägungen des deutschen kolonialen Rechts- und Verwaltungssystems in Afrika, in: Rüdiger Voigt und Peter Sack (Hrsg.), Kolonialisierung des Rechts. Zur kolonialen Rechts- und Verwaltungsordnung (Schriften zur Rechtspolitologie, Bd. 10), Baden-Baden 2001, S. 351-375
  (Sippel, Typische Ausprägungen)

- Woodruff D. Smith, Julius Graf Zech auf Neuhofen (1868-1814), in: Lewis H. Gann und Peter Duignan (Hrsg.), African Proconsuls. European Governors in Africa, New York – London – Stanford 1978, S. 473-491.
  (Smith, Zech)

- Ders., The German Colonial Empire, Chapel Hill 1978
  (Smith, German Colonial Empire)

- Ulrich S. Soénius, Koloniale Begeisterung im Rheinland während des Kaiserreichs (Schriften zur rheinisch-westfälischen Wirtschaftsgeschichte, Bd. 37), Köln 1992
  (Soénius, Koloniale Begeisterung)

- Hans Georg Steltzer, Die Deutschen und ihr Kolonialreich, Frankfurt a. Main 1984
  (Steltzer, Die Deutschen und ihr Kolonialreich)

- Ders., Die Deutschen und ihr Kolonialreich, in: Afrika-Post 3-4/1984, S. 24-35
  (Afrika-Post 3-4/1984)

- Helmuth Stoecker (Hrsg.), Drang nach Afrika. Die koloniale Expansionspolitik und Herrschaft des deutschen Imperialismus in Afrika von den Anfängen bis zum Ende des zweiten Weltkrieges, Berlin (Ost), 1977
  (Stoecker, Drang nach Afrika)

- Ders., Germanophilie und Hoffnung auf Hitler in Togo und Kamerun zwischen den Weltkriegen, in: Peter Heine und Ulrich van der Heyden, Studien zur Geschichte des deutschen Kolonialismus in Afrika. Festschrift zum 60. Geburtstag von Peter Sebald, Pfaffenweiler 1995, S. 495-500
  (Stoecker, Germanophilie und Hoffnung auf Hitler)

- Ders., Koloniale Rassendiskriminierung: Das Beispiel Britisch-Westafrika, in: Wilfried Wagner u.a. (Hrsg.), Rassendiskriminierung, Kolonialpolitik und ethnisch-nationale Identität. Referate des 2. Internationalen Kolonialgeschichtlichen Symposiums 1991 in Berlin (Bremer Asien-Pazifik Studien Bd. 2), Münster – Hamburg 1992, S. 77-88
  (Stoecker, Rassendiskriminierung)

- Togo-Journal 2/1981 (herausgegeben von der Bayerisch-Togoischen Gesellschaft)
  (Togo-Journal 2/1981)

- Trutz von Trotha, Intermediäre Rechtsordnung. Zur Organisation der „Häuptlingsgerichtsbarkeit" in der deutschen Kolonie Togo, 1884-1913, in: Werner Krawietz u.a. (Hrsg.), Sprache, Symbole und Symbolverwendungen in Ethnologie, Kulturanthropologie, Religion und Recht. Festschrift für Rüdiger Schott zum 65. Geburtstag, Berlin 1993, S. 431-453.
  (Trotha, Intermediäre Rechtsordnung)

- Ders., Koloniale Herrschaft. Zur soziologischen Theorie der Staatsentstehung am Beispiel des „Schutzgebietes Togo", Tübingen 1994
  (Trotha, Koloniale Herrschaft)

- Ders., Stationen: Ein Beitrag zur Theorie der Staatsentstehung auf der Grundlage der deutschen Kolonialherrschaft über Togo in Westafrika, 1884-1914, in: Hans Oswald (Hrsg.), Macht und Recht. Festschrift für Heinrich Popitz zum 65. Geburtstag, Opladen 1990, S. 197-218
  (Trotha, Stationen)

- Ders., Zur Entstehung von Recht. Deutsche Kolonialherrschaft und Recht im „Schutzgebiet Togo", 1884-1914, in: Rechtshistorisches Journal 7 (1988), S. 317-346
  (Trotha, Entstehung von Recht)

- Angelika Tunis, Spurensuche, in: Peter Heine und Ulrich van der Heyden, Studien zur Geschichte des deutschen Kolonialismus in Afrika. Festschrift zum 60. Geburtstag von Peter Sebald, Pfaffenweiler 1995, S.552-561
  (Tunis, Spurensuche)

- Rüdiger Voigt, Kolonialisierung des Rechts. Zur kolonialen Rechts- und Verwaltungsordnung, in: Rüdiger Voigt und Peter Sack (Hrsg.), Kolonialisierung des Rechts. Zur kolonialen Rechts- und Verwaltungsordnung (Schriften zur Rechtspolitologie, Bd. 10), Baden-Baden 2001, S. 15-39
  (Voigt, Kolonialisierung des Rechts)

- Hans-Ulrich Wehler, Deutsche Gesellschaftsgeschichte. Dritter Band: Von der „Deutschen Doppelrevolution" bis zum Beginn des Ersten Weltkrieges 1849-1914, München 1995
  (Wehler, Deutsche Gesellschaftsgeschichte)

- Udo Wolter unter Mitarbeit von Paul Kaller, Deutsches Kolonialrecht – ein wenig erforschtes Rechtsgebiet, dargestellt anhand des Arbeitsrechts der Eingeborenen, in: Zeitschrift für Neuere Rechtsgeschichte 17 (1995), S. 201-244
  (Wolter, Deutsches Kolonialrecht)

- Gabriele Wülker, „Musterkolonie" an Afrikas Westküste. Togo unter deutscher Verwaltung, in: Wolfgang Höpker (Hrsg.), Hundert Jahre Afrika und die Deutschen, Pfullingen 1984, S. 43-45.
  (Wülker, Musterkolonie)

Ein Wort des Dankes

An dieser Stelle danke ich zuerst Bernhard Gißibl, der den Anstoß zu dieser biographischen Studie gab und sie im weiteren Verlauf mit regem Interesse begleitete. Ebenso gilt mein herzlichster Dank für inhaltliche Impulse, Anregungen und Hilfestellungen meinen Hochschullehrern Prof. Dr. Rolf Kießling und Prof. Dr. Andreas Wirsching sowie dem unermüdlichen „Togo-Experten" Dr. Peter Sebald.

Für vielfältige Unterstützung bei meinen Recherchen, beim Korrekturlesen und darüber hinaus danke ich Eric Agbo, Vesela Gyaurova, Martin Hofmann, Martina Kleinert, Monika Müller, Ulrike Neß und Christoph Scheuermeyer.

Des Weiteren möchte ich den Mitarbeiterinnen und Mitarbeitern des Bundesarchivs in Berlin, des Bayerischen Hauptstaatsarchivs, des Bayerischen Wirtschaftsarchivs und des Staatlichen Museums für Völkerkunde München meinen verbindlichsten Dank aussprechen.

Markus Seemann